围困中的教育
探寻更好的发展路径

Education under Siege:
Why There Is a Better Alternative

[英]彼得·莫蒂默（Peter Mortimore）／著　王牧华　陈克磊 等／译

西南师范大学出版社
国家一级出版社　全国百佳图书出版单位

图书在版编目(CIP)数据

围困中的教育:探寻更好的发展路径 / (英)莫蒂
默 (Mortimore,P.) 著;王牧华等译. — 重庆:西南
师范大学出版社,2015.12

书名原文:Education under Siege: Why There Is
a Better Alternative

ISBN 978-7-5621-7670-1

Ⅰ.①围… Ⅱ.①莫… ②王… Ⅲ.①教育 – 研究 –
英国 Ⅳ.① G556.1

中国版本图书馆 CIP 数据核字 (2015) 第 301821 号

围困中的教育
——探寻更好的发展路径

著　　者:[英]彼得·莫蒂默(Peter Mortimore)

译　　者:王牧华　陈克磊　姚玫羽　贾世才

责任编辑:雷　刚　雷　兮

封面设计: 师想 设计

排　　版:重庆大雅数码印刷有限公司·周　敏

出版发行:西南师范大学出版社　地址:重庆市北碚区天生路 1 号

　　　　　　邮编:400715 市场营销部电话:023-68868624

经　　销:新华书店

印　　刷:重庆市国丰印务有限责任公司

开　　本:720mm×1030mm 1/16　　**印　　张**:15.5　　**字　　数**:320 千字

版　　次:2016 年 3 月第 1 版　　**印　　次**:2016 年 3 月第 1 次印刷

著作权合同登记号:版贸核渝字(2015)第 319 号

书　　号:ISBN 978-7-5621-7670-1

定　　价:38.00 元

致　谢

　　非常感激那些曾帮助我拓展了对教育的理解的人。在我职业生涯之初，无数学生启迪了我如何开展教学工作，后来迈克尔·路达和杰克·蒂泽德把我培养成为一个研究者，彼得·纽塞姆又传授给我政府如何运作的知识。自从那时起，内伦敦教育局、兰卡斯特大学和南丹麦大学的同事们，以及同我在伦敦大学教育学院度过10年的同僚们，慷慨地与我分享了他们的技能、知识和友谊。最近，我的健身好友乔·科利尔，不仅在推敲标题上给我启示，而且成为在日常生活中鼓励我的源头。

　　约翰·邦斯、迈克尔·贝西、梅丽莎·贝恩、克莱德·奇蒂、西莉亚·狄格楠、艾德里安·埃利奥特、安妮·爱德华兹、约翰·富勒、罗恩·格拉特、苏·哈拉姆、马克·哈特利、阿拉斯戴尔·麦克唐纳、苏·罗伯茨、帕姆·萨蒙斯、布伦达·塔加特和帕特·坦斯特尔都对英国教育体系的优势提出了自己的见解。约翰·富勒除了自告奋勇地阅读初稿外还纠正了很多错误，并为本书贡献了许多重要观点。

　　艾米丽·瓦特和她政策出版社的同事们一直为我提供支持和帮助。

　　最后，在本书的撰写过程中，乔·莫蒂默就像以前的50年间那样，一直是诤友、合作者和常见的拆谎者。

彼得·莫蒂默

2012 年 12 月

I

作者简介

彼得·莫蒂默,1964年开始教学生涯;做过英国皇家督学,曾在内伦敦教育局就任研究与数据统计室主任一职6年;兰卡斯特大学、伦敦大学以及南丹麦大学教育学教授;1994至2000年担任(英国伦敦大学)教育学院院长。在教育问题上有广泛著述。

前　言

教育是重要的,它不仅是传播社会文化和社会规则的途径,而且也是我们每个人理解世界的工具。它不仅使我们成为成熟的自我具有了可能性,而且展示给我们如何才能过上良好的生活。要达到预期的教育效果,需要优秀的学习者、优秀的教师,以及一个优良的教育体系。人类天生就是优秀的学习者,并且,我们拥有许多优秀的教师。但正是这第三个组成部分——一个优良的教育体系——在今天的英国,我相信是值得怀疑的。这本书,是我对创建一个更好的教育体系所做的贡献。

我们每一个人都有过求学的经历,而且,我们中的很多人也一直在支持自己的子女完成他们的学业。所以,我们都对教育有所了解。我也曾在教育系统工作过将近50年时间,其中做过近10年的任课教师,近20年的大学研究人员,还短暂地做过英国皇家督学机构的督察。其中7年时间,我曾任职内伦敦教育局,担任研究与数据统计室主任,享有对学校的数据进行研究的独特机遇。后来,在内伦敦我曾任助理教育主任一职,负责中等教育工作。尽管处在一个资金相对充裕的行政管理机构里,但与那些校长、教师以及管理部门一起工作时,我还是饱受各种挑战之苦。

在两所英国大学和一所丹麦大学做教授的经历,以及就任国际顾问委员的那段时光,为我提供了充足的与全世界范围内的许多学校进行合作的机会。作为一所学校的管理者,我也得以从他们的视角理解这个教育体系。

我幸运地参加了首批学校效能研究的一个研究项目,该研究是在杰出的儿童与青少年精神病学家迈克尔·路达的领导下展开的。那项研究培养了我的研究兴趣,而且它也激起了我想了解教育体系怎样运作的兴趣——从教室里到部长那儿——同时,它也激励着我对教育体系的优缺点进行认真思考。自那时起,我以不同的角色保持着研究兴趣,并且近距离地观察了在中央与地方两个层面上,政治家与本行业从业者之间的关系。

我不是一个对政治特别有兴趣的人,也从未竞选过公职。我一直都是左派而不是右派,但是,在大学身居要职期间,我认为隶属于任何政党都是不合适的事情。在我的职业生涯中,我观察过30名教育部长,如果不考虑政治差异的话,我发现真正对改进教育体系最有兴趣的,在一起工作时最默契的,要数保守派教育部长吉莉安·谢泼德了。

在离开教育学院后,我受经济合作与发展组织委托,领导国际工作小组对丹麦及挪威的教育进行评审。自彼时起，我有幸多次到北欧诸国参观：观察学校；会见学生、家长、教师以及教育官员；在一所丹麦大学工作。

现在，在我的职业生涯即将结束时，我利用这个时机，拿多样化的北欧教育体系做对比，对英国教育体系的现状做出反思。这本书，部分是历史，部分是政策批评，兼有部分回忆录。在本书中，我关注了教育对于个体以及社会的意义；我对教育体系的优缺点以及其可能的正面或负面的特性进行了认真思考，并对其整体效益做出我自己的判断；然后，我讨论了一个更为我们所期待的教育体系的一些特征，并且提出一系列步骤——截然不同于近几届政府所青睐的"教育市场论"——通过这若干个步骤，英国教育体系可以得到改善。最后，我提出一个问题：在一个民主国家，怎样去改变政府那种除了他们的思维方式之外别无选择的一贯主张。

目　录

第 1 章　什么是教育？

　　英国教育让人压力山大，孩子们被推搡着、拉扯着进入长长的队伍，无论是要跟上国家预期水平，还是要在一所受人欢迎的学校拥有一席之地，压力都是如此之大。 散步的时间，观察世界的时间，或者仅仅作为一种"存在"的时间，几乎都完全消失了。

　　许多学龄前儿童的家长，在寻找价位合适的儿童保育服务的同时，还要千方百计地找工作；小学生家长则要帮助孩子阅读、拼写以及背诵乘法口诀表。 那些能做到这些的家长，就把孩子送到以学前教育为起点的学校中参加一系列学习活动，而那些连这都做不到的学生家长，就只能眼瞅着别人家的孩子往上攀登。

　　假如学生家长希望自己的孩子在一个十分受欢迎的中学里有一个安稳的位置，他们必须精通各种复杂的游戏规则。 那些青少年学生家长，在帮助子女应对频繁考试的同时，还要与他们一起承受来自校园暴力的压力，以及抵制来自香烟、毒品、性以及酗酒的不良诱惑。

　　为接受教育而产生的竞争，以前所未有的力量主宰了我们的社会生活。 家长希望教育——无论它花费多少人力财力——可以助孩子的成功一臂之力。 然而许多家长并不知道其他国家的教育有多么的不同，也不知道教育在他们那里，有可能会是另外一番模样。 我们的社会几乎没有讨论如此重大问题的机制，因此我们就把它预留给国家代为决定，这样就给政治家们心血来潮的种种幻想留下了空间。

　　政治家是重要的。 一个民主社会，在为我们提供了一个复杂的商业企业网络的同时，也提供了贸易、服务以及福利，它是成千上万个家庭赖以生计之所

在，在其内部需要制定政策，创建规则以及分配资源。但是我们也应该在准许政治家把他们的特定愿景强加给我们孩子的过程中，保持高度的警惕。2500年前，亚里士多德就论辩说教育必须且始终都是"可争论的"[1]。我们——大众——应该确保这场争论不被终结，本书即为我对这场争论所做的贡献。在借鉴我一生教育经验的基础上，我会尽力去弄清这个引人入胜的话题中那些重要的问题。

对教育进行描述并不简单，关于人类是如何学习的我们依旧知之甚少，尽管我们对教学有了更多的了解，还可以对学校的运作方式进行观察，但许多教育问题并非那么简单。一些人在论证时连细微之处都做到了不偏不倚，其他人的论证——那些左派、右派中的强硬分子——由于存在过多的主观臆测而常常含有少许真理。我一直尽力去解决这些问题——在借鉴研究证据以及我个人经验的基础上——以形成对当下英国教育体系的价值的客观公正的见解。

教育既是我们所有人一生中都要经历的个人成长过程，也是我们与社会中共同的价值观念、文化和历史相关联的一个基本组成部分，个人必须与集体融为一体。我将在整本书中对这些问题做出回应。

我的关注焦点是学校教育，而不是继续教育、高等教育或者成人教育——不是因为这些部门不重要，远远不是如此。在18~80岁这个终身学习的年龄段内所发生的一切都至关重要。我的个人经历与中小学有关，因此我的论点集中在它们所提供的初期教育机会上。我也将略微谈及一些特殊教育问题，但还是要把它们留给那些拥有更多学识的其他人去探究。

我将从当我们谈及"教育"时通过"教育"一词所表达的意义，以及大多数人心目中的"教育"是什么开始谈起。我并不是专门为了学术写作（尽管我引用了研究数据、论文以及网络资源），而是为了家长、有抱负的教师、有利害关系的年龄较大的学生、有责任心的公民，以及现今包括政治家在内的其他任何关注教育的人从事写作。

"教育"是什么意思？

"教育"这个名词的精确起源并不确定，但是有三个拉丁词与教育相关：ducere——"引领"；educare——"塑造"（为某一特定形状）；educere——"诱导"。这三个单词阐明了有关教育的一个基本论点：它是主动的还是被动的？是把知识灌进学生的大脑还是释放他们的潜能？

这些问题非常容易地转化为两个相对立的立场，传统的与革新的，或者说右派的和左派的。 如此分歧往往会产生两极分化的观点，以及敌我分明的战线。 对我而言，答案是：教育必须兼顾双方的观点以及更全面的视野。 它应该灌输知识，激发自然本能，也能使我们成为我们想要成为的人。

为了寻求"教育"的定义，我查阅了 3 个出处：牛津和剑桥词典，以及作为对比的——维基百科，正如读者们知道的那样，来自全世界的成千上万的志愿者创建了它。[2]

传统的词典使用了诸如此类的词语："启蒙性经历""知识""理解""技能""态度"以及"判断"。 不过，维基百科也强调了教育的双重角色，它既是社会公共项目，也是个体的个性化过程。

因此，一方面，教育是一个工具——由社会中的掌权者设计和监管——通过传递指定范围内的知识以及国家文化来影响控制下一代；另一方面，教育——通过对独立思考能力的培养——也是个体摆脱掌权者所施加的影响与控制的工具。

借鉴了那些词典定义的基本要素，又考虑到被指控为教育操纵者和体验教育者双方的观点后，我给出如下定义：

> 教育是一个社会累积的价值观、知识、技能、态度以及习俗的代际传播过程，也是对个体的思维方式、感知方式及行动方式施加影响的过程。

采用这个定义，我们可以把教育理解为影响我们的任何行动或过程，无论是对作为个体的或者作为社会的我们。 它可能是有意为之，也可能是偶发事件，既有可能产生积极意义，又有可能具有消极影响。 它对国家和国民的性格都会产生影响，它大体上决定了我们的思维方式以及思考对象。 由此，教育——既有好的一面，也有坏的一面——在我们想要做的以及我们被允许做的两个方面施加重要影响，以指引我们的生活。

请允许我使用更多不同寻常的定义。 在本书中，我使用词语 information（信息）来指一个基本事实或一系列相关事实。 我用 knowledge（知识）来描绘对具体信息的运用，而这些具体信息和我们掌握的所有其他重要事实有关联。 瑞士理论家让·皮亚杰[3]，对此提供了有用的解释。 他使用术语同化（assimilation）来描述对新的事实的纳入，用术语顺应（accommodation）来描述新知识被下意识地改变与校正，以适应我们现有知识的行为方式。 这个过程的第二部分尤为重要。 我们都遇见过大卫·布伦特（电视剧《办公室》的男主角）那样的人——总是引用一些互相之间明显不能关联的"事实"。 为了对知识的重要意义有更深层

次的领会，我保留了理解（understanding）一词。最后，我也保留了词语智慧（wisdom），用于表达在合适的地点和时间对知识的审慎运用。

教育，正如那些定义所阐述的，会影响到我们的态度与判断。态度（attitudes）是我们正常的思维方式，"稳定的思考问题或感知事物的方式"。[4]因为我们对遇到的每个对象的各个方面缺少认真思考的时间和精力，所以我们就养成了一种普遍性态度——选择"默认选项"。

判断（judgement）是我们形成观点以及做出决定的能力——一种最基本的生活技能。我们每天都会做出许多决定，每当我们权衡不同选项利弊的时候，一些决定就会被推迟。而另外一些决定，必须在瞬息之间做出，我们必须依靠直觉作为我们的人生向导。

要对一个受过教育的人所拥有的知识总量做出评估是不可能的，但是，由于影响人们生活的话题以及事件的范围之广，因此，它可能是非常巨大的。一些个人——像克里斯·休斯，一位伦敦出租车司机，也是曾经的英国广播公司电视节目《大师》的获胜者——拥有异于常人的储存和组织知识的能力，以及极其令人羡慕的（对于那些热衷于猜谜游戏的观众来说尤其如此）记忆力。人们相信伦敦出租车司机之所以拥有优秀的记忆力是因为他们学会了"那些知识"。[5]研究人员的研究表明，出租车司机大脑的海马区更加的发达。[6]

当然，我们的教育大部分并不是计划好的。在不同时期，它以多样化的不同表现形式发生在我们的生活中，重要的机遇总是偶然产生。

在讨论英国的教育时，有一种趋势总是贬低其较为高贵的一面。然而，正是教育的这一面让德国以及北欧社会认为，其文化中最有价值的，被称作教化（bildung）。

什么是"教化"？

这个单词以最纯粹、最高贵的形式来描述教育的特征。根据克劳斯·普朗格，一位教育哲学家的观点，"教化……与自由及人类尊严相关……和我们生活的精神和/或审美层面有关……一种自在的价值"。[7]这就把我们世俗的眼光抬升到无比深邃的高度。教育无论是对于个体还是对于他们所置身的社会，都被视为是有价值的，其重要的工具性价值——例如，为了职业发展——在英国占据主导地位。但是，教化的概念应该也提醒我们，与得到一个好的工作机会相比，教育有着更多的价值。

社会与教育

许多作者强调，教育体系除了其与个人相关的角色之外，还履行着一系列社会代言人的角色。约翰·阿莫斯·夸美纽斯，[8] 17 世纪的一个捷克新教牧师、教育改革家，曾是第一位认识到教育的这种双重角色的人，他在书写他的"简短建议"的时候，曾主张波西米亚通过它的教育体系实现社会变革。他在许多欧洲国家都具有影响力，并且被邀请到英国访问。在英国时，除了众多其他的建议之外，他还建议英国议会建立一所国际学院。不幸的是，这个主张却因 1642 年爆发的英国国内战争被忽略。夸美纽斯解决了与教学方法有关的许多问题——其中包括写一本让母亲们使用的书[9]——并且他对将拉丁文作为一种欧洲通用语言抱有极大的热情。[10]

几个世纪之后，约翰·杜威，20 世纪的一位美国教授[11]，详尽地阐述了一个民主国家中学校教育的功能。他提出学校在传播社会主流文化过程中发挥了作用，尽管他也强调了另一种角色——在改变文化的过程中，教育"作为社会进步的代理人"[12]——这是后文中我还会涉及的一点。

一个特定社会中文化（一系列共享的价值、态度以及习惯）的代际传播，是通过法律和惯例、约定的历史、语言以及获得普遍认可的"行为方式"的传递而发生的。文化通过许多学科课程，被植入学生的教育中，尤其是通过历史——为学习而选择的历史版本将会表现出每个国家想要如何看待其过往历史的方式。正如朱利安·巴恩斯的小说《终结的感觉》中两位人物所声称的那样，历史要么被视为是"胜利者的谎言"，要么就是"失败者的自欺欺人"。[13]文化将会体现在探讨针对其他国家与话题的集体态度的公民研究中，也会体现在对教授外语的热情程度上。

在北欧国家，有着让孩子们为民主做好准备的深厚传统。这使得教给孩子们关于他们的义务和权利的知识成为必要，它也影响到学校的组织方式，确保了非常不顺从的学生的发言权。

顺从是一件好事还是坏事？对于一所学校来说，最可能做的，就是注重把顺从作为一种使制度化生活拥有秩序的工具。然而，这会做过头。当然，学校是一个需要秩序的地方，学校共同体中的每一个成员（孩子和成年人）都应该得到尊重，但这并不需要强制执行一个军事化制度。在我所知道的学校中，大部分学生都能遵守合理化的规定。然而，一旦老师开始测量裙子的长度，裤腿的宽度或者判断发型的类别，在我看来，学校所优先考虑的事情就从学习转到了顺从上。 那么，正如许多老师所知道的那样，被逼到整齐划一的死角里的学生，会发挥他们有创造力的天赋或极具破坏力的牛脾气进行反击。 在学校中对实行控制的痴迷，和对绝对服从的需要，可能源于校长的不安全感。 我曾经见过因为个别学生违反了必须保持安静的规定，整个学校的学生，好几次列队集合后又被解散。 这当然是一个愚蠢的策略，把权力授予最不负责任的人，并扰乱了多数人的生活。

教育体系的传统任务之一，是让后人为社会需要的职业角色做好准备。 这在过去更简单直接：才能突出的孩子被施加教育后，成为贵族阶层所需要的医生、律师或行政人员，或者被训练成技艺娴熟的工匠。 而人群中的绝大多数孩子，命中注定去从事地位卑下且技术含量低的工作，他们被认为只需接受最粗浅的教育就可以了。

工业革命以来，这个国家需要更有效率的——虽然不是更大范围的——为了更大比例人口的教育。 这个国家需要有管理技巧和技术能力的工人。 一旦那些子承父业并从父母那里学到所有的必需技能的传统模式不再满足社会需要，学校教育对于每一个人来说就成为必须，而不再是特权阶层用以分流人群的工具。

学校数量得以增加的更深层次原因是：政治改革带来了获得投票权的人群的壮大，政治精英们为此而担心。 用罗伯特·洛维，19 世纪一位重要政治家的话来说就是，"从把权力交托给民众的那一刻起，对他们的教育就成了一种绝对的必须"。[14]

在英国，以原有的乡村"圣母学校"和文法学校（由自发的宗教团体供应，后由政府资助）为蓝本，人们随意地仿建了具有两者混合特征的新兴学校。 没有人想为穷人在学校教育上花费太多钱——正如罗伯特·洛维在《1862 年法典修订案》的引言中所阐明的那样："如果它不便宜，那它将会是有效率的；如果它没有效率，那它将会是便宜的"。[15]

在从革命中诞生的或者疆域发生改变的国家里，需要学校把"成分复杂的人群塑造为有凝聚力的公民，在诸如美国这样的移民国家中尤其如此"。[16]

"普通学校"被赋予培养尽可能好的普通人的任务。 今天，许多国家似乎陷入了一个他们真正想要的学校有多"普通"的困境之中。 他们想要一个——取决于学生的天赋以及努力程度——人人都能得到发展的公正体系吗？ 或者，他们确实想要保留一个为那些占据有利地位的学生锦上添花的体系？ 对于许多国家而言，这是一个重大问题——包括英国在内——也是这本书中我将回应的一个问题。

　　一个社会与其教育体系之间的关系，当然是两面的。 今天，当政府常常推进学校改革的时候，教育体系似乎必须是国家的奴仆。 未来的公民，无论如何，将会受到他们所接受的学校教育的影响，反过来，他们也可以利用自己手中的参与权，给他们所经历过的教育体系带来彻底的改变。 正如孩子们可以拒绝父辈的价值观念，转而信奉截然不同的价值观念那样，一个相似的过程会在社会中发生。

　　举例来说，如果大多数人能意识到和种族歧视相关的问题，那么社会就有望——假以时日——变得不那么持有种族偏见。 假如大多数人学会了重视民主的价值，那么对民主的维持就会更容易。 尽管 1988 年的电影《非常英国政变》，由前工党议员克里斯·穆林同名小说改编——描绘了一位左倾的首相，企图施行"英国统治"然后垮台的故事——表明对现有特权的质疑会是一个多么棘手的过程，即使是对于一个合法选举出来的政府也是如此。

　　社会变革也会以其他方式发生。 例如，如果就读私立学校的较为富裕人群有显著增长的话，很明显剩下较少的学生将去公办学校就读。 这样的话，可能会稍微降低公立教育的费用，但也有可能会缩小投身公立教育的学生和家长的范围。 这个国家将可能孕育出一个两极分化的体系——来自相对富裕家庭的学生，和那些出身不是太好的同龄学生，他们所就读的学校在资源水平和环境质量上截然不同。

　　这样的状况将意味着，学生们将缺少与其他不同人群共处的机会。 这样，必然地将会使处于不同"部落"中的那种没有任何交集的生活继续存在下去，从而对社会产生影响——互相猜疑以及极其郁闷的生活不得不混杂在一起，这将朝着一个封闭式的社区和贫民窟的世界又靠近了一步。

　　在第 13 章，我会讨论这种情形可能引发的后果，以及可以采取的补救措施。 在这部分内容中，我将对与人格教育相关的一些问题做出回应。

我们的教育是什么时候开始的？

　　教育从我们一出生就开始了。 新生儿的最初反应纯粹是由饥饿和疼痛引发的。 然而，数周内，婴儿就学会了对他们有限的能力加以运用。 他们的能力是惊人的。 他们理解并掌握关于这个世界的概念，他们的大脑也获得同步发展。 不到两三年时间，绝大多数婴儿就学会了自己进食、行走以及成功运用他们的肢体功能。 他们也获取了这个世界如何运转的众多知识。

　　不管语言的语法结构多么复杂，所有的幼儿（那些有严重的学习问题的除

外）都在他们的成长环境中自然而然地学会了语言。 语言心理学家为这个过程究竟是怎么发生的而争论：不管婴儿们是通过听与模仿别人获得的，抑或是他们有着与生俱来的（语言学家所称的）一种语言习得机制。[17] 无论是通过其中哪种方式获得，都是一件了不起的事情。 幼儿的学习热情是极其珍贵的，那些两三岁的小孩通过游戏而"狼吞虎咽"地学习各种知识的场景真是令人印象深刻。

对教育之定义的早期讨论中包括价值。 这些价值在教育中处于核心地位，尽管教育过程本身以不偏不倚的方式对待它们。 例如，为了在教育中体现对法律的推崇，对律师所接受的学校教育、大学课程以及专业训练所进行的描述都是可以接受的。 而在一个由当代费根管理的犯罪团伙内部，使用同样的词语对新入伙帮派成员的培训进行描述是同样可能发生的。[18]

在新闻记者琳·巴伯的回忆录中——部分被改编为电影（《成长教育》）——详细叙述了她作为一名女学生，是如何通过和一个参与可疑犯罪活动的已婚老男人的关系受到教育的。 她书中的要旨是：教育可以采取许多不同的形式。 她反省到，尽管她在学术教育中轻松取得成功，并且最终得以在牛津大学学习，但是通过这种关系她也受到一种不同的负面教育。

> 从西蒙那里我得到了什么？一种教育——这是我父母一直想让我拥有的……但西蒙给我上的其他课里，也有我后悔学会的东西……我开始怀疑，任何人和每个人都能"生活在谎言里"……它令我过于谨小慎微、冷漠无情。我被我的教育给毁了。[19]

教育是主动的还是被动的？

在过去，学习常常被视为一些被强加给孩子们的东西。 许多自传文学都强调了学生的被动角色：有他们被揍或者因失败而被施以惩罚的事实可以佐证。温斯顿·丘吉尔早期的学校经历也可以证明：

> 我真恨这所学校，两年多的多么焦虑不安的生活。在功课上我进展甚少，在运动项目上则毫无进步可言。我扳着手指头数着日子计算着小时度日，一直到每个学期结束。[20]

虽然被动学习通过惩罚的手段可以强加给别人，但最好的学习类型是主动学习，也是需要学习者接受的一种学习类型。

当然，学校学生在如何度过他们的时间方面，几乎没有什么决定权，从此意义上来说，他们是被动的。　他们会被命令着执行某些特定任务以及从事机械学习——比如记住一首诗。　但是没有学生更加积极地参与，较深层次的理解将会受到限制。　一个聪明但有破坏性的学生，在认识到这一现实的时候，会向老师发出挑战："嗯，那么你教我吧！"

琳·巴伯本来能够拒绝她的书中所描绘的那种教育。　但她选择了接受，即便如此，她迟早会变得为那种教育的某些方面感到懊悔不已。　丘吉尔也会如此，尽管有着悲惨的消极的学校经历，但最终会主动地接受自我教育。

终身学习

现今，几乎所有发达国家的成年人都经历过多年的学校教育。　一些人将会继续接受正规学习直到步入成年人的生活。　英国有着这样一个优良的传统，地方政府承办成人教育班和成人教育机构，像以前的力学研究所或者工人教育协会。　一百多年来，伦敦大学伯克贝克学院专门在晚上为非全日制本科生以及研究生提供学位课程的学习机会。

自从 20 世纪 60 年代以来，开放大学（OU）一直为人们提供获得学位的机会，由此提升了成千上万人的生命质量，也拓展了他们的职业前景并提升了人们的自尊。　用表演诗人迈特·哈维的话来说就是，"开放大学，我们都亏欠你"。[21] 1983 年的影片《教育丽塔》（*Educating Rita*）[22] 循着一位年轻美发师的生活轨迹，通过她与一位多愁善感的开放大学导师的互动历程，发现了一个学习的新世界。　她渐渐认识到，她也有权利进入一个先前她一直认为不可企及的世界。　其他许多人，将会通过他们的家庭、工作生活以及——在经济困难时期——也许是失业的经历，获得人生体验来继续完成他们的教育。

我的观点是，教育对于我们所有人而言，是一个终身学习的过程，只要我们最大限度地利用各种机会。　当然，我们必须想要这样去做才好。　不然的话，我们可以很轻易地拒绝这样的机会，甚至转而为我们身上教育的缺失而欢呼庆祝。

我们是否选择成为终身学习者，部分取决于我们早期的学校经历。　假如我们已经做出决定——无论有没有老师的帮助——我们不擅长学习，像威利·罗素的丽塔那样，我们需要改变我们对自身的观念。　然而，假如我们的学校教育对我们身上的潜力持积极态度（那段时间里不管在事实上我们取得了什么成绩），激发了我们的好奇心、想象力以及持续学习的能力，作为终身学习者的我们，学习范围将会是广阔无边的。

结语

教育既是一个社会自我更新的过程,也是个体全面发展的长期过程。这两个功能在学校内部紧密相连。学校给个体提供了有所作为的机会,并通过校风塑造着下一代。与大多数其他机构不同的是,学校是强制性的。它们承载着极高的期望,而且经常会成为社会问题的替罪羊。在第8章至第10章,我将讨论它们的优点和缺陷。

在我看来,一种好的教育必须既要包括社会的发展,还要涵盖个人生活方方面面的发展。它应该与培养一个良好的社会有关,也应该能让学习者觉得他们想要过的生活以及获取过这种生活的技能。这与我体验到的教育相比要丰富得多。但这正是我想给我的孙子的那种教育。下一章我将关注的重要问题是,我们希望受过教育的人成为什么样子的人。

本章注释

[1]亚里士多德(公元前350年)《政治学》,第8卷,第二部分(本杰明·乔伊特译),互联网经典档案馆,http://classics.mit.edu/Aristotle/politics.8.eight.html.

[2]维基百科需要小心使用,因为不是每个词条都被独立证实有效的。但它提供了适合我们时代发展潮流的令人印象深刻的开放性资源。

[3]让·皮亚杰是一位瑞士的发展心理学家和哲学家。其作品的一个样本可以参阅皮亚杰·J.与英海尔德·B.所翻译的 H.韦弗(1969)《儿童心理学》,纽约:基础图书出版社。对其作品的描述参阅史密斯·L.(1996)主编《对皮亚杰的批判性读本》,伦敦:劳特利奇出版社。

[4]牛津词典,http://oxforddictionaries.com/definition/english/attitude.

[5]"知识",参见伦敦交通局,http://www.tfl.gov.uk/businessandpartners/taxisandprivatehire/1412.aspx.

[6]马奎尔·E.,加迪安·D.,约翰斯路德·I.,古德·C.,阿斯博纳·J.,弗拉克维克·R.以及弗里斯·C.(2000)《出租车司机大脑海马区中与导航相关的脑结构的变化》,《美国国家科学院院刊》,出版前的网络版,2000年3月14日,数字对象唯一标识符:10.1073/pnas.070039597,http://www.pnas.org/content/97/8/4398.short.

[7]普朗格·K.(2004)《教化:一个失而复得的范式?》,《欧洲教育研究杂志》,第3卷,第2本,第501~509页。

[8]约翰·阿摩司·夸美纽斯,《大不列颠百科全书》词条,http://www.britannica.com/EBchecked/topic/127493/John-Amos-Comenius.

[9]夸美纽斯·J.(1984)《幼儿学校》,厄内斯特·麦克尼尔·埃勒编辑,教堂山,北卡罗来纳州:卡罗莱纳出版社。

[10]约翰·阿摩司·夸美纽斯,《大不列颠百科全书》条目，http://www.britannica.com/EB-checked/topic/127493/John-Amos-Comenius.

[11]瑞安·A.(1995)《约翰·杜威和美国自由主义的高潮》,纽约:诺顿出版社及诺顿公司。

[12]瑞安·A.(1995)《约翰·杜威和美国自由主义的高潮》,纽约:诺顿出版社及诺顿公司,第134页。

[13]巴恩斯·J.(2011)《终结的意义》,伦敦:乔纳森开普出版社。

[14]英国人,洛之前是在澳大利亚效力的一个政治家,曾是主管教育的议会委员会的副主席,之后曾在格拉德斯通的一届政府中任财政大臣。《英国国会议事录》CLXXXVIII,第1548～1549纵行。

[15]洛·R.(1862)对下议院的声明,引自约翰逊·B.(1956)《1856—1882年英语教育的发展》,杜汉姆大学教育学硕士论文。

[16]格林·A.(1997)《教育,全球化与民族国家》,伦敦:麦克米兰出版社,第42页。

[17]乔姆斯基·N.(1979)《语言和责任》,苏塞克斯:哈沃斯特出版社。

[18]费根是查尔斯·狄更斯的小说《双城记》中的一个虚构的犯罪分子。

[19]巴伯·L.(2009)《我的爱和生活中的惨痛教训》,《观察家》,6月7日。

[20]丘吉尔·W.(1930)《漂泊的使命:我的早年生活》,伦敦:查尔斯·斯克瑞伯纳出版社,第12页。

[21]参见开放大学40周年校庆诗选:http://www8.open.ac.uk/platform/events/arena/40th-anniversary/open-university-40th-anniversary-poem.

[22]《教育丽塔》,1983年改编自威利·拉塞尔的同名剧作的一部电影。

第 2 章   理想的结果

人们肯定希望他们的子女可以在一个既祥和又公正的社会中生活。 我们乐意认为我们的孩子将会是好人，过着相当开心的生活。 我们想要他们拥有足够多的过上不错生活的机会，拥有探索自己的兴趣爱好以及安稳地养育子孙后代的机会。 我们希望他们的环境不会因为我们这一代的过度开发而被破坏，或者被我们留给他们的地缘政治纷争而毁灭。

事实上，除了采取行动保护环境之外（总的来说，我们似乎不情愿去做这件事），我们很可能对子孙后代们的世界有着微乎其微的影响。 我们只要想想我们有生之年的技术开发方式，就可以明了对未来的发展做出预测是件多么困难的事了，更别说对未来的影响做出预测。 对政治联盟和政治分歧的预言也是众所周知的难题，尽管有着敏锐洞察力的作家，如乔治·奥威尔（预测了使用中央电视台对人们的行为施加控制[1]）和格雷厄姆·格林（挑选出了未来的动荡地区，如越南和海地[2]），毫不含糊地做到了这一点。

我们能做的就是，认真思考我们想要我们的后代身上所具备的那些品质与特性。 这一想法可能会被当作不切实际的空想而搁置。 但是这将会错过关键所在：它应该是乌托邦式的想法。 假如我们想要给他们一个更好的世界，我们必须志向高远。 历史事件，毫无疑问将会使我们的想法黯然失色，但是我们需要积极面对。 我们的子孙后代肯定会主动改变我们留下的体制以适合他们的时代——但是我们可以给他们开一个好头：一个具有积极价值的教育体系，可以帮助他们在相似价值观的基础上培育一个未来社会。

关于我们想要留给子孙后代的那种教育体系的共识，将可以提供一个新提议被验证的模板。 这样教育改革应该会不那么的杂乱无序。 我知道共识是不太可能出现的。 那些受益于当前教育体系的人很可能会抵制变化——正如 150 年间类似的特权集团所做的那样。 但是，在现代民主时代，我们所需要的是效力于全社会的教育体系，而不是只为富人和权势阶层服务。 我们不应该低估那些认识到一个不公平制度的非正义性的人的好意——尽管他们处于社会中的有利地位。

下面是我认为未来的公民需要拥有的品质特征。[3]

道德规范

孩子们需要具备辨别是非的能力，假如他们想要过有道德的生活。 发展出一种道德规范，意味着要承认我们都是与家庭、朋友以及社会有联系的社会生物，而且我们必须在个人愿望与他人需要之间达到一种平衡（尽管我们中许多人在为人父母之后才完全意识到这一点）。 道德规范适用于生活的方方面面，而生活是一个充斥着自私贪婪本性与更多高贵个人风格的竞技场。

道德规范也包括了对法治的维持和负责任的行动。 但即使是这样也并不简单。 一个人如何才能辨别公正的与不公正的法律呢？ 历史提供了制定不道德法律的社会实例：德国 1935 年的反犹太纽伦堡法案[4]和 1948—1953 年南非的种族隔离法案[5]最为臭名昭著。

许多人把民主视为道德规范的一部分。 民主——人民的统治——有着一个有趣的历史。 雅典人发明了民主制度，把它作为专制和寡头政治的解毒剂，然而它只被用于解放那些雅典父母膝下的男性子民。 亚伯拉罕·林肯，在他 1863 年葛底斯堡演讲中所援用的现代版本——"一个民有、民享、民治的政府"——则没有把女性或非洲裔美国人包括在内。[6] 1893 年，民主被留在了新西兰政府，21 周岁以上的所有公民都享有选举权。[7]

在民主社会中生活不仅包括在选举中投票，它还需要公民监督他们的代表的工作，以及告知代表他们的反应。 甚至它可以意味着抵制——通过游行、请愿和有组织的运动——那些威胁到更广范围内社会公众利益的法律法规。

我不信教，因此没有把宗教涵盖进我的列表之内。 但对于那些把宗教作为生活中重中之重的人来说，有足够的空间把他们的信仰植入他们的道德规范之中，反之亦然。 对于那些没有宗教信仰的人，如若想让他们做到"己所不欲，勿施于人"，将会遇到持续不断的挑战。

良好的品格

与道德规范相关的是"品格"的概念。 当我们谈及人的"品格"的时候，我们通常指的是他们的综合素质和个性特征——正是它们造就了特定的个体。"良好的品格"不仅仅包含道德规范，还包括正直的品质，尊重真理的精神，崇尚公平和严于律己的作风。 它还意味着坚持自己价值观的意志力和决心。"不良的品格"表现的则与此相反。

品格培养通过教育以及去教堂做礼拜、做向导、参加童子军或者森林知识团之类的活动才得以发生。 它是体育运动的一个尽管不总是很明显，但却很重要的组成部分——它需要自律的训练和延迟满足的培养。

一所私立学校的校长曾经暗指只有私立学校才对品格培养感兴趣。[8] 以我的经验来看这并非事实。 我知道的大部分公办学校在学生品格培养上花费了不少心思。 把最年幼的学生社会化，让他们的行为符合社会规范；发起反欺负的活动，强调参与慈善活动或社区活动的重要性，教师们促使学生尊重真理、尊重他人，促使学生们坚持正确的价值观。 此外，许多年轻人艰难的生活经历为韧性品质的培养提供了有效的锻炼。 我曾遇到过的最引人注目的例子，是那些不得不承担学校学生和父母护理人双重角色的孩子。

战略意识

回顾我的生活，我认识到，在学校教育教给我许多生活技能的同时——我也学会了与一系列不同的人相处，并且通过体育、音乐和戏剧，我领悟到了团队合作的价值——但我没能够养成任何战略意识。 时至今日，我们似乎更清楚地认识到这样做的重要性。

许多人都善于规划。 他们一心一意地关注他们的职业发展。 当然，一些人走得更远，以至于让既定的关切主宰了他们的生活。 关键技能在于知道何时制订计划和何时能随心所欲地行动；何时我们的生活需要一个确定的重点，何时我们会因为留有充分的选择余地而从中受益。 这样的决定需要我们有反思能力。1979 年，一位发展心理学家，约翰·弗拉维尔[9]，首次使用了术语——元认知。它经常被用来描述人类反思他们思维过程的方式。 战略手段为人们提供了很好的服务，它有助于人们接受教育，建功立业以及寻找合作伙伴，最终，也有助于人们过上心满意足的生活。

训练有素的头脑

哲学家，以及最近的心理学家，长期以来为大脑与心灵（mind）之间的差异争论不休。 现在我们知道，由数以百万计的神经元组成的大脑，牵涉到高度复杂的电子以及化学联结，控制着自主神经系统在下意识状态下运行，还用来调整我们诸多的身体功能。

我们也知道，大脑是我们的意识中枢，也是我们进行思维活动的场所。 17世纪哲学家笛卡儿创造了二元论（dualism）一词来描述意识与身体（包括大脑在内）的分裂。 但是二元论没能解释两者是怎样联系在一起的——例如当我们的大脑告知我们身体正处于疼痛之中的时候。

大脑是想象力——被爱因斯坦描述为"比知识更重要"[10]——的发源地，也是我们互相沟通的基础。 家长与教师在了解如何对待想象力的问题上存在着一个悖论。 一方面，家长需要鼓励孩子们运用想象力；另一方面，他们过于笨手笨脚的干预则会破坏孩子们由想象力所激发的创造性。 因此，在家长与教师如何对孩子们的想法做出回应的问题上，需要在同情心与社会意识之间寻求一种谨慎的平衡。 此外，按照弗洛伊德的著作，许多人主张大脑对重要的潜意识过程发挥作用。[11] 正在进行的大脑研究将会揭示更多关于其运行机制的知识，假以时日，也许会为我们提供它和意识之间关系的更清晰的见解。

训练有素的头脑使得我们理性地探讨我们的思维活动。 如此训练的话，我们将能够妥善处理逻辑论证的问题。 我们也应该能够识别出，在对待某一问题时，我们做出的是理智反应还是凭感情用事。 当然，我们的感情力量是如此的强大，以至于我们仍然可以选择感情用事。 但至少，我们应该对正在做的事情保持清醒。

训练有素的头脑的另一特征是具备完成多项任务的能力。 但有一种风险，可能会致使许多的工作不能顺利完成。 但在今天忙碌的世界中，专注于单一工作的能力是一种奢侈，它并不受许多既要养家糊口又要追求事业的职业父母的（尤其是那些职业母亲们的）待见。

最后，灵性与美感意识一定不要被忽视。 对于那些笃信宗教的人而言，灵性是必需的。 但是对美的欣赏会对我们每一个人产生影响。 不管是在人类形态范围内，还是在自然世界中，也无论是在文学、音乐中，还是在工艺制品上，单单从对美的注视中我们就能获得巨大的满足感。

幸福

正如许多诗人与哲学家所发现的那样，幸福感很难用言语表达出来。 这个词被《柯林斯词典》定义为"心满意足；感觉到、表现出或表达出喜悦的能力或状态；高兴的能力或状态"。[12] 在一定程度上，它的存在取决于一个人的境遇。 一个发现自己可能患上了绝症的人，或者一个处在危险之中的人都很难有幸福感。 然而，处理逆境的方式会因人而异。 幸福是一种主观状态；不管人们面对的客观条件如何，一些人看上去总会很高兴，同时，另一些人似乎更容易陷入一种暴躁状态。

在我看来，一个人的幸福能力与他接受的教育有关，原因在于，幸福感不可能单单依靠焦虑的缺席而存在。 从美国心理学家亚伯拉罕·马斯洛的研究我们可以知道，当没有大问题时，我们担心小问题。[13] 所以，假如幸福不可能是没有问题的状态的话，它或许是个人能够应付问题的自信心——换句话说，个人能够成为他自己生活中力量强大的能动主体。 与一个人接受的教育相比，还有什么事物更有可能扮演如此至关重要的角色呢？

这种对幸福的可能性的解释和迈克尔·玛莫特及其同事对 1967 年以来英国公务员的生活进行的一项纵向研究结果相吻合。 他们研究发现，那些处于最高职位的公务员与处于最低职位的公务员相比，有着 3 倍高的死亡率——这表明，一个人日常工作中的自主权越大，他感受到的压力就会越小。[14]

对幸福的研究已经从一个几乎是哲学领域的专有研究重心，转为经济学的研究。 理查德·赖亚德，伦敦经济学院的一位教授，阐释了与孩子们生活相关的"幸福"概念。 他认为：

> 是重申启蒙运动的崇高理念的时候了。在启蒙运动的观点中，每一个人都想要幸福快乐，每一个人也都同等重要。由此，用以衡量进步多少的尺度是人类幸福与痛苦的总体规模的大小。[15]

他和其他学者在 20 世纪末与儿童协会一起从事幸福童年研究。 在第 10 章中我将探讨其 2009 年年度报告。

国家统计办公室发布的关于成年人幸福状况的 2011 年年度报告指出，"大部分英国人报告说对生活较为满意"。[16] 或许这意味着成年与独立后能让人产生幸福感，抑或今天的成年人过去的童年与今天的孩子相比更为幸福。 这是个让人越来越感兴趣的话题。 法国前总统尼古拉斯·萨科齐成立了一个由诺贝尔奖得主约瑟夫·斯蒂格利茨主持的委员会，在 2009 年它报告了当下人们的幸福感与收入以及生活的其他方面的关系。[17] 它提出，评价幸福感的时候需要考虑 8 个方面的影响因素：物质生活水平（收入、消费与财富水平）；健康；教育；包括工作在内的个人活动；政治上的发言权和治理权；社会关系和人脉；环境（当前以及未来的条件）；经济上以及身体上的不安全感。

对幸福的不同观点，出现在另外一个有着匈牙利背景的美国心理学家（有一个很难发音的姓名）米哈里·希斯赞特米哈伊的著作里。他发现人最快乐的时候是他们聚精会神于一个雷打不动的工作状态的时候，他们处于一种他所称作的"流动的状态"之中。[18] 与此形成鲜明对比的是，他发现，当人们在法定休息日期间——看电视或玩耍时，常常变得不那么开心。假如希斯赞特米哈伊是对的，这个发现对于我们如何看待我们所有活动的方式有着极其重大的影响。工作不应仅仅被视作一件必要的坏事，还应该被视为人生快乐的一个潜在来源。同样道理，安逸不应该成为我们的终极目标——到头来它可能变得无聊至极。

显然，绝大多数家长想让自己的子女幸福快乐，也希望能给孩子们反复灌输他们的教育观念，使孩子们在以后的生活中能够幸福开心。

在我们更大的社会范围内，也肯定希望下一代过得幸福，而不是过那种充满压力与焦虑的生活。但是当孩子们处于向成年人转变的转型期的时候，我们需要找到更好的方式，在物质上（如果他们生活在贫困之中）和心理上给予年轻的孩子们支持。我们也需要考虑，我们是否能够降低他们在学校所面对的压力水平。在第 13 章中我将对这些问题做出回应。

知识

在启蒙运动的年代，受过教育的人都感觉到他们知道大多数可用的知识。现在我们知道，他们大大地低估了他们将要学的知识。当然，这种低估使得教育富家子弟的工作变得相对简单（他们姐妹们的教育被认为不重要）。它通常包括对经典作品——我们的文明的根源——的学习，对数学和科学基础知识的学习，对已出版文献的了解，包括艺术和人文学科的知识，以及毕业前去大陆旅行的经历。

自从 18 世纪以来，知识量大大增加——或者至少在信息规模上有了大幅度增长。医学已经从江湖医术发展为以科学为基础的研究，随着工业革命而来的是技术的崭露头角（既有好的结果，也有坏的影响），发明家们已经改变了整个世界。信息爆炸和通过互联网获得信息的可能性向人们提出这样一个问题：学

校究竟应该尽力传授给他们的学生什么样的知识？ 西蒙·詹金斯——《泰晤士报》前编辑，也是《卫报》的专栏作家——在 2012 年指出：

> 英国一团糟的经济形势，不是因为它缺乏数学而是因为缺乏道德和常识。登上科学的顶峰也并没有挽回苏联走向崩溃的厄运。年轻人需要弄懂计算机应用、经济学、法学、身体的文化、社区的历史以及环境的现状。[19]

其他人有着不同看法。 下面是我选择的我们应该传授给孩子们的那种学术知识，但它并不是详尽的。 就像是使迈克尔·戈夫受到了影响的埃德·赫斯基的那个著名列表（有着他认为所有美国孩子都应该学习的核心知识[20]），它是一个个人选择。

文学

我相信未来的公民应该很熟悉这个世界积累下来的文化珍品。 当然，那些关于被文学专家们称作"经典作品"的内容的争论将会是无法解决的——正如任何一个试图编制他们自己的"最伟大书籍" 列表的人所发现的那样。

数学，科学和技术

对于社会来说，数学和科学知识是极为重要的。 一些数学技巧对每一个人来说都必不可少。 计算器——他们本身是令人头疼的争执对象——在大多数领域都能为人们提供帮助，但是我们需要对它有一个基本了解以防止灾难性错误的发生。

尽管在俄罗斯和中国人群中看起来并非如此，但是一些人确实因为过分的数学焦虑而备受煎熬——在 20 世纪 50 年代首次确认并被正式命名为计算障碍。[21]世界卫生组织把它列入了《国际疾病分类统计》一书中。 看来仅仅增加有待研究的数学总量并不是处理这种情况的方法。[22]斯坦福大学的研究人员正在利用核磁共振成像技术来研究那些有着数学焦虑症状的幼儿的大脑对数值问题做出反应的方式。[23]

时至今日，科学为我们的医疗、工程、农业、机械制造、天气预报、太空探索以及当代所有技术上的非凡成就提供了坚实的基础和支撑。 科学方法——建立在积累证据、细心实验、方法论精密化以及对结果进行同行评审的基础上——被用于人们认识世界、抵抗疾病以及探索宇宙的征程中。

随着由诸如名人大卫·爱登堡、罗伯特·温斯顿和布莱恩·考克斯所主持的电视节目的流行，今天一个受过教育的人如果对很多科学知识不熟悉，绝对是一件令人匪夷所思的事。 不必理解它们的基本原理，许多普通公民将会着迷于大型强子对撞机[24]或像黑洞[25]之类的复杂现象。 但是，正如马丁·里斯，英国皇家天文学家评论的那样：

> 今天的年轻人——不像年轻的牛顿那样去研究钟表，制作风车模型——令人沮丧的是，连拆卸许多家居用品都无能为力。这类小玩意会是让人困惑的微型机械的黑匣子——对于大多数人来说简直是"纯粹的魔术"。[26]

在过去大约 20 年间，技术在所有的工作实践中变得越来越占据支配地位，由于每项发明都会致使机会进一步出现，所以它的脚步不可能停下来。 然而，不像其他大多数领域，这是一个孩子们相较于成年人要领先一步的天地。 不管是他们仅仅尝试一些事情，还是他们对做过的事情有着更好的记忆力，他们好像天生就对技术有种亲和力。 你大概看到过这样的动画片，一个裹着尿布的幼童一脸绝望，在电话里对着他的奶奶说："不，奶奶，听着。 双击网络浏览器的图标……"

人文学科

未来的公民需要一些历史知识。 迈克尔·戈夫曾经这样说道：

> 学校历史课程应该歌颂这些岛屿在世界史中所发挥的杰出作用，要把英国描绘成别人学习和效仿的自由灯塔。[27]

我同意历史的重要性，但我认为需要在更加广阔的历史背景中去学习历史。其他许多国家也曾发挥过重要作用，而且我们也曾有过与他们相同的可耻行径。[28] 脱离了这样的历史背景，历史课程将会很容易沦为民族主义的宣传工具。 正如剑桥大学近代历史学皇家教授理查德·埃文斯的观点那样：

> 任何层面上的历史课的教学目的……应该是让学生学习并理解其他文化……而非鼓励一种狭隘的爱国主义的民族认同感。[29]

今天的地理课涉及的内容要比城市、山脉与河流的地理位置多得多。 在一个世界如此触手可及、自然资源的有限性被广泛认可的年代，对地理的研究就变

得至关重要。 在一个有着帝国历史、公民们的祖籍渊源遍布世界各地的国家，学生们需要对不同文化的扩散历程有一些了解。

对宗教的学习也极其重要。 正如我前文指出的那样，我不信教。 但是我认识到，为了彼此宽容及和睦相处，未来的公民要理解和欣赏世界上主要宗教的相似之处和不同点就显得非常重要。 此外，这样的学习有助于每一个人欣赏和理解我们浩如烟海的文化——音乐、艺术和文学——其中充满了宗教思想与意象。

语言

英国对外语有着矛盾的态度。 我们羡慕会说几种语言的人，但是似乎又不太愿意去效仿他们。 部分原因是英语已经成为世界的通用语，这似乎使得英国人成为语言上的懒汉。

学会另一门语言被认为是极度困难的事情，而事实上，它可能真的很难。就我而言，我努力学习丹麦语又失败的经历可以证实这一点。 然而北欧国家的孩子们几乎在不经意间就学会了英语，而且大多数成年人能够用英语交流。 看来，一旦人们认为学习一门外语是可取的（例如，为了欣赏流行音乐或电视节目）或至关重要的（比如，为了出国工作），学习动机增强之后任务就显得较为简单了。

在英国，该问题受到上届工党政府政策调整方式的影响已经开始恶化。 原来的国家课程标准中对学习一门外语的强制性规定，被调整为所有超过 14 岁的孩子的选修课程。 因此学生们把注意力集中在他们认为比较容易的科目上。 教师们由于担心糟糕的成绩会对他们学校在排行榜上的排名有所影响而鲜有反对之声。 然而，在发布典型的"含混不清的信息"的过程中，由于部长们在中学降低了语言的重要性，理论上他们同时给了 7～11 岁的每一个小学生学习一门外语的机会。[30] 现在则要求小学教给所有 7 岁学童一门外语。

政府的意图受到了纳菲尔德基金会[31]一个语言调查的影响，虽然积极但不切实际。 它似乎已经忘了——或不知道——教小学生学习法语过程中的早期实验结果。 来自国家教育研究基金会（NFER）的研究人员认真记录了那个实验。政策的失败主要是由于把小学生分散到不同的中学中去，这意味着没有了连续性，在许多情况下，这种消极影响将重现。[32] 然而语言依然重要。

艺术

对音乐、戏剧、绘画、雕塑以及舞蹈的精通或者经常参与被认为是"上流社会"——中产阶级与上层社会的活动。 这是很不幸的一件事情，因为它使得人们失去了对这些令人愉快的活动的体验。 当我在伦敦一所学校做教师的时候，我陪着许多学生去过剧院或者音乐厅，门票是由内伦敦教育局免费提供的。 我目睹了学生们第一次欣赏一场音乐会、歌剧或戏剧时的体验有多震撼。

一个艺术有着使生活改头换面的强大力量的显著例子就是，西蒙·玻利瓦尔管弦乐团的成功。 这是一个顶级的国家教育项目（音乐救助体系），该项目由何塞·安东尼奥·艾伯鲁在 1975 年创建，涉及数千名贫穷的委内瑞拉青少年（3/4生活在贫困线以下）。[33] 如果申请会员资格则要求全身心地投入，按照艾伯鲁所言，这是由于：

> 参与……是创造意义的途径，也是帮助孩子们为争取更好的生活条件而不懈抗争的一种方式。[34]

在委内瑞拉，特别是古典音乐，看上去已经突破了"酷"的桎梏，扩大了它对所有社会阶层的吸引力。 好消息是，这种大胆的音乐实验正在苏格兰[35]以及英国好几个地区开展。[36]

以上所述都不意味着我相信课程必须立足于对单一学科的学习之上。 那是一个不同的争论——正如哲学家约翰·怀特所阐明的那样：

> 对于分科课程的主张可能会有好的理由，但是，依靠其他种类的媒介、通过教育项目、教育主题和整个的学校教育过程去达成教学目的也同样有着好的理由。[37]

我只想表达的一点是，这种类型的知识需要我们的年轻人通过一种渠道或另外的渠道学习。

技能

在未来的公民所需要的知识与技能之间有着大量交叉重叠的部分。 我列出的基本技能包括以下内容。

通信和信息技术技能

我们知道言语并不是静止不变的，而是在使用中随着时代的变迁而发生改变。 那个被称作"英语标准发音"的时代早已一去不复返了。 在早期电台或电视节目中，那位年轻的女王陛下在听到划玻璃的声音后，谨慎而又字正腔圆的批

评使得我们想起一个不同的年代。 地方口音——包括东南（泰晤士河）"河口"口音——在电台和电视上更常被听到，许多英国年轻人已经学会在一句话的末尾带上轻快的澳大利亚口音。

然而，学会清晰和简洁的表达是重要能力，但是它们不会自动地走到一块去。 我经常遇到说话很清晰的人却不能简短表达自己的意愿。 在一个正式场合，比如面试，他们语言絮叨拉杂，无视（面试官）所有的提示和无声的"眼神恳求"，他们就是停不下来，很可能把自己说得失去了一个工作机会。

会话的艺术，尽管它包括了说的能力，但主要取决于听的技巧。 这就意味着当别人正在说话的时候，你不仅仅要保持安静，而且要参与话题交谈，并在做出回应的交流过程中学会兼顾双方的观点。

在通过推特、脸书或者其他新型社交网络方式与朋友沟通交流的时代来临的时候，年轻人一马当先引领了时尚。 发送电子邮件目前仍依赖于学到的电脑键盘操作技巧（直到声控电脑变得常见为止）。 之前打字技能只教给商务专业的学生（以女性为主），但现在它已经惠及大众。 发送短信时不仅迅速地发展出自己的语法规则，还形成了自己的指法技巧。 由于大多数手机的尺寸设计，连长着小小拇指的小孩子都易于操作，许多孩子甚至娴熟得令人瞠目结舌。

阅读

我们读书有着诸多不同的原因：为了搜索信息，为了遵循指令，为了吸收新知识或者分享某种经验，也有的是为了欣赏不同形式的文学作品。 阅读小说可以把人带入一个不同的世界，虽然读者不能亲临那个世界的现场，但可以与众多处于不同环境中的虚构人物共享希望和失望，失败和胜利。 年轻人也需要能够理解分析以及品味鉴赏文字描述。 最重要的是，他们需要在事实报道和评论之间做出区分——由于舆论导向专家、政治说客和广告公司的娴熟工作，这成了一个困难的任务。

写作

撰写正式商业信函，备忘录或报告，创作诗歌或散文，写信，记日记，甚至列出"待办事项"的清单，等等——尽管在信息技术上进展很大，但它们依然重要。 根据我的经验，向学生演示写作方法以及贯穿于学校整个教育过程的日常练习，并不必然导向成功。 一些人只有他们的工作要求他们做出定期报告时，他们才能写得好。

由于英语拼写的不规则性，就带来一个特别的问题。 那些没有较强的视觉记忆或者患有诵读困难症的人便处于极其不利的地位。 万幸的是，计算机拼写检查程序的出现，使得他们能够大大降低出错的机会。

计算能力

计算能力——计算，估计，称量以及理财——是一种不可或缺的生活技能。此外，一个没有更多的算术技巧或者统计学基本知识的公民——看不出基本模式，不能与符号打交道或做出合理的估计——在当今世界将会是容易受到伤害的（尽管袖珍计算器可以提供帮助）。 复杂的数学技巧拥有实用价值，而且也有助于系统化思考。[38]

社交能力和情感沟通能力

社交能力和情感沟通能力越来越被视作团队协作，以及在各行各业中能够一帆风顺所不可缺少的"软能力"，它帮助我们交友、化解挑衅以及广泛地应对各种生活问题。 在"个人、社会以及健康教育"的课程组成框架内，是否尽可能地教给学生这两种能力仍存有争议。 一方面，受到课程表安排情境的限制以及学校对学业成绩的强调，社交能力以及情感沟通能力的学习有一个不太适宜的环境；另一方面，学校又是唯一可以影响到所有年轻人的场合，忽视一个也许不会再出现的机会似乎是有风险的。 此外，正像约翰·格雷，一位剑桥学者指出的那样：

> 不知何故，我们已经形成了对于学校教育的一种片面观点。测验和考试成绩至关紧要，而其他的很多东西都不重要。[39]

答案可能是，除了要提供辅导员或者保健员都参加的涉及此类话题的非正式会议之外，还要发挥学校的情境教育功能。

创业精神

当今的许多年轻人想要成为企业家。 受到诸如《学徒》之类的电视节目的激励，他们希望拥有创业机会而不是寻求就业。 这是一个值得赞赏的态度——完全与我之前的关于教育需求被视为是积极的论述相一致。 但是它要求学生学习那些通常与学校里所教内容不同的技能，它不需要那么正式的方法，但要有与导师及创业教练会面的机会。

运动技能

在许多人的生活中，运动是占据主导地位的兴趣。对足球队的支持是我们民族文化的一部分，但有趣的是，据称钓鱼是人们参与最多的运动。2012 年奥运会展示了人们对体育运动的爱好，参赛选手和观众都乐此不疲。

显然在学校可以学到或培养许多不同种类的体育技能。尽管控球、跑步和游泳之类的基本技能通常都做到了全面覆盖，但学校往往重视团体比赛项目。考虑到国民日益肥胖的趋势，对于学校而言，对保持健康给予格外的重视将会是明智的行为。

结语

在一个理想社会，公民们将会是具备优良品格的有道德的人。他们将拥有成熟的心智、渊博的知识以及高水平的一般性技能技巧与战略规划能力。他们也将身体健康且爱好运动。他们接受的教育将把他们塑造为人，而不仅仅是一纸文凭的追求者。用教育哲学家理查德·普瑞的话来说就是："比学业上的成功重要得多的是成为人。"[40] 当然，现实生活中的人们，从阳春白雪到下里巴人，总是显得千差万别。但一个有效的教育体制的意义，在于它应该倾向于使人们成为积极向上的人。

一个民主国家中的教育体系有着举足轻重的作用。每代人都应该为了更好地教育下一代而寻求对它的改善。拥有了更好的教育，未来的公民才有希望创造一个更好的社会。

在探讨了我认为的我们大部分人想要未来公民习得的特质之后，下一个我要思考的棘手问题是智力。

本章注释

[1]奥威尔·G.(1948)《1984》，伦敦：企鹅出版社。

[2]比如《安静的美国》(1955)，伦敦：海涅曼出版公司；《喜剧演员》(1966)，伦敦：博德利黑德出版公司。

[3]另一种观点，虽然重叠，读者应该参阅普朗格·R.(2012)《全民中学教育的生死存亡》，牛津：劳特利奇出版社。

[4]犹太虚拟图书馆，http://www.jewishvirtuallibrary.org/jsource/judaica/ejud_0002_0015_0_14977.html.

[5]南非的种族隔离立法,http://africanhistory.about.com/library/bl/blsalaws.htm.

[6]葛底斯堡演说,http://myloc.gov/Exhibitions/gettysburgaddress/exhibitionitems/ExhibitObjects/NicolayCopy.aspx? sc_id=wikip.

[7]关键事实,历史集锦,新西兰的民主,http://www.elections.org.nz/study/education-centre/nz-electoral-facts-stats/key-facts-history-highlightsnzs-Democracy.html.

[8]比如,塞尔登·A.(2011)《托比·杨的话有道理》,《卫报》,9 月 3 日。

[9]弗拉维尔·J.H.(1976)《问题解决的元认知方面》,来自 L.B.雷斯尼克主编《智力的本质》,希尔斯代尔,新泽西:艾尔伯协会,第 231～236 页。

[10]爱因斯坦·A.(1931)《宇宙宗教:包括其他的观点和警句》,纽约:多佛出版社,第 97 页。

[11]西格蒙德·弗洛伊德(1856—1939),参见互联网哲学百科全书,www.iep.uutm.edu/freud/.

[12]柯林斯词典:http://www.collinsdictionary.com/dictionary/english/happiness.

[13]马斯洛·A.(1943)《人类动机的理论》,《心理学评论》,第 50 卷,第 4 本,第 370～396 页。

[14]马尔默·M.,罗斯·G.,希普利·M.和汉密尔顿·P.(1978)《英国公务员中的职业等级与冠状动脉粥样硬化性心脏病》,《流行病学与公共卫生杂志》,第 32 卷,第 4 本,第 244～249 页。

[15]莱亚德·R.(2009)《这是最大的好处》,《卫报》,9 月 13 日,www guardian.co.uk. 又见莱亚德·R.(2011)《幸福:来自一门新科学的经验教训》(修订版),伦敦:企鹅出版社。

[16]国家统计局(2011)《主观幸福感的初步调查》,《意见调查》,12 月 1 日。

[17]斯蒂格利茨·J.,森·A.,菲图西·J.(2009)《经济表现和社会进步评估委员会的报告》,www.stiglitz-sen-fitoussi.fr.

[18]希斯赞特米哈伊·M.(1990)《流动:最佳体验的心理学》,纽约:哈珀与罗出版公司。

[19]詹金斯·S.(2012)《戈夫的中央集权制不像苏联那么的社会主义》,《卫报》,10 月 12 日。

[20]有兴趣的人可以找到完整的细节:http://www.newfoundations.com/GALLERY/Hirsch.html.

[21]有兴趣的人可以浏览阅读障碍网站的词条:http://www.bdadyslexia.org.uk/about-dyslexia/schools-colleges-and-universities/dyscalculia.html.

[22]要想了解对于该问题的一个有趣的讨论和可能的治疗方法,参阅巴克斯顿·L.(1981)的《你为数学感到惊慌吗?》,伦敦:海涅曼出版社。

[23]杨·C.,吴·S.,梅农·V.(2012)《数学焦虑症的神经发生基础》,《心理科学》,第 23 卷,第 5 本,第 492～501 页。

[24]欧洲核研究组织(2011)《大型强子对撞机》,新闻稿,9 月 21 日,http://press.web.cern.ch/public/en/LHC/LHC-en.html.

[25]霍金·S.,彭罗斯·R.(1996)《时间和空间的本质》,新泽西,普林斯顿:普林斯顿大学出版社。

[26]里斯·M.(2011)《教育爱因斯坦》,《卫报》,9 月 20 日。

[27]希金斯·C.(2011)《历史学家说迈克尔·戈夫冒有将历史课程变成宣传课的风险》,《卫报》,8 月 17 日。

[28]比如,柯本·L.(2011)《残酷的不列颠:折磨的秘史》,伦敦:波多贝罗图书,或查询外交和联邦事务部的"失落的英国殖民地报纸",oversesreview.blogspot.co.uk/lost-britishcolonial-papers-made.html.

[29]埃文斯·R.(2011)《学习的正当理由》,《卫报》,8 月 27 日。

[30]DfES(教育与劳动技能部)(2002)《为了生活的语言:英格兰的策略》,伦敦:教育与劳动技能部。

[31]纳菲尔德基金会(2000)《语言:下一代》,http://www.nuffieldfoundation.org/nuffield-langua-ges-inquiry-and-nuffield-languagesprogramme.

[32]波斯塔尔·C.(1975)《初级法语的平衡》,《教育研究》,第 17 卷,第 3 本,第 193~198 页。

[33]《音乐救助体系:通过音乐改变生活》,哥伦比亚广播公司《新闻六十分》,http://www.cbsnews.com/stories/2008/04/11/60minutes/main4009335.shtml.

[34]何塞·安东尼奥·阿伯在 2001 年正确生活奖颁奖典礼上的获奖感言,http://www.right-livelihood.org/abreu.html.

[35]参见 http://makeabignoise.org.uk/sistema-scotland/board-members/.

[36]参见埃德·弗利亚米的文章(2010)《卫报》,10 月 13 日,www.guardian.co.uk/2010/oct/0/britain-children-orchestra-sistema.

[37]怀特·J.(2012)《关于课程设置的入门新知识:对约翰·霍奇金的答复》,《论坛》,第 54 卷,第 2 本,第 305~312 页。

[38]波伊尔·C.(1991)《数学史》,牛津:威利出版社。

[39]格雷·J.(2012)《健康也很重要》,《研究情报》,第 117 本,第 30 页。

[40]布林·R.(2013)《全民中等教育必定只不过是一场梦?》,伦敦:劳特利奇出版社,第 188 页。

第 3 章 智 力

大多数人从日常经验中认识到，人们的智力差别很大，有人才华横溢，有人连日常生活都难以应对。 历史让我们看到了许多举世公认的天才，像列奥纳多·达·芬奇和莫扎特。 就离我们更近一点的时期来说，像发现了镭的居里夫人，[1] 万维网的发明者蒂姆·博纳斯·李[2]等人都被公认为具有非凡的"能力"。

智力是一个有着许多构面的广泛概念，所以，这一章我尽力梳理出人们在使用该术语时的各种不同方式。 最后以我们怎样对能力给出定义的阐释结束本章议题。[3]

对于一些人来说，能力的核心只是智力。 在 20 世纪早期，该术语被一个法国科学家阿尔弗雷德·比奈所采用，他为了甄别出被我们今天称作特殊需要的孩子[4]而开发出第一个智力测验（IQ 测试）。[5]

哲学家约翰·怀特[6]指出，根据可觉察到的能力来对人群进行划分的源头，可以追溯到早期新教徒——持异议者——的思想以及他们对宿命论思想的恪守遵从，其中还有一些是信奉优生学（极其可疑的改善人类种族的尝试行为）的人。 他认为在"上帝的选民"与非选民之间做出区分的观念，被转换成了在"有能力之人"与其余人之间进行的一种相似区分。

在美国——根据曾经描述过智力测验用途的一位华盛顿记者的报道——除了入学机会和工作机会外，智力测验还一直用于决定人们能否进入美国的机会，甚至是"罪犯们应该活下来抑或是被处决的机会"。[7]

在英国，西里尔·伯特，一位在伦敦郡议会工作的心理学家，使用智力的概念来为选拔优秀小学毕业生的考试进行辩护。 今天，他对智力所做的定义看上

去不切实际但却充满了确定性：

> 就"智力"这个术语而论，心理学家理解为与生俱来的、多才多艺的智力能力。它是遗传的，或者最少它是天生的，而不是教学或训练的结果；它是智力的，而不是情感或道德的，不会受到勤奋或热情态度的影响；它是普遍的，而不是具体的，也就是它不受限于任何特定种类的工作，但它影响到了全部的我们所做所说或所想。在我们所有的心理品质中，它的影响力最为深远。所幸的是，我们可以精确又轻松地把它测量出来。[8]

然而在伯特死后，人们普遍认为他伪造了数据以支撑这些判断。[9]

"高智商"，或者另一个极端词汇"智力有限"是对人们进行描述时仍然在使用的术语。但是我们真的明白智力是什么吗？两位美国心理学家，罗伯特·斯滕伯格和威廉·索尔特，把他们对智力所下的定义削减到了最简单的程度。在1982年的文章中，他们把智力简单地定义为："有目的的适应性行为"。[10]这种包罗万象的定义无法区分心理的与身体的活动，或者说无法区分我们生活中那些思维的（认知的）和感觉的（情感的）功能。但是通过在具体活动中对适应的重要性的强调，它表述了那种可能发生的进化过程。

琳达·哥特弗雷德逊提倡一种更为宽泛的定义方法。在1997年，她和其他52个美国学者在刊名很贴切的期刊《智力》上公开发表了一个定义：

> 一种非常一般的心智能力，在其他方面，还包含推理能力、计划能力、解决问题的能力、抽象思考能力、领会复杂思想观点的能力，快速学习能力以及从经验中学习的能力。它不仅仅是书本学习这种狭窄的学术性能力，或者应试技巧。相反，它反映的是一个更广泛、更深入地理解我们所处环境的能力。"理解"，"弄懂"事情，或者"弄明白"做什么。[11]

这个长长的定义涵盖了许多不同的能力——应对复杂的抽象概念的能力以及认识周围环境的能力和解决问题的能力。参照我从事教育和研究工作的过往经历，我想在此基础上进行定义。

对能力概念的拓展

在我看来，在拥有下列能力方面人们差异很大。

汲取和记忆信息的能力

这凭借的是个人记忆力的两个组成部分的工作能力——对信息的储存能力和组织能力，以便于形成知识间的关联——以及快速记忆知识的独特能力。 高效地记忆知识是成功考生的品质标志，它也是在处理大量至关重要的用户名和密码信息时的一笔宝贵资产。

理解个人世界如何运行的能力

这是理解我们的历史、地理和社会环境的能力。 它也包括一些基本科学原理（诸如怎样用电和其危险性），也包括当代生活涉及的日益复杂的财务事宜——从购买手机到取出抵押贷款。

进行复杂思考的能力

例子包括理解高数的数学原理，掌握外语的语法结构以及阅读哲学。

权衡备选方案的能力

在最简单的层面，这关系到几件衣服中哪一件最适合我们。 它也可用于像选择就业，挑选合作伙伴和组建家庭等可以改变生活的重大决定。

长远的战略规划能力

这涉及我们采用战略规划和战术规划的能力，而不是冲动行事。 但是，有些矛盾的是，它也可以包括对时机的把握能力，在特定情况下，一个人习惯性地使用小心谨慎的方法也许不太合适，必须要抓住时机。

平衡全局和细节的能力

这仍然涉及一个有些矛盾的方法——驾驭两种不同的思维过程。 一个关注行动带来的影响或后果；另一个则关注执行行动时所必需的细小环节，例如，处理好行动执行时的后勤供应问题。

个人综合能力

这种包罗万象的能力，我认为可以把"高能力者"与其余人互相区别开来。

正确的思维方法与特定环境相匹配的能力是：对隐藏于表象背后更深层次内涵的洞察力，处理复杂事务的能力，在保持着抓住一闪即逝的罕见机遇的能力的同时，还要能够成功地做出战术和战略选择。 这些都是令人羡慕的能力。

爱德华·德·波诺，一个多年来一直以教授思维能力为专业的马耳他医生，[12] 他认为一个真正聪明的人是用优点来补偿自身缺陷的人。 例如，一个容易恐慌的人，应该避免在仓促间做出草率决定。 假如能给出思考问题所需时间的话，他或她可能是有着大智慧的人。

对能力略持更宽阔一点的视野也能促进某种谦卑感：在一些情形下寻求帮助或打电话征集建议是明智的。 它也提供了那些非常能干的人的一种更加现实的观点，一些看上去什么都擅长的人——博学者——事实上，能力上可能更有限。但是因为他们已经学会了应对策略，给人留下的印象会是他们什么事情都容易应对。 这令人鼓舞，因为大多数人并不是做什么都擅长。 例如，一些学习效率极高的人，但是却不能恰当地学以致用。 对于这样的人来说，学习和生活可以各自独立，互不影响。 就像墨守成规的大学教授那样，他们能掌握极其复杂的信息但是却难以应对日常生活。 这种宽泛的能力观包括社交能力，以及一系列智力、技能。 能够"与人和谐相处"，有同情心，理解各种情绪，知道怎样才能缓解紧张局势等是现代生活所需的宝贵资产。

心理研究人员曾考察过怎样才能精确解读各种情感信号，在此基础上，[13] 美国心理学家兼科学作家丹尼尔·戈尔曼创造了"情商"一词。[14] 戈尔曼的工作证明情商已十分普及，现在的许多国际商务课程都包括了对情商的训练。

霍华德·加德纳，另一位心理学家，认为传统的智力概念太过狭隘，而且我们拥有多元智能。[15] 加德纳最初只命名了七种智能，现在提出有着使人各不相同的八种属性——语言智能、逻辑数学智能、音乐智能、空间智能、身体运动智能、自然认知智能、人际交往智能和自我认知智能。 加德纳的这项工作一直有着巨大的国际影响力，但并非没有批评者。[16]

艺术和体育特长

加德纳认为音乐智能和身体运动智能（运动和舞蹈智能）与其他类型的能力相比是不同的。 杰出的艺术和音乐能力是遗传赋予的还是由于特殊训练或鼓励的结果，关于该问题的争议，双方各自引经据典，分歧巨大。[17] 加德纳研究莫扎特时将其描述为一个天才，但他也指出，从 3 岁起，莫扎特就把大部分时间花在演奏或创作音乐上。 不管莫扎特拥有何等才华，他一定还有令人叹服的精力和毅力，在他 35 岁就英年早逝的悲剧发生之前，就已经完成那么多令人叹为观止的作品。[18]

出色的运动能力也可能是天赋异禀加上很长时间练习的结果。正如 2012 年伦敦奥运会所生动体现出的那样。看那些正在玩耍的小孩子，很明显的是，一些擅长运动的孩子与其他人相比，有着更好的平衡能力以及身体协调能力。最高层次的成功也需要一定的精力、动力和毅力（这是我在本章稍后所探讨的品质）。

研究人员经常建议用测试来预测潜在的运动能力——有时候以不同寻常的外在形式进行。（一项研究试图通过测算一名女性两个手指长度的比率来评估其运动潜能。[19]）但是在体育历史的记录里，那些最初在自然天赋方面表现平平的人，却能在经过艰苦磨炼或者有了好运气的眷顾后取得许多骄人成就。[20]

能力究竟是来自遗传因素还是后天习得的，这个问题最终可能会获得回答。奥利佛·杰姆斯，一位英国临床心理学家兼作家，认为，由于基因组计划未能在基因与许多具体情境之间建立联系，所以环境，尤其是那些儿童的环境，更有可能成为成功的决定因素。[21]我同意他的观点。但是，即便事实证明不是如此，学校对于改变遗传禀赋无能为力的同时，却有责任为学生提供一个好的学习环境。

现在我想探讨一下与能力有关的其他 8 个因素，它们互相交织重叠，但是我相信对每个因素进行单独探讨是有价值的，因为它们被视为个人在早期教育中获取的，而且需要在以后生活中加以运用的一系列工具和技巧。

影响能力的人类特性

精力

这是一个基本特性，几乎所有动物都有着一定强度的精力。精力给了我们每天起床和做事所需要的原动力、精神力量和体力。人拥有的精力看上去有着巨大差异。一些人起床早且极少面带倦容，其他一些人看上去则永远无精打采。不同的情绪似乎也会改变精力的水平。那些患有抑郁症的人看上去精力尽失。但是精力无限也是问题，正如那些异常活泼的孩子的父母所知道的那样。对于那些被诊断为注意力缺陷与多动障碍（ADHD）的孩子，精力过于旺盛的问题会非常严重。[22]

好奇心

好奇心被一个美国研究小组描述为"对学习与知识的渴望"。[23] 然而，很少有人知道它的生物学基础，尽管它是我们大量行为的驱动力。 研究者发现被试者在好奇心被激发时记忆力会增强。 好奇心因人而异，一些人显得兴趣寡然的同时，另外一些人则显得兴致勃勃。 严格的教育制度——比如常见于维多利亚时代的英国，现在一些国家仍然坚持执行——往往会抑制学生的好奇心，减少他们的质疑行为，这意味着"只见到孩子而听不到他们的提问"，对于学生主动学习来说这不是一个好方法。

动机

动机是促使我们做特定事情的另一个强大驱动力。 它可能是内在的——受到好奇心的驱使，抑或受到对快乐的心理预期的推动，又或者有着害怕遭受失败的心理的推动。 它还可以是外在的——受到奖励（金钱或名誉）的预期，或将受到惩罚的胁迫——或个人受到惩罚的过往经历。 在某些情况下，比如在竞争过程中，可能会同时唤起人们的内在和外在动机。[24] 对于家长来说，外在的奖励（即贿赂）似乎是一个好主意，在一些情况下效果很好。 但是如果父母不小心的话，他们可能会把后代培养成有条件工作的人，比如，只有奖励足够诱人时才帮助清洗餐具。 最终驱使人们加倍努力的是内部动机。

热情

它与动机有重叠，但在我看来意义稍有不同。 受动机激发去做一些事情是可能发生的——也许是因为一种奖励的承诺——但不一定充满热情。 古希腊人认为狂热者是那些被上帝附体的人，而且天主教和新教作家都探讨过投入宗教的热情。[25] 然而，今天我们更喜欢使用这个词来描述一个博客作者，一个足球迷或者一个被指配的门将。

耐力

这是长时间维持心智运行或进行体力努力的能力。 它在意义上和忍耐力一词相似——被经常用来描述艰难或痛苦的经历——但经常被用于和体育比赛相关的那些训练。 运动员通过有氧运动来增强耐力。 在教育环境中，从事长期或困难课程的学习，尤其是有着家庭生活需要和就业压力的业余学习者，需要巨大的耐力。

毅力

通过与耐力相比较，毅力对于我而言，表达的是在事情进展困难时需要坚持下去的一种精神上的坚决态度，而不是人身体行动所体现出来的决心。 当然，它可能会做过头。 有时人们在完成任务时，在一线生机都没有的情况下可以坚持下去，心理学家称之为"毅力过度"，他们鼓励人们在做出进一步努力时应对有限的"成功机会"做出更现实的评价。 然而，有时是额外的努力带来了回报——甚至是在最没前景的情况下。 这是一个学习者应做出判断的地方：是选择冒着白费功夫的风险继续努力呢，还是选择克服一切困难去获取潜在成功。

韧性

简单来说，韧性可以被看作对抗压力的能力——以此为研究主题已经产生了相当多的科研机构。[26] 在一个教育情境中，那些能够在失败后东山再起的人展示出了韧性。 它也被用来描述那些面对逆境而获取成功的人。[27] 不管韧性是预先安排培养的还是通过个人经历所形成的，有没有韧性仍是决定教育成败的重要因素。 在儿童和青少年发展专家迈克尔·鲁特看来，韧性是高度个人化的：

> 韧性是一个交互式概念，它指的是抵制环境中的风险性经历的能力，或者是克服压力或逆境的能力。[28]

善用个人能力的能力

在某种程度上，在我前文讨论德博诺的研究工作时已经覆盖了这种能力。我相信我们需要在接受教育和过一种明智生活的过程中，综合运用我们身上不同的能力、态度以及个性特征。

现在我需要探讨更多的心理特点。

自我认知

我们中大多数人对于别人持有的针对我们个人能力的看法极其敏感。 虽然那句"聪明过头了"可以被用来嘲弄人，但很少有人会介意被称为聪明，大多数

人则会因为被称为傻瓜而愤恨不已。 即使是那些取得了巨大成就的人，假若他们遭受尖锐批评的话也会失去信心。 一个批评过多的家长、老师或者在日后生活中的一个霸道的老板，都可能会破坏我们对自身能力固有的信仰。

在《虎妈战歌》（*Battle Hymn of the Tiger Mother*）[29]的作者蔡美儿看来，如果想要达到高标准的话，批评是必不可少的。 这对于一些人来说无疑是正确的，但如果想将它应用到蔡女士女儿的身上仍然有待观察。 就蔡美儿而言，公平地说，我见过这样一类人，即使是面对最消极的批评，他们也可以将之变成积极的东西，他们的活力似乎被这样的责难激发了出来。 他们似乎拥有"残忍"的额外多的决心。 但是在我看来，那些遭受严厉批评却茁壮成长的人是例外。 在非常多的人身上显示出的是，受到严厉批评的伤害而失去了学习的抱负，因为他们发现应对批评是一件如此困难的事情。

在这一点上我们为什么这么脆弱？ 其中的许多社会心理机制尚不清楚，所以这个问题得不到任何肯定答复。 但我的观点是，这是因为我们无法真正衡量我们的聪明程度。 我们无法做到，像拿我们的身高或体重与别人做比较同样的比较方式来检视自己的能力。 我们不得不依靠来自测验或考试（我们可能擅长也可能不擅长）的反馈信息，以及借鉴来自父母、兄弟姐妹、朋友和老师的观点，并将其作为反馈。 一些家长和老师可能会赞誉过度，而另外一些则可能暗中使坏，作为竞争对手的兄弟姐妹和朋友也可能如此去做。 他们的观点可能客观也可能不客观。 无法肯定我们的相对价值使得我们变得脆弱和过度敏感。 这尤其影响到了青少年，挣扎着度过青春期，然后第一次尝试缔造自己的成人身份。

具有讽刺意味的是，人们很容易高估别人的能力，相比之下却感到自身能力不足。 当这样的感受流露在众人面前时，我们就会感到尴尬无比。 有的人试图通过自嘲来弥补——自称"蠢笨"或接受一个"小丑"的角色。 有的人则通过使自己变得咄咄逼人的方式来化解难堪的境地。 另一些人则变得孤僻，长期以低调的面目示人以求自保。 那些先前认为自己不是特别有能力的人后来会发现他们严重低估了自己的能力。 也许他们终于遇到某个人——一位新老师，一个亲密的朋友或富有爱心的伴侣——能认可他们的能力且帮助他们恢复一定程度的自信。

涉及能力的一个更深层次问题是，对能力的评价是基于当前的表现，但常常被解读为未来能力的象征。 能从人们的当前表现区分出一个人的真正能力吗？[30]我的回答是，虽然大多数人的当前表现和其潜能之间有着牢固的关系，但是许多人将会逆转这一趋势。 过去的表现也不是未来能力的可靠向导。 我曾观察到，随着环境的变化——比如一位新教师更积极的期待（参见后面的讨论）——一个学生的能力会表现出显著的提升。 最近的研究表明，在青少年时期，大脑会发生相当大的变化——随之而来的是能力的显著增强或降低。[31]

人们目前痴迷于用 6 岁儿童的语音测试结果、第二个关键阶段的成绩或者国家教育研究基金会（NFER）的口头语言推理测试结果来预测未来的表现，这令我担心。 这样做会很容易导致期望值的降低而不是提升。

对能力进行评估的另一个问题就是它几乎总要涉及别人的表现。 从孩子诞生开始，人们就拿他们与同龄人的平均数（一般水准）做对比。 然而，我们知道，不仅围绕着平均数有着相当大的变化，[32] 而且一半的人群一定会"低于一般水准"。 不幸的是，连续几任教育部长看起来都受到了加里森·凯勒的《乌比冈湖》的影响，在那里"所有的女人都很强，所有的男人都长得很帅，所有的小孩都高于一般水准"。[33]部长们看上去期待着所有的儿童至少是一般水准，尽管学术能力在人群中呈现出正态（钟形）分布。[34]

一般而言，那些负责开发智力测验的人认为总是能发现正态分布。 其他人认为，为了保持这种钟形模型，智力测验结果已经被精心篡改过了。 这个争论在美国尤为激烈，而且因为种族问题进一步加剧。 智力测定结果有多少来自先天遗传与后天教养，或者来源于二者的微妙组合，各种争论仍然异常激烈。[35]在这里，我只想指出的是学习者的能力正不断地被评估并与他们的同龄人做对比，我的疑问是这是否是一个明智的做法。 对于那些处在分布图顶端的人来说，这是令人振奋鼓舞的，但是对于那些经常出现在底部的人来说，则会使他们感到极其沮丧，而且可能对他们进一步的学习努力产生抑制作用。

假如已经开发出共用的进步路线图的话，情况将会怎么样呢？ 我们寻求对每个学习者自身的进步做出评估（用评估专家所称的"自比方法"[36]）。 于此在体育界有一个先例，大多数马拉松运动员都是在获胜希望极其渺茫的情况下参加比赛，他们的目标仅仅是尽力胜过他们之前的"个人最佳成绩"，那些相信只有激烈的竞争才能激发出高水准的人应该在马拉松模式之上进行认真的思考。

运气的重要性

占有天时地利或者生活在一个特定的时代会对一个人的成功有影响吗？ 马尔科姆·格拉德威尔在他的《异类：不一样的成功启示录》（*Outliers: The Story of Success*）[37]一书中列举了 3 个因素：运气，"了不起的"能力和大量艰苦的工作。 他认为它们在他研究的三个话题——工作，体育和娱乐中至关重要。 与此

相似，马修·赛义德在他的《反弹：冠军是怎样炼成的》（*Bounce：How Champions Are Made*）[38]一书中描述了他的 3 个幸运节点——他的父母购置了一个全尺寸的乒乓球台，他住在一个乒乓球俱乐部附近以及教练的热情和技巧——铺就了他的成功之路。 为了强调他的观点，他指出"在 20 世纪 80 年代，这条街，附近这一带，产生的优秀乒乓球运动员比这个国家其他地方的加在一起还要多"。[39]赛义德谦恭地向他的教练——当地的小学教师——表达他的感激之情，也承认他享受到了幸运之神的眷顾。

另外一个对于运气的观点——但是对于能力和努力的看法更悲观——由剑桥学者兼评论家斯特凡·科里尼提出。 他认为"决定着一个人最终成为哪一类人（赢家或输家）的最重要因素并不是个人方面的'能力'或'努力'之类的奇迹般的独立品质，而是社会中业已存在的财富以及权力资源的分配格局"。[40]换句话说，这是你父母的运气。

在我看来，正是运气、努力和能力三者的结合造就了我们是什么样的人。

期望

教育中期望的重要性不论怎么夸大都不为过。[41]一个人是否相信另一个人的潜能会影响到第二个人的表现。 很简单，假如一位教师相信一个学习者将会健康成长的话，这似乎会使它更可能发生。 在一个著名的美国实验中[42]，研究人员告知教师们一些选定的学生可能"大器晚成"，因此，这些学生极有可能在他们的课堂上做得很好。 测试结果表明事实就是如此。 这种自我实现的预言，在奥维德描述了雕刻家爱上了自己创作的雕像的故事之后，被称为"皮格马利翁效应"。 尽管这个实验的精确结果从未被复制，但是许多研究人员认为，"当教师期望学生做得好并且在智力上有所增长的话，他们的确可以做得到"。[43]

正如许多老师从自己的经历中所知道的那样，学生对自身的期望也会影响到他们的成绩。 取得一次成功好像确实会使得以后的成功更有可能发生，正如失败的历史产生与此相反的结果一样。 对于许多老师来说，要改变一个相信自己不会成功的学生的思想是令人沮丧的事情。 期望也相互依存，假如家长、学生和老师都有积极的期望，那么成功的前景将会很高，与此相反的是，在他们的期望值低的地方，成功很可能是难以实现的。

在 20 世纪 80 年代，我参与了内伦敦教育局对 11 岁学生的一项研究。 研究小组遇到了一个令人不安的较低预期的例子，其根源是潜在的种族主义。 我们的研究跟着这些学生从小学到了中学。 作为研究过程的一部分，学生们完成了匿名言语推理（能力）测试，而且由他们的主要任课教师对他们在学校的表现进行独立的等级评定。

我们的研究小组被授予可以秘密获取学生身份信息的机会。因此，我们可以比较学生的考试成绩和老师们（他们不知道考试结果）判给学生的评定等级。总体而言，我们发现两组数据之间存在着密切的对应关系；教师的评判和考试成绩大体相似。但是也有例外，有两组学生，老师给予他们的等级表述往往低于他们的考试分数。

那两组被低估的学生是哪个群体呢？一组是加勒比地区的男孩子。不幸的是，由于测试组太小而无法检验其统计学意义。但是对于一些学生来说，有一个明显的趋势，按照考试分数预计会在最高段的学生，被老师分在中间段，对于那些预计在中间段的学生则被分配在了最低段。在那时，内伦敦的老师与这个国家其他地方的许多同事相比，他们大概更清楚潜意识的种族主义所带来的危险。

另外一组弱势群体包括年幼的儿童，这与他们的入学年份有关——他们在夏季出生。这组学生与他们的同学相比，接受的教育要少一两个学期，与这个年龄段最大的学生相比要小 12 个月。考试分数受益于一个既定的年龄校正程序，但是教师们自身的判断则没有使它们受益。看来有些人已经忘了这些孩子是夏季出生的，而且臆断他们能力较差。从那时以来，就已经有许多其他的研究关注每个年级组最幼小学生所面临的持续不利的地位。[44]

努力工作的重要性

一些人乐意给人留下这样的印象，他们极少需要非常用功的学习。这大概是因为他们相信，被人看到在工作不是一件很"酷"的事情。这种逞能可能被夸大了，但是它会对那些相信他们所听到的话的、易受影响的朋友和同事造成不良影响，他们努力工作的劲头可能因此而降低——而且，结果是，他们可能付出巨大的代价。根据我的经验来看，学习努力的人通常都会"一分耕耘一分收获"。那句"天才是 1％ 的灵感加上 99％ 的汗水"的格言表明了这一点，据说是托马斯·爱迪生（自学成才的许多电力应用技术的发明家）所言。马尔科姆·格拉德威尔也强调了这一点，他列举了披头士乐队和比尔·盖茨等例子，估算出取得成功需要花费 10 000 个小时的工作时间。[45]

结论

用一种简单的方式来定义能力是很有帮助的。遗憾的是,我还没有发现怎么去做。下面是尽我所能的最清晰描述:

个人能力的组成部分有智力、社交能力、情感沟通能力、体力和艺术能力、利用运气的本领、从事艰苦工作的能力、韧性和战略意识。

这个描述性定义认识到,虽然我们都各不相同,而且一些人一直被认为比别人拥有更出色的才干,但是我们都拥有发展与增强自身能力的机会。就像德·博诺那样,我认为为了克服自身弱点而充分利用自身优势的战略技能是极其重要的。

那么,假如能力是这样的多层面的概念——我们应该怎样最好地利用它呢?这个问题直接把我们带入了学习和教学的领域。

本章注释

[1]参见 http://www.greatkat.com/03/madamecurie.html.

[2]伯纳斯-李·T.,菲谢蒂·M.(1999)《编织万维网:万维网发明者的原设计和最终命运》,温莎:猎户座商务出版社。

[3]其他种类的实践能力,尽管他们可能同样重要,但超出了本书的探讨范围。

[4]比奈·A.(1903)《智力的实验性研究》,巴黎:施莱歇尔出版社。

[5]根据麦金托什所说,"智商"一词来源于德语 intelligenzquotient,在 1912 年被威廉·斯特恩用作给儿童智力测验打分的方法。参见麦金托什·N.(1998)《智商和人类智慧》,牛津:牛津大学出版社。

[6]怀特·J.(2006)《智力、命运和教育:智力测试的思想根源》,伦敦:劳特利奇出版社。

[7]默多克·S.(2007)《智商:一个失败想法的聪明历史》,霍博肯,新泽西:约翰·威利父子(有限)公司。

[8]伯特·C.(1933)《大脑是如何工作的》,伦敦:艾伦和昂温出版社,第28~29页。

[9]斯卡尔·S.(1994)《伯特·西里尔·L.》,来自 R.斯腾伯格主编《智力的百科全书》,纽约:麦克米兰出版社。

[10]斯腾伯格·R.,萨尔特·W.(1982)《人类智力手册》,英国剑桥:剑桥大学出版社。

[11]戈特弗里德松·L.(1997)《智力和社会政策》,《智力》,第24卷,第1本,第1~12页。

[12]莫塞利·D.,鲍姆菲尔德·V.,埃利奥特·J.,格雷格森·M.,希金斯·S.,米勒·J.,牛顿·D.(2005)《德·博诺的横向和平行思维工具》,来自 D.莫塞利主编《思维框架》,英国剑桥:剑桥大学出版社。

[13]比如,参见迈尔·J.,卡罗索·D.,萨洛韦·P.(2000)《情商符合智力的传统标准》,《智力》,第 27 卷,第 4 本,第 267～298 页。

[14]戈尔曼·D.(1995)《情商:为什么它会比智商更重要》,纽约:班坦图书公司。

[15]加德纳·H.(1999)《智力重构:21 世纪的多元智能》,纽约:基础图书出版社。

[16]这种方法也受到严厉的批评,例如,参见怀特·J.(1998)《霍华德·加德纳的多元智能说得通吗?》伦敦:伦敦大学教育学院出版社。

[17]例如,参见斯腾伯格·R.以及格里戈连科·E.(1997)《智力、遗传和环境》,英国剑桥:剑桥大学出版社。

[18]加德纳·H.(1997)《莫扎特的案例》,来自《非凡的头脑》,伦敦:韦登菲尔德和尼科尔森出版社。

[19]劳伦斯·J.(2006)《女人无名指的长度显示了她的运动能力》,《独立报》,9 月 28 日。

[20]参见格拉德威尔·M.(2008)《异类:不一样的成功启示录》,伦敦:艾伦·莱恩出版社;赛义德·M.(2010)《反弹:冠军是怎样炼成的》,伦敦:第四等级出版社。

[21]杰姆斯·O.(2010)《如何不让他们＊＊＊》,伦敦:弗米利恩出版社。

[22]根据美国国家神经疾病和中风研究所 2011 年 2 月的信息页:"注意力缺陷与多动障碍(ADHD)是一种神经行为失调现象,它使全美国 3％～5％的儿童受到了影响。它会干扰一个人在单一任务上的专注力,也会影响到和自己年龄相称的抑制机能的执行(单一的认知抑制缺陷,或者认知抑制和行为抑制的双重缺陷)。一些多动症的症状包括不听从指令,无法自我组织和无法组织学习任务,坐立不安,说话太多,脱离课题,家务和家庭作业不能完成,在细节上注意力不能集中和做出回应。注意力缺陷与多动障碍的几种类型:占据多数的无法集中注意力型、多动—冲动型,以及混合型。虽然注意力缺陷与多动障碍的情况可以持续到成年时期,但是对它的诊断通常是在童年。"

[23]斯腾伯格·R.,格里戈连科·E.(1997)主编《智力、遗传和环境》,剑桥,剑桥大学出版社;康·M.,许·M.,克赖比赫·I.,勒文施泰因·G.,麦克卢尔·S.,王·J.,卡默勒·C.(2009)《学习的原动力:认知好奇心激活大脑反馈回路且增强记忆》,《心理科学》,第 20 卷,第 8 本,第 963～973 页。

[24]参见科弗·C.,阿普利·M.(1967)《动机:理论与研究》,纽约,伦敦,悉尼:约翰·威利父子出版公司;班杜拉·A.(1997)《自我效能感:控制能力的运用》,纽约:弗里曼出版社。

[25]诺克斯·R.(1950)《热情》,牛津:克拉伦登出版社;卫斯理·J.《热情的本质》,来自 T.杰克逊(1872)《约翰·卫斯理的布道》,爱达荷州,南帕:卫斯理应用神学中心,西北拿撒勒大学。

[26]加梅齐·N.(1991)《韧性和与贫困相关的不利发展成果的弱点》,《美国行为科学家》,第 34 卷,第 4 本,第 416～430 页;拉特·M.(2008)《发展精神病理学的发展中概念》,来自 J.胡德亚克主编《发展精神病理学和健康:遗传和环境因素的影响》,哥伦比亚特区,华盛顿:美国精神病学出版社。

[27]参见经济合作与发展组织(2010)《2009 年 PISA 的结果,学生所知道的和能够做的:在阅读、数学和科学课中的学生表现》,巴黎:经济合作与发展组织。

[28]拉特·M.(2006)《对韧性概念的含义的科学认识》,《纽约科学院年志》,没有1094年,第1~12页。

[29]蔡·A.(2011)《虎妈战歌》,纽约:企鹅出版社。

[30]比如,参见乔姆斯基在"语言能力"(理想化的能力)和"语言运用"(实际的话语)二者间做出区分的那种方式,来自乔姆斯基·N.(1965)《句法理论的若干问题》,麻州,剑桥:麻省理工出版社。

[31]拉姆斯登·S.,理查德森·F.,乔斯·G.,托马斯·M.,埃利斯·C.,谢克沙夫特·C.,萨基尔,M.,普莱斯·C.(2011)《青少年大脑中言语和非言语智力的变化》,《自然》,2011年10月19日的网络版,www.nature.com/nature/journal/v479/n7371/full/nature10514.html.

[32]统计学家称之为"标准偏差"。

[33]英国广播公司(BBC)播出了一系列节目,其中美国作家加里森·凯勒描述了一个虚构的叫乌比冈湖小镇中的生活。

[34]通过许多统计方法都可以得到分数分布的普遍模式,这就是所谓的"正态分布"。该模式类似于一个倒"U"形(通常称为钟形曲线),大多数案例出现在曲线的中心区域,但是在曲线两端"较薄的末梢部位",分别出现的是逐渐下降的数目相似的正向和负向的案例。该模式被发现存在于身高、体重和许多其他人体属性的分布情况中,许多自然现象中也存在着这种分布模式。

[35]延森·A.(1969)《对于智商和学术成就我们能够提高多少?》,《哈佛教育出版社》,第39卷,第1本,第1~123页;古尔德·S.(1996)《对人的误测》(第2版),纽约:诺顿出版社有限公司;赫恩斯坦·R.,默里·C.(1994)《钟形曲线:智力和美国人生活中的阶层构成》,纽约:自由出版社;威尔逊·W.J.(1987)《真正的弱势:内城,下层阶级和公共政策》,芝加哥:芝加哥大学出版社。

[36]欧洲测试生产商团体(2011)《测试全貌》,http://www.etpg.org/G-IOFTESTING.htm.

[37]格拉德威尔·M.(2008)《异类:不一样的成功启示录》,伦敦:艾伦·莱恩出版社。

[38]赛义德·M.(2010)《反弹:冠军是怎样炼成的》,伦敦:第四等级出版社。

[39]赛义德·M.(2010)《反弹:冠军是怎样炼成的》,伦敦:第四等级出版社,第7页。

[40]科里尼·S.(2010)《社会流动性:竞技场上的谬误》,《卫报》,8月23日;科里尼·S.(2007)《俗鉴:评论家、历史学家、公众》,牛津:牛津大学出版社。

[41]纳什·P.(1976)《教师期望和学生学习》,伦敦:劳特利奇和基根·保罗出版社。

[42]罗森塔尔·R.,雅各布森·L.(1968)《在教室里的皮格马利翁效应:教师期望和学生的智力发展》,纽约:霍尔特,莱因哈特和温斯顿出版社。

[43]雷姆·J.(1999)全国网上教学论坛,第8本,第2页,www.ntlf.com/article-directory/editorsnote.aspx.

[44]克劳福德·C.,迪尔登·L.,格里夫斯·E.(2011)《何时出生很重要吗?在英格兰,出生月份对儿童的认知和非认知能力的影响》,给纳菲尔德基金会的一个报告,伦敦:财政研究所。

[45]格拉德威尔·M.(2008)《异类:不一样的成功启示录》,伦敦:艾伦·莱恩出版社。

第 4 章　学习

　　人人都知道教育过程包括两个显而易见的活动——学习和教学：正如一枚硬币的两面，不同但有希望建立联系。 从事学习活动的是孩子们，而最早对孩子进行教学的是父母、兄弟姐妹和朋友。 然后专业教师和培训师陪同我们持续走过这个过程，直到我们离开学校或大学。 或许这就是过去我们眼中经常看到的教育。 今天我们更容易认识到，学习是一个永远不会停止的过程，那些从事教学的人也要包括在内。 在本章和下一章中，我要探讨我们所了解到的这些相关活动。

　　什么是学习？ 用最简单的词语描述，它是获取知识或者技能的过程。约翰·阿伯特，现在工作于美国的一位英国前任校长，更为精心地为学习给出如此定义：

　　　　让学生利用过往经验对现在的经历进行理解和评价的反思性活动，
　　以便塑造未来的行动以及对新知识进行确切的阐述。[1]

　　正如我在第 1 章强调的那样，由于儿童早期要奋力理解这个世界，幼儿期是一个学习活动特别密集的时期。 看上去他们在不自知的状态下进行学习——从他们彼此的互动和经验中汲取信息。 他们似乎意识到学会行走和说话是符合他们利益的事情，这样一来他们就会变成了活跃的小精灵而不是有着依赖性的婴儿。

　　学前教育时期也是如此，幼儿通过参与游戏的经历来继续学习。 这种形式的早期学习力量显得特别强大。 一个正在进行的学前教育对孩子产生的影响的

研究发现，"高品质的学前教育拥有持久收益，甚至在 10 年后仍然可以看到"。[2]

正是在学校里，当人们期待着孩子从事正式学习而不是从经验中学习的时候，会形成一些问题。 在那里，人们提供给孩子们大量信息，并且期待着他们在一个竞争态势下参与学习活动——哪怕由于老师的原因而被削弱——在一个结构化的和相对受限制的环境中。

提倡通过经验来学习的人，如约翰·杜威[3]，弗莱雷[4]和玛丽亚·蒙台梭利[5]，一直强调脱离孩子日常生活的学校学习的局限性。 美国学者大卫·科尔布创办了一家公司以促进体验式学习。[6]

一些新生遇到的困难是由体验式学习转换到更正规的学校学习而造成的吗？抑或是由环境的制约，竞争的压力或者紧张的态势造成的？ 又或者由于正规教学的引入可能导致了困难的出现？ 这对于像我这样的人——终生工作于教育领域——是一种具有挑战性的思想。

遗憾的是，我们不知道答案。 因为大脑汲取和组织信息的活动是隐性的，所以学习过程不可能被直接观察到。 学生是否学会了——接收了新信息，理解它并高效储存以能够适时地回忆起来——必须从他们的反应或后续行为推断出来。此外，评判特定教学行为对具体学习过程的影响是不可能的，这是因为在教学行为与学习者的反应之间还存在着时间差的问题。

我们中不是很多人都能像金伯利——郭珍芳的小说《转型中的女孩》(*Girl in Translation*)中年轻的中国女主人公——那样轻松地找到学校学习，她以这样的叙述开始她的故事："对于学校我总是有一个诀窍，那里无所不教。 我能学会：学得快而且不用付出太多努力。"[7]多么幸运的女孩！

老师们知道孩子们对于他们感兴趣的东西学起来十分得心应手。 足球迷就如海绵吸水那样，专注于了解比赛的细节、球队以及具体的进球数。 流行音乐的粉丝与此相同——看上去毫不费力就知道了他们偶像歌星的歌词、生活以及罗曼史。 正如我稍后要探讨的，这是年轻人展现出的那种和数字玩具、电视及电脑有关的学习能力，但是它迥异于学校学习——被一些人发现尤其困难。

一些学生在完成同样的作业或获取同样的技能时似乎需要更长时间。 不幸的是，在我们压力巨大的教育体制内，学习上起步缓慢的学生经常掉队、落伍。教育部（DfE）发布的数据显示，"小学阶段的英国儿童有 3/4 在 3R 起步缓慢，到他们小学毕业也没能跟上其他学生"。[8]

我痛苦地回忆起在丹麦生活期间尝试学习丹麦语的困难经历（正如我在第 2

章提到的那样）。　比我的同学大 35 岁的事实并无助益，不像他们中的大部分那样与一个丹麦同伴在一起生活。　我发现，学习不同的发音/丹麦日常用语中的字母组合极其困难，更不用说错综复杂的数数和计时了。　我的这一经历对于那些课堂上常常遭受失败和潜在的羞辱的学生所处的困境而言，是一个有益的提醒。

学习过程

在历史传统上，人们研究学习过程的视角要么是哲学的要么是神学的，直到 19 世纪，威廉·冯特，在莱比锡大学工作的一名德国医生，才开始利用自愿被试人员的内省力对人类意识进行一系列的科学研究，这样就诞生了实验心理学研究。

华生和行为主义心理学

行为主义心理学的创始者，约翰·B.华生，[9] 在其对意识的研究工作中忽视了内省的价值。　华生和他的同事，行为主义心理学家 B.F.斯金纳[10]，认为学习理论必须要和学习动机建立联系，这只能来自对奖励的承诺。　最著名的行为主义心理学实验包括俄罗斯心理学家巴甫洛夫的研究，他把狗一看到和嗅到食物就分泌唾液，转换为一听到事先安排的与食物同时出现的铃声就分泌唾液。[11]

使用相似手段，研究人员利用条件反射训练不同的动物学会了不同寻常的技能（像鸽子打乒乓球）。　在学习任务有限的保留节目单上，研究者是成功的。条件反射现在仍然是用于训练狗和马戏团表演动物的基本手段。　但是它被动物权利支持者视为是残忍行为，大多数心理学家认为它对人类学习提供的启示非常有限。

维果茨基

列夫·维果茨基[12]，1896 年出生于白俄罗斯的一位心理学家，大概最具盛名的是他在思维和语言的关系方面的研究工作。　他通过对感觉、记忆和推理等心理过程的关注把学习理论带往一个新的方向。　许多年来，他的开创性工作完成于 1925—1934 年，至今仍然没有被翻译过来，大部分不被西方所知。　他于 1934 年英年早逝。　维果茨基的工作重视学习的社会情境。　被他称为"最近发展区"[13] 的理论确认了与老师或高一级的学生一起学习的儿童，是怎样学习的以及如何实现对目前能力水平的超越。

一些读者——他们的孩子为了学校安排的作业一直努力制订可接受的学业计划——可能被诱使着去帮助他们的子女。 坏消息是对学业计划的评估极端困难，这是因为对于教师来说要了解家长和孩子各自贡献了多少是不可能的事情。 它也是不公平的，因为那些有着拥有相关技能或知识的家长或朋友相伴的孩子将会受益显著。 好消息是如果与孩子们独自学习相比，他们要深入得多——正如维果茨基的理论预计的那样。

皮亚杰

让·皮亚杰与维果茨基同年出生（虽然他多活了 40 岁）。 他是瑞士一个有着哲学家出身背景的发展心理学家，他对他的 3 个孩子的智力发展进行了研究，把自己的一生投入知识的起源以及获取的研究之中（以发生认识论而闻名于世[14]）。 皮亚杰的儿童发生认识的理论包括越来越复杂的多种多样的人类学习的 4 个阶段（感知运动阶段、表象思维阶段、具体运算阶段、形式运算阶段）。[15] 正如在第 1 章我指出的那样，皮亚杰创造了术语"同化"和"顺应"来描述孩子们是怎样处理信息的。 像美国学者约翰·杜威[16]和卡特·勒温（因其格言"没有比好的理论更实用的东西了"而被人铭记），[17] 皮亚杰认为学习主要是作为经验的结果而发生的。

布鲁纳

杰罗姆·布鲁纳[18]，一位 1915 年出生的美国心理学家，20 世纪 70 年代在牛津大学度过，被普遍认为是当今最重要的心理学家之一。 他使用术语脚手架（scaffolding）和螺旋式课程（spiralling）来描述教师把学习的责任转移到学生身上的方式。 他的大部分工作立足于学习者"以他们的经验、心理结构和信念为基础建构知识"的理论根基之上。[19] 通过布鲁纳的贡献，对学习的研究工作向一套建构主义理论靠拢。 建构主义者普遍认为学习是主动的而不是被动的，与之前理论家的设想相比，他们认为学习更容易受到社会和文化的影响。

心智理论

一种被称为"心智理论"的东西已经从哲学思考中发展了出来。 它是幼儿也拥有的能力，可以认识到其他人——正像他们那样——也拥有表达意愿、欲望和意见的心智能力。 这使得他们能够理解，甚至能够预测别人针对他们的表现，为他们提供一些类型的学习策略。[20] 西蒙·巴伦-科恩在他从事的自闭症患者所面临困难的研究工作中借鉴了这种思想。[21]

学习方式

1981 年，大卫·科尔布（我提到过的与体验性学习有关的美国学者）提出了关于儿童学习方式的新理论。 他认为：

> 因为我们的遗传素质，特定的过往生活经历，以及我们目前所处环境的需求，我们发展出一种个人偏好的选择方式。我们用一些模式化的独特方式来解决具体与抽象以及主动或反射之间的冲突。我们把这些模式化的方式称为学习方式。[22]

不同的学习方式和理念受到了一些教师的欢迎，他们开始寻求改变自己的工作实践以适合科尔布不同的学习方式："聚合型""分散型""同化型"以及"调适型"。[23] 前两个术语有一种直观的吸引力，我们都了解那些思想观点看上去比较随和的人，以及那些与别人不合拍的人。 后两个术语很明显借鉴了皮亚杰的研究成果——那些只是接受信息的人和那些能把所获信息和他们拥有的其他知识建立联系的人。

研究者进一步修改了科尔布的研究成果以涵盖诸如"理论型""活动型""反思型"以及"务实型"之类的学习方式。[24] 这些称谓在提出适用于不同人群思维方式倾向性的（积极活跃的或内省反思的）有用的区分方法的同时，也明确地指出了他们的行动倾向（实用主义的或者秉承某一种原则立场）。

另一个对科尔布的研究成果做出的改变是，直接关注于汲取信息的模式，"视觉学习者""听觉学习者"或为那些占据优势地位的学习模式所量身定制的"动觉的"或"触觉的"学习者。[25]

学习方式——以及那些受到科尔布理论启发的创新型应用——好像是为教师们提供了一个重要突破点。 他们将能够把使用不同学习方式的学生划分入不同的小组，然后只需关注他们自己的教学方式以适合于不同的学习小组。 看来学习理论终于为课堂教学提出了一些实用指南。

不幸的是，尽管这些学习方式激起了教师们浓厚的兴趣，但系统评价的结果几乎没有为学习方式的一致性提供证明，而且著名的批评家对该理论群起而攻之。[26] 看来，尽管在一些情况下我们可能接受信息的方式有所不同，但我们处理信息的方式——与我们之前的知识、理解和态度有关——要比借助于学习方式

理论可以解释的要复杂得多。 所以，令人遗憾的是，这个理论并不能为教师提供具体帮助。

神经系统科学带来的希望

神经系统科学的发展可能——在一段时间后——会为我们提供新的机遇。 杰拉尔德·埃德尔曼，1972 年被授予诺贝尔奖的一位美国心理学家，声称："我们正站在神经系统科学革命的起点上，最终我们将知道心智是怎样运行的。"[27] 他把大脑看作一个丛林，许多系统在丛林中以一种混乱的方式持续相互作用，但只有一个系统可以让学习者茁壮成长。 他相信儿童有着学习与理解的天然倾向。（正如我在前面指出的那样，就游戏中的学习以及数字化学习而言，似乎是真的。）

对于任何新领域总是有着把"风靡一时的伪科学"和重要知识混为一谈的机会。[28]（我怀疑一些人痴迷于让孩子们喝掉大量水——寄希望于此，促进他们大脑的发展——将被证明这样是一种时尚。）我们仍然在等待神经系统科学的突破。 但这需要花费时日。 在我们形成对学习的充分理解且能够有信心改变课堂实践之前可能还要一段时间。

对大脑的研究当然不是新生事物。 在公元前 405 年，一位希腊医生兼作家，克罗顿的阿尔克迈翁，就断定是大脑而不是心脏负责身体的感觉，而且它可能是智力活动的场所。[29] 在 11 世纪，一个被认为是第一位科学家的人，开罗的伊本·艾尔·海什木，正在尽力了解神经系统。[30] 在 15 世纪，列奥纳多·达·芬奇（在最后一章要提到）正努力搞懂关于灵魂的传统观点以及感官和大脑之间关联的新观点。[31] 到了 19 世纪，已经发明出给脑细胞染色并进行研究的技术，那位西班牙籍获得诺贝尔奖的医生，圣地亚哥·拉蒙-卡哈尔，证明大脑是由大量相互关联的细胞组成的。[32] 但是奇怪的想法也依然存在。 例如，弗朗兹·加尔靠触摸头上的突起以及测量面部器官的位置来研究大脑。

20 世纪可怕的战争所造成的脑损伤为研究人体器官功能的运作方式以及它和语言以及运动的关系提供了给人以启发的数据。 新兴技术也为大脑研究提供了新的方法。 科学作家丽塔·卡特详述了 20 世纪 70 年代的脑成像技术是怎样使得"历史上，首次对正在工作的活体大脑进行观察，而且找到了和大脑主人的感觉、思维和行为与大脑工作区间相对应的关系"这件事成为可能的。[33]

脑扫描仪，使用正电子发射断层扫描（PET）以及磁共振成像（MRI）的方法，例如，已经揭示出一个人大脑中数十亿计的活动神经元的分布模式。

弗兰克·麦克尼尔，一位研究过这个领域的教育研究者，指出一台正电子断层扫描仪是如何展现出一个抑郁的罗马尼亚孤儿与一个童年期还没有困难经历的儿童之间截然不同的大脑活动。[34]

数字化学习

今天，儿童和青年人有了一种新的学习方式——通过数字化媒体。 戴安娜·劳里劳德，一位信息技术专家，认为不同类型的媒体"可以被用来支持指导下的发现学习"。[35] 正如我指出的那样，孩子们从很小的时候起，在处理他们感兴趣的各方面的技术时显示出一种天然的能力。 我的许多朋友要依靠他们的孙子向他们展示如何使用最新的手机和电脑（正如我第 2 章描述的动画片所表明的那样）。 例如，尽管学校中电脑数量不少，但是，我不相信对数学和科学课的教学已经改变很多。

手机无疑提供了一种短信沟通的新模式从而彻底改变了人们的沟通方式。虽然学校在把这个工具用于学习目的的过程中有着诸多困难，但社交网络已经改变了很多年轻人的相互关系。

在白板上——连接电脑和投影仪的交互式显示器——学校也面临着类似问题。 现今这些都是教室设备必不可少的一部分，它们为师生提供了浏览网页、展示教学软件或者修改以及储存笔记的技术手段，它们也可以被用于调查不同意见以及显示反馈信息。 对于一位和我同龄的教师来说——习惯了使用粉笔头和满是粉笔末的黑板擦——它们是神奇的。 但这样能使教室里的学生更积极地学习吗？

通过研究所获取的答案仍然是互相矛盾的。 在伦敦教育学院对它们的使用效果所进行的评估中，人们发现在中学里使用它们带来的好处微乎其微。[36] 但是另一个小学教育研究的结果，作者称之为"收益显著"——尤其是在那些可以让教师在较好的技术氛围中获取成长的学校里。[37] 另外一位专业媒体研究者评论道：

> 人们自然而然地相信技术激发了学习者的学习积极性——尤其是那些"厌学"的学习者，在当下的争论中几乎总是暗中指向那些男孩……技术被视为提供了有保证的快乐和"趣味"，在某种程度上，较为陈旧的方法简直无法做到这一点。[38]

危险是当教师和学生适应了这种创新的时候，"叫好率"就消失了。 是学生

们可能丧失了他们日益增加的积极性了吗？ 也许——就如上面引证所表明的那样——我们对技术寄予了太多的期望。 在极短的时间内，它彻底地改变了人们的工作方式，以至于我们就妄下断言它将会彻底革新我们的学习方式。 也许，经过一段时间之后，它将会做到这一点。

自学者

自学者是无师自通的人。 这类人学习时没有受益于教师或正规教育。 著名的自学者包括列奥那多·达·芬奇——我先前提到过，虽然接受过素描与绘画方面的训练，但是在建筑学、工程学和科学方面是自学成才；[39] 约翰·克莱尔——19世纪早期的英国诗人和思想家；[40] 以及阿诺德·勋伯格——那位发明了无调性音乐的维也纳作曲家。[41]

这是人们如何最有效学习的一个线索吗——通过自学的途径？ 正如我前面提到的那样，众多孩子学习上的困难仅仅在他们经历正规学校教育时才开始。那些自学者的数量太少了，以至于难以成为任何论证的基础，但是也许正是我们中间的教师群体，需要深入地思考我们的教学是否总是有助于孩子的学习。

结语

尽管无数研究人员已经对此进行过不计其数的研究，但是我们仍然对学习过程究竟是怎样发生的知之甚少。正像我指出的那样，也正如体验式学习的支持者所极力主张的那样，有着这样一种危险，我们通常的教学方法——至少对于部分孩子是如此——抑制了他们的自然学习进程。

我曾经提过，电脑和其他的高技术产品可以在一些阶段帮助学生更好地学习。神经科学的发展，可能会通过解释大脑中发生的各种电子和化学变化来揭示出重要的运行机制。这类发展可能会让我们对于怎样才能帮助学习进程有一个更充分的理解，这样就有可能设计出更有效的教学方式，也许，还有更轻松的学习方式。[42]

在此期间，教师们仍然不得不利用自己的最佳判断力来帮助孩子学习。我们一定永远也不要忽略学生在校期间无意间碰上的任何小事件的价值。英国广播公司(BBC)的一位前任教育记者，已故的麦克·贝克，报道了自从被诊断为癌症晚期后，他怎样重新评估他的学校教育的。他的"最有价值的学习"清单支持诗歌、古典音乐、创造性的写作、观察动植物的生活、辩论、运动、舞蹈以及涉及所有的较传统主题的工艺技能。[43]

本章注释

[1]雅培·J.(1994)《学习是有意义的》,莱奇沃思:教育 2000 出版社,第Ⅶ页。

[2]学前教育的有效供给(EPPE)研究项目,来自第三个关键阶段的研究报告,https://www.education.gov.uk/publications/.

[3]瑞安·A.(1995)《约翰杜威和美国自由主义的高潮》,纽约:诺顿出版社。

[4]罗伯茨·P.(2000)《教育,文化和人性化:对圣保罗·弗莱雷研究工作的探讨》,康涅狄格州,韦斯特波特:伯金和加维出版社。

[5]利拉德·A.(2005)《蒙台梭利:天才背后的科学》,牛津:牛津大学出版社。

[6]科尔布·D.,弗赖伊·R.(1975)《针对体验性学习的理论应用》,来自 C.库珀主编《群体过程理论》,伦敦:约翰·威利出版社。

[7]郭·J.(2010)《转型中的女孩》,伦敦:企鹅出版社,第 1 页。

[8]理查森·H.(2011)《联赛成绩显示,启动慢的学生没有达标》,英国广播公司新闻在线,www.bbc.co.uk/news/education-16186158.

[9]华生·J.(1913)《行为主义者心目中的心理学》,《心理学评论》,第 20 卷,第 158~177 页。

[10]斯金纳·B.F.(1968)《教学的技术》,康涅狄格州,东诺瓦克:阿普尔世纪克罗夫茨公司。

[11]托德·D.(1997)《巴甫洛夫的生理工厂》,爱西斯(Isis),第 88 卷,《科学史学会》,第 205~246 页。

[12]丹尼尔斯·H.(1996)主编《对维果茨基的介绍》,伦敦:劳特利奇出版社。

[13]恰克林·S.(2003)《在文化语境中的维果茨基的教育理论》,剑桥:剑桥大学出版社。

[14]感兴趣的人可以参考"发生认识论",来自 G.基尔斯利的《在实践中的理论指南(TIP)》。这是教学设计组织的一部分,http://www.instructionaldesign.org/index.html.

[15]皮亚杰·J.(1953)《儿童智力的起源》,纽约:劳特利奇和基根·保罗出版社。

[16]瑞安·A.(1995)《约翰·杜威和美国自由主义的高潮》,纽约:诺顿出版社及诺顿公司。

[17]史密斯·M.(2001)《库尔特·勒温:群体、体验式学习和行动研究》,参见:http://www.infed.org/thinkers/et-lewin.htm.

[18]奥尔森·D.(2007)《杰罗姆·布鲁纳》,来自《教育思想图书馆系列》,伦敦:系列丛书。

[19]达菲·T.,乔纳森,D.(1992)主编《建构主义和教学技术:对话》,新泽西,希尔斯代尔:劳伦斯·艾尔伯协会。

[20]贝瑞特·C.,斯坎达玛利亚·M.(1989)《作为教学目标的有意学习》,来自 L.雷斯尼克主编《认识、学习和教学:纪念罗伯特·格拉泽的文章》,纽约:劳特利奇出版社。

[21]巴伦-科恩·S.(1991)《自闭症患者明白情绪波动的原因吗?》,《儿童发展》,第 62 卷,第 2 本,第 385~395 页。

[22]科尔布·D.,博亚齐斯·R.,缅因麦丽斯·K.(1999)《体验式学习理论:以往的研究以及研究的新方向》,来自 R.J.斯腾伯格和 L.F.张主编《对认知学习和思维方式的一些观点》,新泽西:劳伦

斯·艾尔伯出版社,第4页。

[23]史密斯·M.(2001)《戴维·A.科尔布的体验式学习》,http://www.infed.org/biblio/b-explrn.htm.

[24]由彼得·霍尼和艾伦·芒福德所开发的一套学习风格问卷。这在英国被广泛地用作雇工手段,参见益普索集团(Ipsos)国际市场和舆论研究1999年的民意测验,http://www.ipsosmori.com/researchpublications/researcharchive.aspx? keyword=Learning.

[25]雷特·W.,玛丽拉·S.,育英·S.(2009)《对VARK量表得分的尝试性验证:多种特性——多种方法验证因子分析模型的学习风格量表》,伦敦:塞奇出版社,第2页。

[26]比如,参见亨利·J.(2007)《教授严厉抨击"学习风格"式教学方法》,《电讯报》,7月29日;柯菲德·F.,莫斯利·D.,霍尔·E.,埃克莱斯顿·K.(2004)《16岁后的学习风格和教学法:一个系统的批判性书评》,伦敦:学习与技能研究中心;哈格里夫斯·D.,比尔·J.,斯温德尔斯·M.,怀斯·D.,德芙奇·C.,格斯瓦米·U.,伍德·D.(2005)《关于学习:学习工作小组的报告》,伦敦:迪莫斯出版社。

[27]爱德曼·G.(1992)《清新的空气,灿烂的火焰:心灵问题》,纽约州,纽约:基础读物出版社,第xiii页。

[28]正如西尔维斯特·R.(1996)认为的那样,"最近的认知科学发展给教育带来了重大挑战",《2000年教育新闻》,6月。

[29]斯坦福哲学百科全书:http://plato.stanford.edu/about.html.

[30]参见http://www.ibnalhaytham.net/.

[31]参见http://www.davinciandthebrain.org/neuro.jsp.

[32]参见http://www.nobelprize.org/nobel_prizes/medicine/laureates/1906/cajal-bio.html.

[33]卡特·R.(2007)《构造和大脑》,来自J.埃伯哈德主编《构造和大脑:来自神经科学的一个新的知识基础》,纽约:绿色通信出版社,第1页。

[34]麦克尼尔·F.(1999)《大脑研究和学习:导言》,《研究问题》,第10本,第2页,伦敦:教育学院出版社。

[35]劳里劳德·D.(1995)《多媒体和学习者的处于变化中的体验》,《英国教育技术杂志》,第26卷,第3本,第179～189页。

[36]莫斯·G.,朱伊特·C.,列弗·R.,阿姆斯壮·V.,卡蒂尼·A.,卡斯尔·F.,艾伦·B.,詹金斯·A.,汉考克·M.,海伊·S.(2007)《交互式电子白板,教学和学生表现评价:对学校电子白板扩展(SWE)项目的评价》,伦敦:伦敦挑战项目。

[37]儿童、学校和家庭部和英国教育通信技术局(2007)《对儿童、学校和家庭部小学白板扩建工程的评价》,伦敦:儿童、学校和家庭部。

[38]白金汉·D.(2007)《超越技术:数字文化时代中的儿童学习》,剑桥:译林出版社,第13页。

[39]韦佐西·A.(1997)《列奥纳多·达·芬奇:文艺复兴时期的人》,伦敦:泰晤士和哈德逊出版社。

[40]霍顿·H.,菲利普斯·A.,萨默菲尔德·G.(1994)《在一定语境中的约翰·克莱尔》,剑桥:剑

桥大学出版社。

[41]肖恩·A.(2002)《阿诺德·勋伯格的旅程》,纽约:法勒·施特劳斯和吉鲁出版社。

[42]有兴趣的读者应该参考人类学、语言学、计算机科学、神经科学和心理学众多出版物中的一些著作,例如约翰逊-莱尔德·P.(1980)《认知科学的心理模型》,《认知科学》,第 4 卷,第 1 本,第71～115 页。具体教学参考资料参见摩尔·A.(2000)《教与学:教育学、课程和文化》,伦敦:劳特利奇·法尔默出版社。

[43]贝克·M.(2012)《正是非核心部分的课程才与你一生相伴》,《卫报》,6 月 19 日。

第 5 章 教学

　　与学习相比，教学是可以观察到的。 但是它是否有效以及学生事实上是否在学习，仍然是一个判断而不是事实。 正如我记忆中的那些任学校督察的日子，判定一个盯着教室窗外观看的学生是在有目的地思考，还是在做白日梦，的确是一个挑战。

教师教育

　　在英国，教学作为一种职业并没有很长的历史。 自从 20 世纪 70 年代中期起，大部分新任教师才是大学毕业生。 在私立学校通常都聘用来自牛津大学和剑桥大学拥有文科硕士学历的人之前（见伊芙琳·沃的《衰落与瓦解》[1]中招聘程序中使人发笑的拙劣模仿），大多数教师是从培训学院招录的。 那些私立学校多数创建于 19 世纪。[2]

　　今天，教师必须在学习一门专业科目之外还要拿到教育学学位，或者在完成相关的学科学位学习之后再接受研究生学历教育（PGCE），或者在一所学校接受这方面的职业培训。 在 1972 年的《詹姆斯报告》之后，政府关于教师教育的指导方针变得更加具体。[3]这些方针逐步变得更加具有指导性。

　　1983 年由保守党政府建立的教师资格认证委员会，于 1994 年被教师培训机构所取代。 该机构后来在 2005 年被工党政府转变成为学校培训与发展署，也成立了普通教育委员会。 这个以医务委员会为模型设立的机构，受到了教师工会不温不火的支持。 其简介是"致力于提高教学水准和学习质量，以及为了公共利益而维持并改善教师中的专业行为标准"。[4]其对英国教师的职责在 2012 年被联合政府废止，一同被废止的还有学校培训与发展署。 一个新的机构——教学署，隶属教育部的一个执行机构——现在代表国务卿履行对教师进行补给维持以及对教师行为进行调节的职责。[5]

尽管加强了管理——为主管教师教育的大学职员限制了较小的范围——然而近几届政府仍然拓展了进入除了高等教育之外的教学行业的路径。 这些路径包括，政府为新入职的教师提供一个为期一年的带薪毕业生培养项目，以及在政府的"教学指导"方案下提供免费的和付费的课程。[6]

此外，自 2000 年以来，一个教育慈善机构发起的倡议活动已经安排了一个为期两年的带薪计划，"教学优先"，该计划的目的是为了吸引那些可能之前从没想过要做教师的抱有雄心壮志的大学毕业生。 该项目致力于提升新入职教师的教学水平——用它自己的话来说就是："把杰出的毕业生转变为有效率的、有灵气的教师"[7]——至少数年内如此。

我相信所有的这些自上而下的对教师教育的管控已经扼杀了许多创新机会。在我的经验里，那些负责教师教育工作的大学职员通常都是高度能干、经验丰富的校长和教师，他们在学校工作很成功，进入大学后常常在增加了个人资历的同时也增加了对教育的理解。 政府不是珍惜这种资源，而是寻求对它的破坏。

在联合政府之下，允许自由学校雇佣不合格的教师。 正如克里斯·哈斯本兹，教育学院院长，[8]评论的那样，这甚至"与政府自己的白皮书相违背"。 书名叫作《教学的重要性》(*The Importance of Teaching*)的白皮书表述道，最好的教育体系是"一开始就严格地训练他们的教师"。[9]

现实中，看起来部长们相信教学只有在工作岗位上才能学得最好："教学是一门手艺，正如一位学徒观察一个男的或女的工匠大师做活那样，才可以学得最好。"[10]如果教师做的一些活是手艺活的话，这毫无疑问是真的，用这种方式学得也最好，但教学工作的许多方面更多的具有艺术和科学的性质。

诸如儿童是怎样发展的、人类是如何学习的、学科知识怎样改编以适合不同年龄阶段的儿童、有着特殊需要的儿童怎样获取最好的帮助以及如何评价一位教师的工作等话题，连同对最新学习研究的认识和教育的发展史一起，我相信，在大学里都得到了最好的研究。 弗兰西斯·吉柏特，一位经验丰富的教师，认为准许未经训练的教师入职的动机是源于部长对"教育权威"的反感和他的否定教学专业化的愿望，以及准备用经商之道来办学校并赚取利润。[11]

这种情况在北欧国家有着很大不同，部委只提供一般性指导，但课程内容却授权给各个大学。 在芬兰所有的教师——小学和中学教师——承担持续 5 ～ 7 年

的教育项目，所有的教师都是硕士水平。 此外，大学是不收费的，而且学生可以经常申请资金作为生活费。 最关键的区别似乎是：在北欧国家，那些掌管教师教育的人是值得信赖的，然而可悲的是，在英国，他们则与此相反。

安德烈亚斯·施莱歇，一位经济合作与发展组织（OECD）的教育专家，认为这是可能发生的：

> 把教学工作提升到高层次知识型工作者所从事的职业，他们自主工作，并在一种协作的文化氛围里为这个行业做出贡献。[12]

教学包括什么？

世界各地的教师都被希望能提供道德上的指引、传授知识、形成理解、培养学生适当的技能以及管理学生课堂上的行为。 一直有人试图确认有效教学的特点[13]，并且教育标准办公室（Ofsted）的网站为人们提供来自学校教育检查中的那些良好实践的例子。[14]

教育学的学术著作（简要地描述为教学艺术和教学科学）[15]很少能捕捉到课堂教学的全部范围。 一个可能性是，要成为一名教师有很多不同的要求。 我们大家都会记得那些对单个学生很友好的教师却没有能力控制好整个班级，而那些可能不受一些学生待见的教师却在其他学生面前有着受人欢迎的权威。 有才华的教师成功地做到在向全班学生发表演说的同时，让每一个学生都相信他是在直接和他们讲话。

在 2012 年 9 月份，政府把教师的工作详尽地阐述为一套正式的标准，[16]这就提供了一个评价教师工作表现的模板。

下面的一个序言指出，教师必须"使对学生的教育成为他们的第一关切，而且要为在工作和行为中达到有可能的最高标准负责"，这些标准规定了教师"必须"做的事情：

- ·确立鼓舞、激励和挑战学生的较高期望。
- ·促进学生良好的进展和结果。
- ·具备良好的学科和课程知识。
- ·设计和教授结构良好的课程。
- ·改进教学以便对所有学生的专长和需要做出回应。
- ·准确且富有成效地利用教学评价。
- ·有效的管理行为，以确保一个良好安全的学习环境。

·履行更广泛的专业责任。

关于"个人专业行为"的结束语把标准延伸到了教师的私人生活。

我对这些标准的价值所持的态度仍然悬而未决。一方面，我赞赏他们对最高的可能性水准的雄心壮志；另一方面，我怀疑优秀能否依靠强制命令的授权而取得。制订者未能认识到，有效教学总是一个与学习者互动的过程，它甚至不是最优秀的教师所能保证的。

添加诸如"应该争取……"之类的词语本来会使得这些标准似乎更合理。我不知道有多少职业会对使用这样完美的标准来衡量自己持欢迎态度。（政治家和公务员将会很愉快地接受同等标准的评判吗？）

按照一个教师工会（教师与讲师协会）的说法，这些标准"暴露了一种弱化这个行业和学习的教师专业主义观点，它们隐含着一个教学的说教式模型，这种模型建立在一个据称在教师所教/所说和学生所学之间的关系没有疑问的基础上"。[17]

他们也未能注意到教学的兴奋点以及乏力之处。与之形成鲜明对比的是弗兰克·麦考特的记述，这位《安吉拉的灰烬》（*Angela's Ashes*）的作者，一位教龄长达 30 年的纽约教师，描述了教室里可能的生活的模样：

> 我不仅仅是一个教师，同时我又不是教师。在高中教室里，我是一个教官，犹太拉比，哭泣时可以依靠的肩膀，纪律的执行者，歌手，低级别的学者，职员，裁判，小丑，顾问，着正装的执法者，乐队指挥，辩护者，哲学家，合作人，踢踏舞者，政治家，医生，治疗师，傻瓜，交通警察，牧师，妈妈爸爸哥哥姐姐叔叔阿姨，簿记员，评论家，心理学家，最后一根稻草。[18]

我记得那些做任课教师的日子，多年来慢慢了解到数百名学生：无论是极具天赋的还是有学习困难的，也无论是品行端正的还是那些品行恶劣的。我记得在帮助他们学习过程中的快乐和挫折，包括要倾听家庭问题，即使是业余侦探的工作也是重要的。（有一次，按照来自我班一个学生的提示，我从隐藏地点把一个失窃的钱包取了回来，并把它归还给那位夹克衫被人拿走的教师——在他甚至要错过自己的钱包之前。）

对于教师和助教来说也有各种各样乏味的任务，比如为那些生病的幼儿做清洗，清理涂鸦以及在公交车站进行秩序监管等。这个学校真实的世界看起来和"标准的"公文文件中那些冰冷的文字世界相距甚远。

教师的工作环境

很少有教师因为有可能获取的高收入而选择他们的职业。 即便如此，工资收入在不同国家之间差异巨大。 经济合作与发展组织的数据[19]显示，在爱沙尼亚的初中学校，有着至少 15 年教学工作经历的教师年收入大约是 7 764 英镑，但在卢森堡则要远远超出这个数字，约为 62 849 英镑。 在北欧国家丹麦，教师可以挣到 31 024 英镑；芬兰是 24 975 英镑；挪威是 22 225 英镑；瑞典是 21 298英镑。 有着类似工作经历的教师在英国的收入相当于 27 254 英镑。 教师的工资显然需要较为"合理"，这样可以鼓励有能力的人进入这个行业。

一个共同的公众观感就是，教学是一份美差——假期长，工作日短。 那些实际做过这份工作的人往往持不同观点（我知道我以前在一个长长的学期接近尾声时常常精疲力竭）。 与合同上的要求相比，许多教师的工作时间需要长很多——批改作业，备课，以及在晚上和周末撰写报告。 根据一些正式的承诺条款，教学时间长短在不同国家有着巨大差异。 经济合作与发展组织对于公立小学教学时间的平均数据是每年 782 个小时，时间跨度从波兰的 500 多个小时到美国的 1000多个小时不等。 北欧的数字是：丹麦 650 小时；芬兰 680 小时；挪威 741 小时（没有瑞典的数据）。 英国的数字是 684 小时。[20]

在许多国家，每学年 3 个不均衡学期的模式令人好奇。 我个人倾向于把每学年划分为 5 个时间长短相同的学期，这样学习与假期的周次分隔将会更均匀。但是对这种想法的反对和抵制，正如几年前我支持该观点时所发现的那样，仍然很强劲。

自 1988 年以来，各种各样的教学支持一直在扩展。 助理教师不仅要准备教学材料，而且还要批改作业以及为学生学习小组提供支持。 这种援助为忙碌的教师提供急需的帮助，使得他们可以专注于他们主要的教学角色。 但是这样的创新极少不会出现问题。 我参与的一项研究识别出大量的"灰色地带"，和它们相关的是缺乏足够培训、由于助教角色受限而带给教师的紧张状况、薄弱的职业结构以及以女性劳动力为主的开发潜力，[21]这些问题仍然存在。[22]

班级规模

经济合作与发展组织的统计数据[23]显示，在每个公立小学教学班中的学生平均人数为 21.3，日本为 27，而在卢森堡只有 15.3。 挪威和瑞典的数据不可用，但丹麦数字是 19.9，芬兰则是 19.4。 英国的平均班级规模（在同一个表格中的英格兰的数据不可用）要大得多——25.8。

另外一个衡量班级规模的方法是通过每个教师的学生数——师生比。 那些师生比最低的班级在学校里拥有最多的可以使用的人力资源。 经济合作与发展组织关于公立初中的最新数据显示，各个国家的平均师生比为 1∶13.5；最高的（最不利的）师生比是墨西哥，为 1∶35.5；最低的（最有利的）是比利时，为 1∶7.5。 北欧国家的师生比：丹麦 1∶11.3，芬兰 1∶9.8，挪威 1∶9.9，瑞典 1∶11.2。 相比之下英国的师生比是 1∶17.3。

经济合作与发展组织的数据也表明，在拥有招收小学生的包括公立、私立学校在内的 32 个国家中，英国的私立学校拥有最小平均班级规模，但其公立学校在有着较大平均班级规模的国家中排名第 9。 在以上任何一个国家中，这是最大的公立、私立学校差距。

班额大小在现实中是否会影响学生达到学业水准的问题一直存在较多争议。[24] 迄今为止在英国进行的最彻底的研究显示，小班对年龄最小的孩子的学习有着积极持久的影响，然而，同样的研究也显示，小班对年龄较大的孩子的积极影响效果要不确切得多。[25]

教师工会一直坚持认为小班是取得进步的关键，这也是大多数私立学校所有者的观点，私立学校中的平均班级规模大约是那些公办学校的 1/3（这被视为英国私立学校的主要卖点之一）。

然而，不论研究结论如何，很多家长更乐意把孩子放在一个小班里，在那里他们的子女会得到教师更多的关注，而且氛围可能不会那么的令人生畏。

对于年龄较大的学生，班额问题和在册人数有着较少关系——对于一个小组的正式报告不需要改变，不管规模是 20 人、30 人，还是更大——和时间分配相比的话。 组越小，教师用于分析思考每个学生取得进展，以及为每个学生提供详细的个人反馈的时间越多——这可以将学生引向更为丰富的学习。

班级管理

教师有许多不同的施加管理的方式，吓唬和逼迫最初可能看上去会奏效。 但聪明的学生将很快发现破解之道。 作为一个研究者，我曾经在中学教育阶段的学生开学第一天观察过一个班级，然后重访该班级——仍然是那位教师所教的班级——在 6 个星期后。 那位教师显然乐于用这个相当牛气的行为给新来的仍然紧张的学生留下深刻印象的机会。 他炫耀自己，利用了他们（暂时的）不自然的拘谨的行为。 6 个星期后，在看穿了吓唬的招数后，一个大胆的班级开始直接

挑战他那摇摇欲坠的权威。

比吓唬更为成功的,是挖苦,尽管它更残酷。 能够挑出一个倒霉蛋,而且做出旨在使全班学生发笑的点评,使得学生安分守己的那位教师,他其实是在含蓄地警告班里每一个学生有可能会降临到他们身上的一些事情。 今天的学生大概要比我更擅长以其人之道还治其人之身的招数。 作为结果,很可能有较少的"教室里的恶意挖苦"(引用平克·弗洛伊德乐队的那句不朽名言)。

好教师不必采用吓唬、挖苦或者用严厉的惩罚威胁学生等手段来管理班级,他们通过展示一种源于自身经验和自信的自然权威来做这件事情。 不知何故,一个希望学生彬彬有礼且表现良好的自信的教师似乎会使得这种可能性更大。遗憾的是,反过来也是如此。 一位教师向班级学生发出他们可能有麻烦的信号时,他极少会感到失望。 没有这种自然权威的教师日子不会好过。 要帮助他们常常很困难,同时为了惩罚孩子而把孩子送到资深同事那里去也使得他们自身的缺点更加突出。

对于新任教师来说管理学生的行为尤其困难。 当他们毫无经验而且可能一看见课堂就吓呆的时候,他们如何能够传递一种自然权威呢? 他们需要先观察那些成功的教师、模仿他们的行为、研究教室的社会心理以及发展积极的态度。即便如此,这也是艰巨的,并且模仿那些有经验的从业者可能不总会有所帮助。

当我是一名年轻教师的时候,我看到一个同事在一群愤怒的学生中间,仅仅只是音调甚低地发布一个指令,教室里瞬间就秩序井然。 第二周,我在类似的情形下模仿他的行为,但学生还是对我置之不理。 在此之前我还不知道,产生良好秩序的不是低声调而是年长教师所享有的声望。

恐惧是一个糟糕的主人,那些害怕他们班级的教师总是发现自己在困境之中。 当你是一个新手时,恐惧是很难克服的。 作为一名新教师,在面对出了名的难管的班级时我感到异常紧张,我明白,假如我不能管理好我的学生,我将遭到学生的轻视,也会让我的同事们感到我很可怜。 一个"临时假期"曾经使我免于教一个具有挑战性的班级。 我带着我的小孩去伦敦动物园庆祝那个自由的日子,结果却在遇到另外一个(比较慷慨的)同事所带的,和我遭到学生轻视的完全相同的班级时,我被吓坏了。 很吃惊,我很诧异能被当作老朋友那样受到学生的欢迎,还目睹一些最难以应付的学生和我的小孩一块亲切地玩耍。 像这样的情形使得我相信,那些恐惧之心来源于我的不安全感,而不是他们的恶意。对这种洞察力一有把握,我就学会了管控我的班级。

我也知道内城学生是多么的慷慨和忠诚,他们可能会激怒你、挑战你甚至在班级管理的斗争中把你推至极限。 但是如果你通过了他们的严格考验，那么他们就会认为你把他们的利益放在心上，不会以高人一等的态度对待他们，然后他们就信任了你。

不幸的是，不是所有的教师都能达到这个阶段，教学工作并不适合于每一个人。 我的一位前同事，在经过多年的羞辱后，终于在一个星期六走进学校，从顶楼的窗户一跳而亡。 也许他想让他的学生和同事明白（同事已经尽力帮助他——但还是没能阻止悲剧的发生），他的痛苦已经变得难以忍受。

提问题

质疑占用了大量的课堂时间。[26] "苏格拉底式的提问"，在那位雅典哲学家[27] 发展出这个提问技巧之后被命名，被用于达到一些不同的目的——激发学生思考、测试概念是否已被学生理解、尝试激发学生建立知识间的联结或者批判性思维能力。 它也是教师用以班级管理的保留节目的一部分——唤醒昏昏欲睡的班级、展示教师的优越感或者重新获得主动权。

然而，课堂观察使我了解到经常发生的是，教师把问题对准那些公开场合反应最积极的学生。 不太自信的或者懒惰的学生可能没有举手，就此放弃了回答问题的机会。 一些男生可能愿意让口齿更伶俐的女同学回答问题。 这是教学可受惠于新方法的一个方面——也许可以运用信息技术让班级中每个人同步制订问题的答案。

我也注意到，一些教师留给学生回答问题的时间因人而异。 这可能是教师在琢磨一个正确的（或一个有趣的）答案是否恰当的强有力信号。 然而那些天生就犹豫不决的或者语言表达有困难的学生将会处于劣势。 那些问题在被转给同伴之前，只被给予短暂回答问题时间的学生很可能会将其视为教师对他们期望较低的一个迹象。 然而，教师可能是担心耽搁时间太长，或回答时太犹豫不决的话，可能会消减建立在快速问答对话基础上的课堂势头。 威利·拉塞尔，之前我提到过的，在他本人学生时代的基础上讲了一个有关低预期的故事。 他的教师提问学生："有史以来最伟大的发明是什么？"威利认为他知道答案，就举起手来。 但是直到其他所有人都未能正确回答之后教师才提问他。 最后，当威利被获准回答"汽车！"时，那位教师不是像威利期待中的那样获得其称赞，而是盘问他："谁告诉你的？"[28]

这就提出了偏袒这个令人感到尴尬的问题。 就像其他任何一个行业那样，教师与一些学生的关系比与其他学生的关系要好，但是假如一位教师允许这样的

事情发生，流露出并形成偏袒之心的话——让他们在教室里做一些工作或授予他们特权——就可能会毒害班级气氛，激怒那些感到被排斥的学生，甚至那些"被偏袒的学生"也会感到尴尬。

评价学生

对于教师来说，评价是另一个重要的教育角色。 其范围从在教室里借助于批改一张书面作业来矫正一个答案，到给学生成绩报告单或测验成绩进行正式的分级。 它也包括提供给学生他们的学习可以怎样改进的信息反馈，以及给学生家长提供他们的孩子所取得进展的信息反馈。 在过去，这种评价的作用有时被疏忽了，对于书面作业的评价仅限于一个词的感叹，报告时使用陈词滥调或模棱两可的语句——"加里（或杰德或其他任何人）正在努力"——除了在教师办公室引人一笑外，基本上不能为孩子学习的提高提供什么信息。

英文报纸曾经大肆报道，伊顿学校于 1949 年在给约翰·戈登——2012 年诺贝尔医学奖得主——的学习成绩报告单上，曾这样评价道：

> 他的功课一直远远不能令人满意……我相信他有成为科学家的想法，但据他目前的表现来看这是相当荒谬的。[29]

在 1980 年代和 1990 年代，由于人们非常重视评价的作用，[30] 尤其是非常关注学生评价，[31] 致使今天人们对于学生和家长双方的评价和反馈太当真。 过去常用来评价学生学习的许多标准或者"游戏规则"一直是隐晦的，只能任由外人琢磨或者只有那些创建者才可以使用，但现在已经明朗化了。 不利的一面是，给家长的详细成绩报告单，读起来就好像他们是从计算机短语库中组合出来的那样（因为有时候就是如此组合出来的）。

我曾经参与讨论过对一个较大中学里的一群英语教师的评价。 不久就发现，尽管每位教师都拥有针对他们学生学习的清晰评价标准，但他们从未共享标准或者编制一个共同列表。 一旦敲定的话，他们的学生就能够看到针对他们的评价标准，也能明白是什么值得教师给一个"A"而不是给一个"C"。 学生是否能够把学习成绩提高到"A"，将取决于他们的学习能力、学习动机以及可以利用的时间总量，但至少他们将知道什么是要求达到的成绩标准。

幼童身上有着这样一种倾向，他们因为受到鼓励和被寄予很高期望时往往对学习做出非常积极的反应。 随着孩子的成熟，这样的反应需要通过现实世界的标准来进行校准，不然的话学生理所应当地可以抱怨他们被误导了。 我遇到过一些学生，只有在他们完成课程学习的时候才觉得他们得到了"真实世界"的信息反馈，而当他们想更努力学习的时候就太晚了。

优秀的教学

分析使一个特定的教师变得优秀的要素并不是很容易。 个人渊博的知识通常被认为是至关重要的，例如，一流的学位非常受人器重。 这样的学位为教学提供了一个很好的基础——但是这并不够。 许多人会记得，一些聪明的教师没能了解学生的困难，从而没有把他们的教学定位于一个适当水平。 我曾经在一个著名的博物馆听过一位世界级的专家发表一个极端无聊的演讲，之后一个非专业的馆长（但她是一位经验丰富的教师）却让她的观众深深着迷。

奇怪的是，我曾观察到的一些最好的教师，是那些经历过困难并且能与他们苦斗的学生打成一片的人。 一位一直怕水的游泳教师，直到她 40 多岁时才学会游泳。 学生知道她早前的恐惧，相信她能理解他们的恐惧心理以及能在水中照顾他们的安危。

学生喜欢那些能激起他们兴趣和激发他们的想象力的"人物"。 文学作品中充斥着基恩·布罗迪斯[32]或者约翰·基廷[33]这类人物，他们华丽的处事风格对于学生有着巨大吸引力，甚至，有些教师也有别于他们循规蹈矩的同事，对学校管理坚持叛逆态度，他们也为这种华丽的处事风格所吸引。 然而，我曾经遇上的最好的（一位最喜爱的）教师与华丽的处事风格背道而驰。 他是一个微不足道的在伦敦同一个地区教了 40 多年书的非大学生，他博得了最棘手学生的敬重——不是因为他"要求苛刻"，而是因为他才能出众、可以信赖，以及具有公正无私的品格。 他的学生知道他关心他们，并且为了他们的成功辛苦工作。 他取得优异的成绩，解决了学校里大部分的轻微犯罪问题，还在每周六辅导区足球队，在他正式退休之后的数年间还继续自愿留在学校工作。

用雪莉·劳斯——一位语言教学专家——的观点来说，优秀教师就是这样的人：

> 他知道的不仅仅是如何进行有效的课堂教学，也能够不受可以感知到的考试成绩重要性、联赛排名表、教育标准办公室督察和微观管理的学校文化等因素的影响，因为他们拥有来自理论知识和专业知识的关于教育的原则性观点，以及他们所学学科的专业知识。[34]

尽管要准确预言那些好教师的特点可能是件困难的事情，但他们的工作价值

是毫无疑问的。 针对教育体系的《麦肯锡报告》称，"与好的教学相比，没有什么是学生学习成果的经验主义的决定性因素了"[35]。

教师的批评

闹情绪的学生最喜欢的莫过于"诋毁"他们的教师了。 而且一些家长，可能对他们自己在校的日子仍然心怀怨恨，似乎很乐意参与其中。 但遗憾的是，政客们的地位是如此重要以至于这么多报纸和电视节目都随声附和。 在《每日邮报》的一次对詹姆斯·查普曼的采访中，[36]这位部长说他想让"家长走进教室去评价教师教孩子们教得有多好"。 也有报道说他想让那些坏教师"几周内"卷起铺盖走人。 没有人想要坏教师，但是许多家长将会发现他们很难判断一位教师有多好。 他们将知道他们的孩子正取得的进展有多好还是多糟糕，但这是因为教师的原因还是因为孩子的缘故是另外一个问题。 至于"几周内"卷起铺盖走人的事，教师们像所有的公民那样——应该受到缜密的劳工雇佣法规的约束，而不受制于武断的评判。

在英国仍然有着这样一种倾向，较为成熟的职业群体看不起教学这个职业。萧伯纳的那句评论，"能动手的做事，不能动手的教人"[37]，仍然占据着主导地位。

从我多年的学校经历来看，我知道教学是一个非常难的工作。 我也知道有一些糟糕的教师。 我曾在一个美好的春天的早晨遇到一个去学校上班的同事，他对我愉快问候的回应是"早上好？ ……你是什么意思——它不会好的，直到下午 4 点钟才会好点"。 但是，值得庆幸的是，这种痛苦是罕见的。

结语

在英国,有成千上万的教师把一生都贡献给了促进学生学习的教育事业,但他们常常遭受到居高临下、不公正的批评,批评者来自那些领着高薪但工作轻松的行业。几年前,《泰晤士报教育增刊》以《我最好的老师》为题刊登连载征文,让名人回忆一位改变了他们生活的教师。那些描述听起来真的与众不同,但大多数则不是。他们都是相信学生潜能而且为他们竭尽全力的普通教师。值得庆幸的是,还有人记得表达对教师的感激之情。阿尔贝·加缪,1957 年诺贝尔文学奖得主,这样给他以前的小学教师写信:

亲爱的热尔曼先生:

我让最近几天一直萦绕在我身边的兴奋之情稍稍平息之后才给您写信——这是

一份源于我内心深处的情感。我刚刚被授予了一项巨大的荣誉——既非我刻意寻求的也不是我恳求给予的荣誉。但是，当我听到这个消息的时候，我首先想到的人——在我母亲之后——就是您。

没有您——没有您把慈爱的手伸向我这个曾经卑微贫寒的孩子，没有您的教诲和垂范，所有这一切都不可能发生。

我不想过多获取这类荣耀。但是至少它给了我一个机会来告诉您，您于我而言曾经多么的重要——也将永远那么重要，也有机会让您相信，您的工作和您付出努力的那颗慷慨无私的心，仍然存活于您的一个学生内心深处，不管他的年龄有多大，他都将不会终止使自己成为一个感恩的人。

拥抱您，竭尽我所有的力量。

艾伯特。[38]

因此并不全都是批评。我现在转而要探讨的是教学和大部分的（但绝不是全部的）学习活动所发生的场所——学校。

本章注释

[1]沃·E.(1928)《衰落与瓦解》，伦敦：企鹅经典。

[2]对英格兰教师职业的历史感兴趣的人，应该参考奥德里奇·R.(1998)《伦敦的教师培训》，来自 R.弗莱德和 S.格林主编《伦敦高等教育：伦敦高等教育的建立》，伦敦：阿斯隆出版社。

[3]全文请参阅：http://www.educationengland.org.uk/documents/james/.

[4]参阅教育学院关于政府培训中心的归档材料，http://www.ioe.ac.uk/services/64986.html.

[5]教学机构的网站，http://www. education. gov. uk/aboutdfe/executiveagencies/b0077806/teaching-agency/the-teaching-agency.

[6]直接教学网站，http://www.teachdirect.co.uk/login/index.php.

[7]教育优先网站，http://www.teachfirst.org.uk/AboutUs/.

[8]教育学院(2012)《政府在不合格教师方面的规定与自己的白皮书互相矛盾》，新闻稿，7月31日。

[9]教育部(2010)《教学的重要性：学校白皮书》，伦敦：文书局，Cm7980。

[10]参见迈克尔·戈夫在全国大学年会上的演讲，2010年6月17日，www.education.gov.uk/inthenews/speeches/a0061371/michael-gove-to-the-national-college-annual-conference-birmingham.

[11]吉尔伯特·F.(2012)《这个提议真是太过分了》，《卫报》，7月28日。

[12]施莱歇尔·A.(2012)《你必须努力赶超大胆创新以便于与时俱进》，《泰晤士报教育增刊》，11月16日。

[13]马兰·M.(1975)《教室的工艺》,牛津:海涅曼教育出版社。

[14]参见教育标准办公室的网站,http://www.goodpractice.ofsted.gov.uk/.

[15]莫蒂默·P.(1999)《理解教学和其对学习的影响》,伦敦:保罗·查普曼出版社。

[16]教育部(2011)《教师的标准》,https://www.education.gov.uk/publications/standard/School-sSO/Page1/DFE-00066-2011.

[17]英国教师与讲师协会(2011)《对于教育部的教师标准审查的回应》,http://www.atl.org.uk/Images/ATLTeachingStandardsResponseFinal.pdf.

[18]麦考特·F.(2005)《教书匠》,伦敦:第四等级出版社,第19页。

[19]经济合作与发展组织(2012)《教育概览》,巴黎:经济合作与发展组织,图表D3.1。数字已经从美元转换为英镑。

[20]经济合作与发展组织(2012)《教育概览》,巴黎:经济合作与发展组织,图表D4.2。

[21]莫蒂默·P.,莫蒂默·J.,托马斯·H.(1994)《管理助理人员:中小学中的创新》,伦敦:保罗·查普曼出版社。

[22]韦伯斯特·R.,布拉奇福德·P.,罗素·A.(2012)《身边的指导者:实现助教的价值》,阿宾顿,奥克森:劳特利奇出版社。

[23]经济合作与发展组织(2012)《教育概览》,巴黎:经济合作与发展组织,图表D2.1。

[24]莫蒂默·P.,布拉奇福德·P.(1993)《班级规模问题》,《国家委员会简报》,伦敦:海涅曼出版社;克鲁格·A.(2003)《经济因素和班级规模》,《经济期刊》,皇家经济学会,第113卷(485),第34~63页。

[25]布拉奇福德·P.(2003)《班级规模的辩论:小班额好吗?》,梅登黑德:开放大学出版社。

[26]卡尔森·W.(1991)《课堂提问:社会语言学视角》,《教育研究评论》,第61卷,第2本,第157~178页;罗森海因·B.,梅斯特·C.(1994)《交互式教学:研究综述》,《教育研究评论》,第64卷,第4本,第478~530页。

[27]保罗·R.,埃尔德·L.(2006)《苏格拉底启发式提问的艺术》,加利福尼亚,狄龙海滩:批判性思维基金会。

[28]罗素·W.(2011)个人通信。

[29]柯林斯·N.(2012)《约翰·格登爵士,诺贝尔奖得主在学校学习科学课时"太笨"了》,《镜报》,10月8日。

[30]吉普斯·C.(1994)《测试所不能及:教育评估理论》,伦敦:劳特利奇出版社。

[31]参见学生背景信息分析的历史,http://www.heacademy.ac.uk/assets/documents/resources/heca/heca_ra01.pdf.

[32]斯帕克·M.(1961)《琼·布罗迪小姐的青春》,伦敦:麦克米兰出版社。

[33]约翰·基廷,彼得·威尔1989年的电影《死亡诗社》中的主演。

[34]劳斯·S.(2011)《未来的学校:教育是为了什么?》,伯明翰沙龙——辩论的公共论坛,www.birminghamsalon.org/.

[35]麦肯锡教育(2009)《塑造未来:未来十年中,良好的教育体系如何才能变得优秀》,国际教育

圆桌会议的报告,新加坡。

[36]查普曼·J.(2012)《坏教师应在几周内被解雇》,《邮件在线》,1 月 13 日。

[37]肖·G.B.(1903)《革命家的格言》,纽约:诺顿出版社和公司。

[38]加缪·A.(1957)收到被授予诺贝尔文学奖的消息时给老师写的书信,来自 O.托德(1997)《艾伯特·加缪:一种生活》,纽约州,纽约:艾尔弗雷德·A.科诺夫有限公司。

第6章 学校

学校是我们生活的一个重要组成部分。 不管我们是喜爱抑或是怨恨我们的学校生涯，我们都很少会忘记它们。 在学校里，我们度过我们童年和青春期的大部分时光，结成友谊，获取知识和理解，也开始变为成年的自我。 对于我们所有人来说，除了那些在家庭学校接受教育的人，[1] 学校是我们邂逅正规教育的场所。

学校的起源

学校的出现极可能是因为文字的发展。 这被认为是大约5000年前发生在美索不达米亚、埃及、中国和中美洲。[2] 随着文字和计算规则的普遍认同，需要有某种形式的、有组织的教学来传递新开发的技能。

再晚些时期，托拉的那些宗教性著作（犹太法律的经书）开始在一些学校中教授。 也有人认为孔子（公元前551年—前479年）参与了一种教育培训，[3] 在4世纪的雅典，柏拉图建立了他的"柏拉图学院"（公元前387年）[4]，亚里士多德建立了"莱森学园"（公元前334年）[5]。 第一批英国学校由罗马人创建，目的在于培养一批能承担地方行政管理工作的人。 随着罗马人以及他们的继任者北欧海盗的离开，教堂需要学校为他们训练牧师。 来自富裕家庭的男孩子接受的是"骑士精神"的集体教育（他们的姐妹在家里接受适当的"女性"活动教育）。

英国学校教育随后的故事是个人首创精神和革新的议会法案的复杂混合体。那些希望了解更多关于这个故事的人，应该查阅前校长德里克·吉拉德精彩的历史性描述——所有相关文档的链接都齐备。[6] 以下是关于那些最重要事件的一个非常简短的记录。

在 19 世纪，人们在采取措施构建国家体系的路上步履艰难。历届英国政府都不情愿把公共资金用于帮助穷人。在清楚地认识到一个国家的崛起需要更好的制度之前，他们更乐意让各种志愿机构和宗教团体继续发挥作用。甚至那时，致力于国家体系建设的努力也是三心二意。根据比较教育专家苏珊·威伯格的研究发现，用鼓励个体来推进有着巨大成功的工业化进程的自由放任原则成为国家发展的一个障碍。[7]

《1807 年教区学校法案》为"劳动阶级"做出明确规定，截至 1840 年，一笔为了"穷人的教育"[8] 的议会拨款才被确认。《纽卡斯尔报告》（1861）推荐了一种"相当廉价"的基础教育体系，《汤顿报告》（1868）则提出了一个中等教育的国家体系。《福斯特 1870 年法案》使得接受基础义务教育的学生年龄提升到了 13 岁（尽管它需要《1876 年初等教育法案》来成立委员会以提升出勤率）。

在获得零碎的发展之后，一个英国教育体制的大致框架最终确立下来，随之而来的是，1899 年成立教育委员会，1902 年又建立了地方教育管理机构。小学学校教育的轮廓由《哈多报告》（1931）确定，初中学校教育的轮廓由《1944 年教育法案》（《巴特勒法案》）决定。这套组合拳确定了未来 50 年左右英国教育的形式。

《1944 年教育法案》没有明确提出将要提供的中等教育类型，它留给地方当局做出决定：

> 地方当局确保提供足够数量的、办学特色多样的和有着足够教学设备的中小学，让所有学生拥有接受全日制教育的机会，考虑到他们不同的年龄、能力和天资，给大家提供可能想要的这种类别的教学和培训。（第 8 节[1]）。[9]

许多工党支持者曾希望教育部长建立一个通用的综合体系，但他们失望了。在受过私立教育的克莱门特·艾德礼的管理下，政府拒绝走出这样激进的一步。相反，受过文法学校教育的部长艾伦·威尔金森使用教育部的出版物《国家的学校》[10] 来推广一个语法学校、现代中学和——在理论上的——职业技校的三分式教育体系。（由于成本的原因，实际上几乎没有建立什么职业技校。）

这种分割式教育体系成为整个国家的标准。甄选学生通过 11 岁以后的考试进行，这包括智力测试（第 3 章讨论过）以及英语和数学的素质测试。总体而

言，大约20％的学生在选择性文法学校接受教育（在一些地区高达40％，另外一些地区则低至10％）。 剩下的大约76％的学生在现代中学接受教育，约4％的学生则留在职业技校。[11]

艾德礼政府拒绝让现代中学招录参加公开考试的学生，并且拒绝了从几个地方当局引入综合教育的建议，这使得情形开始恶化。[12]

在《1944年教育法案》执行期间，R.A.B.巴特勒有机会感谢教会学校在国家体系得以创建之前所提供的服务，并且让它们退出历史舞台。 但与之相反的是，他把它们硬塞进新的像受监管津贴学校或者受津贴民办学校那样的政府资助体系之中。

直到1990年，大多数宗教学校是英格兰教会学校或罗马天主教教会学校，只有少数的犹太教学校、卫理公会学校以及基督教非教会学校。 然而，上一届工党政府开始使用名词"信仰学校"并且鼓励穆斯林、第七日安息日会和其他宗教团体开办公立学校。

这个举措让很多人感到惊讶。 如果知道北爱尔兰最近历史的话，许多人会认为鼓励宗派分裂不是一个好主意，尤其是在这样一个社会阶层早已分化且仍然陷身于中东冲突的英国社会里更是如此。 根据舆观（YouGov）的一项民意调查，公布在2011年的《观察家报》上的结果显示，有80％的人反对宗教学校的扩张计划，而且只有11％的人表示赞成。[13]

然而，宗教学校被允许扩大规模，理由是他们将会受到家长们的欢迎。 许多宗教团体在自由学校法规的管理之下，都已对开办宗教学校的机会做出积极回应。 正如梅丽莎·本恩于2011年指出的那样："在伦敦的沃尔瑟姆·福利斯特……目前有10个创建自由学校的计划，其中7个将会是以教会学校为方向的。"[14]

今天的学校

在英国，2012年有424所公立幼儿园招收了超过13 000名5岁以下的学生，近17 000所公立小学招收了超过400万名5～11岁的儿童，超过3 000所中学招收了300万名11～19岁的青少年。[15]

学生一般在11岁时从小学升入中学，尽管在有中学的地方，转学的学生年龄范围在9～13岁不等。 转学在一个幼儿一生中是一个可能会产生压力的事件，一些压力是由于体系的不确定性（正如我将在后面的章节要探讨的那样），但另一些压力只不过是离开一个友好的小学校，迁入一个较大的充满了未知数的学校时发自内心的恐惧的结果。 然而，对于大多数学生来说，这种焦虑是短暂的。 在最近的一个着眼于中小学转学的研究中，我的同事和我发现那些学生对这种改变感到紧张不安——这受到了两方面的影响，一是他们的小学教师基于自身利益上的焦虑，二是关于虐待的很多毫无根据的传言。 事实上，他们很快就适应了新环境。 那些为数极少的发现转学极为痛苦的学生，是那些在小学阶段就有困难经历的特别容易受到伤害的学生。[16]

在英国，88％的公办中学是男女混合学校；7％的是女校；5％是男校。[17]（一些家长想让他们的女儿上单一性别学校，但想让儿子上男女混合学校。）

学校类型

在英国，中学类型之多令人叹为观止。 范围包括：私立中学——其中一些是寄宿制中学；文法学校；许多不同宗教和教派的教会学校；受津贴民办学校或者受监管津贴学校；初中学校——有着不同的年龄限制；基金会学校；信托学校；社区学校；高等中学，三级学院（开放式招生的高等中学，范围更广泛的后 16 岁课程以及额外的成人班）；城市技术学院；技术学校；专业学校；学院——包括技术学院；自由学校；学徒学校；新落成的大学技术学院；已拟议的大学培训学院。

一些学校类型转瞬即逝。 直接拨款的公立学校存在了 10 年，他们作为《1988 年教育改革法案》的一部分被保守主义政府所引入，表面上在政府供给上创造了更大的多样性，但同时也降低了地方政府的教育影响力。 管理机构（甚至家长团体）在父母投票表决后，地方当局对学校的控制权被剥离，公立学校直接从部里获取资金。 随着经费的增加，权力对公立学校的招生以及半自主地位都产生了影响。 在 1998 年，公立学校的地位被新上台的工党政府废除。 学校不是恢复到之前的类型就是变成受监管津贴学校或者基金会学校（之前大部分的独立地位得以保留）。 即使有额外的资金和甜言蜜语的诱惑，绝大多数管理者仍拒绝走公立学校路线（只有 19％的中学和 3％的小学这样去做[18]）。 放弃额外拨款和地位提升的原因之一是不愿意破坏在地方当局领导下的合作关系。

私立学校

私立学校的资金来源是学生学费、馈赠以及慈善捐款。 它们不接受国家资助（尽管它们要求获得慈善机构的地位，包括相关税收优惠），也不受绝大多数政府管理规定的约束。 接近 7％的学生在大约 2 400 所私立学校上学，10％的私

立学校加入了校长联盟[19]，并且——自相矛盾地——他们自称"公立学校"。一些私立学校拥有寄宿设施，最古老的私立学校是坎特伯雷市的国王学校（创建于 597 年）、约克市的圣彼得学校（创建于 627 年）和多赛特市的舍伯恩学校（创建于 710 年）。

文法学校

文法学校也有着悠久的历史（最古老的是国王学校，位于罗切斯特，创建于 604 年）。 这些学校最初是为了教学拉丁文而建立的，但随着时间的推移，课程范围也不断扩大。 在 20 世纪大部分时间内，文法学校（如前所述）提供了三分式体系的学校构成。 随着在 20 世纪 70 年代和 80 年代全面教育的广泛引入，大多数文法学校都变成了全能学校。 目前有 164 所文法学校依据入学考试中学生的表现招生。

中等学校

中等学校为亚利克·克莱格（西约克郡的先驱性的首席教育官）所倡导，他创建了横跨传统的小学/中学划分的学校。 中等学校的数量在 1983 年达到 1 400 所的峰值。 但在 5 年时间内《国家课程关键阶段》的引入使中等学校变得不那么受欢迎。 截至 2012 年 8 月，只有 199 所这样的学校分布在 20 个地方当局。

宗教学校

在本章的开始，我就描述了宗教学校在英国教育史中的角色和它们作为宗教学校的近期发展。

受津贴民办学校

受津贴民办学校主要是——但不是全部是——宗教学校。 它们传统上要比"公立"（地方当局开办的）学校拥有更大的权力，例如，它们的管理机构可以雇佣员工并设置招生标准。 校舍和校园通常由宗教组织或慈善基金会拥有，这些机构有望分摊学校的建设和维护成本。

受监管民办学校

受监管民办学校类似于受津贴民办学校，但拥有的权力较少。 校舍和校园通常由宗教组织或慈善组织拥有，它们拥有任命一些学校管理机构成员的权力。

基金会学校

基金会学校由中央直接拨款的公立学校发展而来。它们是由工党政府根据《1998 年学校标准和框架法案》创建的，它们是国家资助的，但是有着更大的自由。在某些特殊情况下，它们被称为信托学校。

社区学校

社区学校是由国家资助的，并与地方当局一直保持着关系，地方当局雇佣学校的员工，控制招生，拥有校园和房屋。（一些特别成功的社区和基金会中小学——直到 2006 年的时候——被上届工党政府授予"灯塔地位"。[20]）

城市技术学院

城市技术学院是由保守党政府在《1988 年教育法案》颁布后创建的，由国家资助，它们被寄予希望，从私营企业赞助商那里得到可观的额外资助——反过来——他们也将在学院管理过程中发挥作用。有 15 所城市技术学院通过得到赞助来促进主要以技术为基础的科目的学习。但是很少有公司把大笔钱投入这个项目，所以该计划被放弃。现在只有 3 所城市技术学院，因为其他 12 所已经转变为专科学校。

技术学校

技术学校是作为城市技术规划项目的廉价版发展来的。35 所技术学校重点关注诸如设计和技术，科学和数学等科目。从 1994 年起它们开始演变成专科学校。

专长学校

专长学校源于 1993 年保守党政府产生的一个想法，该想法被接任的工党政府继承并发扬光大。筹建专长学校这种方式可以使得每个学校有一个超越他人的途径，它们的管理机构有望从私人捐助者那里套取 100 000 英镑，而且政府将拨付等额配套资金，学校也得到额外的年度收入。专长学校在科学和技术的基础上又增加了语言、艺术和体育 3 个专业。在处于顶峰时期时，一度有 3 000 多

所专长学校。 这些学校的推动和协调，它们的管理在一定程度上都归于一个（现在已倒闭的）机构——专长学校信托机构。

专科学校

专科学校由上届工党政府于 2000 年建立，它们是直接由国家资助的自治学校（每个学校都有一个与国务大臣签订的单独融资协议），但是它们也被允许接受来自捐助者的额外支持。 它们完全独立于当地政府（即使它由地方当局出资赞助），并且只需要达到国家课程的核心目标即可。

大学技术学院（UTCs）

大学技术学院是在前保守党教育部长肯尼斯·贝克的推动下由联合政府创建的一种新型学院。 它们为 14～19 岁的年轻人设立，专攻于"一些需要现代的、技术的、行业标准设备的科目——比如工程和建筑专业"。[21] 人们希望这些学校由地方大学和能提供与就业有关的学习的雇主来主办，目的是它们将会注重提供满足雇主需要的技术教育。 已经有 2 所大学技术学院开始招生。

工作室学校

工作室学校是另外一种版本的专科学校，它们为 14～19 岁的青少年提供学术和职业资格教育。 工作室学校在当地企业以及雇主的支持下创建，本来用意是建成一些提供基于项目的实用学习以及主流的学业学习的创新性机构。[22]

自由学校

自由学校是联合政府设想出来的杰作，受到类似于瑞典学校[23] 以及美国的特许学校运动的影响。[24] 它们由国家资助，无差别且独立于地方当局。 它们与专科学校相似，但是可以由家长、教师、慈善机构或企业创建。 在一个耗资巨大的促销活动后，有 24 所自由学校在 2011 年正式开学，2012 年有 55 所。 在 2013 年，85 所自由学校已经被批准开学，在 2014 年达到了 104 所。

大学培训学校

那些被认为是"职前教师培训的最好提供者"[25] 的人在《2010 年教育白皮书》[26] 中提出了建立大学培训学校（一个与过去的教育学院的"示范学校"相

似的想法）。

　　从对今天现有的许多不同类型中学的这个简短介绍中，可以看到英国确实有着一个支离破碎的体系，在第 10 章中我将探讨这个问题可能引发的后果。

其他的国家体系

　　教育体系会因国家的历史、文化和国民态度的差异而有所不同，离开地方性知识对教育体系开展研究是很难的。 在忽视了另一个国家教育体系所处的情境以及"没有真正弄明白它们是否成功"[27] 的同时，人们很容易根据个人喜好挑选出另一个国家教育体系的某一方面去进行研究。

　　然而，正如欧洲教育专家马丁·劳恩认为的那样，在欧洲范围内应该比较容易，因为有一段时间我们一直在关注它的教育体系："在欧洲，从国家教育体系得到发展以来，每一个单一民族国家和其邻国的关系一直有着一个不变的特点……在 19 世纪。"[28] 存在于英国和所有其他我知道的教育体系之间的一个明显不同之处就是，没有其他国家拥有这么多不同种类的中学。

　　法国仍然保持着一个拿破仑中央集权体制的某些方面的特征（虽然教师在差不多全国范围内整齐一致地打开教材是不真实的）。 苏联开发出极具竞争力的数学和科学专业学校。 在一些国家，宗教习俗已经导致了对男女混合学校的联合抵制，或者对它们的刁难困扰。

　　美国——其教育是一个州的责任而不是联邦的责任——开创了"特许学校"，它们由政府资助但是和其他学校相比获准拥有更大的自由。 许多学校声称已经成功，但是所进行的最权威评价发现它们和其他学校相比几乎没有什么不同，或者甚至更糟糕。[29] 据詹姆斯·普伦基特所说，他是一位目前在哈佛的前唐宁街政策顾问，许多特许学校的工作人员被指控犯有严重的财政管理不善的罪行，还有其他一些人被指责为了提升他们学校的成绩而拒绝能力差的学生参加考试。

　　在北欧国家，学校教育的目的是：

> 发展社会公正、公平、平等的机会，参与式的民主以及包容精神，因为那些是北欧福利国家思想体系中的重要价值。[30]

　　北欧国家在国民学校教育体系中（通常在同一处所），一般把学校教育分成一体化的中小学课程，以及随后的高中阶段三年制课程。 传统上，丹麦人一直喜欢让他们的教师在几年内教同一群孩子学习所有科目。 但是今天有了专业教学，尤其是为了那些年龄大的学生。 在丹麦，高中学校仍分为学术类高中学

校[31]、技术学校[32]和商业学校[33]，虽然许多旧有差异已逐步取消。 课程改革也带来了学科教学的综合教学法。

独立寄宿制学校（efterskole）在十年级之后的灵活学年安排是丹麦教育的独有特色。 19世纪第一个独立寄宿制学校由教育专家克里斯汀·克尔德和丹麦民间英雄尼古拉·格兰特维格——诗人、哲学家和新教牧师创建。 这些人致力于创建学校，不仅仅是提供学术上的或职业上的培训，还包括了为了生活而进行的启蒙教育。[34]十年级是一个针对处于综合的国民学校教育和更加多样化的高中学校的三年制课程之间的学生进行的弹性学年。 一些学生选择把这一年用于增加他们的基本技能的胜任力，其他的学生想要更久的时间来决定到底是去学术类的或技术类的高中学校，还是去商业类的高中学校就读。 然而，许多学生只是希望能够拓展他们的学习。 独立寄宿制学校一半的课程致力于丹麦语、数学和英语的学习；其余的是开放性选择，取决于学校所提供的专业（经常是特定的体育专业）。 当前有1/3的丹麦学生充分利用了十年级带来的好处，许多十年级学生在这一年里寄宿在丹麦其他地区的学校里或者甚至到国外学习，这其中的一些是由国家提供经济援助的。

第二次世界大战后，挪威建立了一个由中央指导但由地区管理的教育体系。 一个地广人稀的国家，它克服了许多问题建立了一个完善的综合国家体系。 挪威的价值观强调参与、平等以及年轻一代为民主社会的生活所做的准备（可能受到了二战期间被德国占领的经历的影响）。

挪威认为校长是"同等专业人员中位置最重要的"，并且其学校往往拥有扁平的，而不是分层的管理结构。 挪威体系与丹麦的相似，尽管它的高中学校是综合性的、学术与职业相结合的课程。 在2003年的第二个国际学生评估项目（PISA）的成绩出来后，[35]一个国家评估体系被引入了挪威。

在20世纪大部分时间内，瑞典的教育政策谋求创建一个平等社会。 为了这个目的，它建立了一个综合性学校教育的中央集权体制，为直到16岁的学生提供全面的学校教育。 自由党—保守党联盟和社会民主党双方都尝试促进选择权、提升公民的参与权以及推进中央权力的下放。 受到鼓励的家长为他们的孩子选择学校，"私立学校"的地位——尽管仍然是公助的——一直在提升。 然而，目前的自由党—保守党联合政府（自从2006年当权以来），也许是为国家中出现的社会分裂而担忧，又恢复了原来的做法，政策更多地受到了中央政府的驱动，包括成立一个旨在追求平等的学校督导组。

在芬兰，"教育被视为一项公益事业，因此具有强大的国家建设功能"。[36]

芬兰教育体系已经有了 20 多年的发展，它包括免费日托、学前教育供给以及所有全日制学生的免费午餐。 学校是综合性的，没有按成绩分班或分流。 教学被认为是一个重要工作，所有的教师在大学至少学习 5 年时间。 人们相信他们可以做好这项工作——没有工作检查或者国家的测试计划。 那些在学习阅读时有困难经历的学生在一个特殊的阅读项目中会得到个别帮助。 据芬兰教育专家帕西·萨尔伯格所说，"和其他许多当代的教育体系不同，芬兰的体系还没有受到市场化竞争以及高风险的考试政策的影响"[37]。

当然，在北欧教育体系之间也有着许多不同之处。 是否有一种包罗万象的北欧风格（如建筑、警察、犯罪故事和各国的美食）仍然存有争议。[38]

更远的地方，在新加坡，人们认为教育对经济增长和社会凝聚力有着同等的重要性。[39] 其教育体系在传统上一直是中央集权式的，竞争很激烈。 然而，最近几年来，新加坡一直朝着更加多样化的方向发展，希望能让学生在学习内容和方式上拥有更多选择权，使他们在更大程度上成为自己学习的主人。 其目的是"培养新加坡年轻一代提出疑问并寻求问题答案，乐意用新方式去思考问题和解决问题，并能为未来创造新机会的能力"[40]。

不同国家针对有着特殊需要的学生有着不同的方法。 例如，西班牙有相对较少的特殊规定——"这些学生在主流学校中和同龄人一起接受教育是一个通行的政策"[41]——而在德国，"主要的供给形式是特殊学校"[42]。

不同的国家在针对学生的分组方法上也有所不同。 在大多数教育体系中，出生日期彼此相错不超过 12 个月的孩子被分组在一块儿。 一些国家——像英国——也根据可感知到的能力把学生分流或分组。 像芬兰之类的其他国家，在他们的学校教育中，总是尽力将学生按混合能力编班。

哪个是最好的呢？ 我将在第 10 章提到这个话题并建议一个答案。

学校的普遍特征

全世界范围内的学校教育的基本机构是相似的。 总体而言，学校依据学生年龄进行分班；知识被划分为不同的学科领域；学校工作日被划分为一系列有着时间限定的功课。 当然，也有例外。 一些学校时间较长，而其他学校则采用较短的"欧陆工作日"来避免午餐期间出现的问题（即使这将在下午给家长带来一些问题）；一些学校使用信息技术要比使用教师多；在发展中国家的一些学校，几乎没有实体存在（也许就聚集在树荫下）；在诸如 A.S.尼尔的夏山学校[43]之类的进步主义学校或自由学校（采用了戈夫之前的模式），则允许学生拥有是否

去上课的选择权。

　　威利·罗素，我前面曾引述过，讲述了他作为一名实习教师到夏山学校参观的经历。 在他绕着楼房转的时候，他观察到一个生气的学生故意把窗户打破。 在他不知道如何应对才好的时候，他发现这一事件也被校长 A.S.尼尔发现，就松了一口气。 他异常惊讶——那位学生也如此——看到 A.S.尼尔捡起一块石头打破了另外一扇窗户——目的是让那位肇事学生感到震惊，进而意识到破坏公物的危害性，这种做法起了效果，那位学生为他的行为衷心地表达了愧疚之情。 威利对此印象深刻并且把这种技巧变成了他自己的拿手好戏。 在随后的一个场合中，当他看见一个学生从事破坏活动的时候，他就确切地知道该做些什么。 但是令人遗憾的是，他的破坏行为所得到的效果与 A.S.尼尔的明显不同——学生们去争相效仿威利的做法。[44]

　　在 A.S.尼尔死后的几十年间，夏山学校在证明其进步主义立场的过程中历经苦难。 然而，在一个冷漠无情的电视节目以及教育标准办公室充满敌意的检查之后，2011 年，它在 90 年历史中最好的检查报告出现了。[45]据伊恩·斯特罗纳克，利物浦约翰·摩尔大学的教授所言："检察员对关系到学生的精神、道德、社会和文化发展时表现出的持续卓越性印象深刻。"[46]

　　尽管夏山学校取得了成功，但绝大多数学校仍然停留在 19 世纪的模式中，对于爱德华七世时期的教师们而言，大概能够把它们识别出来（尽管他们将会吃惊于每个班级中有着那么少的学生）。

　　在大多数发达国家，法律规定孩子在大约 6 岁时开始上学。 在英国，孩子入学较早——通常在他们 5 岁那年的 9 月份入学，这意味着那些 7、8 月份出生的孩子们在开始上"大学校"时候才只有 4 岁。 相比之下，在北欧国家，孩子们直到 6 岁或者 7 岁才开始上学，尽管几乎所有的孩子都在高质量的、配备了专业工作人员的托儿所待了好几年。

　　在大多数国家，学生 16 岁或 17 岁时还仍然被要求接受学校教育，许多学生甚至此后还待在学校。 对于那些不情愿学习的学生来说，他们可能觉得接受正规学校教育的岁月冗长不堪，这些日子都不应该被视为教育的一部分。 正如美国作家马克·吐温的那句玩笑话："我从未让上学影响我的教育。"[47]

学校生活

　　在入学时，孩子们被分入一个班级（在中学阶段，被分入几个班级）。 每个班级在其成员互相影响、互相作用的基础上形成自己的特色。 他们可能会是严肃的、快活的、积极的且乐于接纳新成员的，或者是消极的且乐于挑衅的。　一些班级为了适合教师的个性而拥有变色龙般可以随时做出改变的能力。　我曾经有一个说起话来轻声细语的中年同事，她在每年 9 月中学开学的时候迎来她的新学生，不知何故，就像她把她平静的魔咒施加到他们身上那样，令人惊讶的是这种状况看上去在他们接受学校教育期间始终如此。

然而，一些班级没有形成某个单一特性。　这可能是因为他们由不同的小团体组成，通过一些共同的特性结合而成：性别、种族、社会阶层、足球队或者帮派忠诚——或者裂变为想学习的和不想学习的两派。

作为个体学习者，既是小组成员也同为班级成员可能会导致彼此关系紧张。　每个学生都不同，但是班级管理方式总针对着全体学生，各个小组和每个个体对此反应各异。　教师可以通过调整对不同个体、小组和全班学生作业要求的方式帮助学生应对这种紧张关系。　在一些小学班级中，学生们将拥有可以一块儿讨论想法和向彼此提出问题的"热议伙伴"。　这听起来够炫吧，但这可能是一个"学习共同体"的开端，它开始于关键阶段，也许将终结于大学的研讨会。

由于各学生小组间的紧张关系，课堂效果不总是令人满意。　但正是在克服这类困难的过程中，那些业务精湛的教师脱颖而出。　无论在任何时间，也无论教的学生有多少，对信息的处理、信息和其他知识的相互作用以及信息是如何被理解的，都仍然是一种个人体验。　事实上，没有谁能代替另外一个人学习（这也是好事，不然的话富人仅仅花点钱就可以找到替他们学习的人）。

学校教育——汇集大量儿童并且把他们限制在专用的学习场所——必然呈现出有组织的挑战。　过去常常左右着家长们注意力的孩子们，现在不得不将就着与成年人分享。　此外，他们可能被期待着花费大部分时间坐下来，听、读或者写——有时要保持安静——甚至可能连去趟厕所也要请求许可。

一看到关键阶段的孩子们在上午休息时走出教室的样子，就让人想起软木塞离开一瓶起泡葡萄酒的场景。　假如见到学生因偶然下雨而在室内游戏时，或者目睹由异常的大风天气所引发的集体恣意妄为的话，一个人可能会得出这样的结论：正规学校教育就是自找麻烦。

在中学阶段，大部分学生将会经历与青春期发育有关的荷尔蒙变化。　学校的功课可能不是他们最迫切关注的问题。　一些孩子——受到流行文化的影响——将会更担心他们处于发育中的体型或者出现的性冲动。　一些学生陷入为了争抢家庭或学校内主导地位的权争之中，一些人沉迷于体育运动，其他的一些人则沉迷于社交网络，大多数学生则精力旺盛。　正如作家弗兰克麦考特所说的那样：

1单位的能量对着175单位的能量,175颗定时炸弹,你必须找到可以使你自己得到拯救的生活方式。他们可能喜欢你,甚至可能很爱你,但是他们很年轻,年轻一代的职责就是要把老一代从这个星球上赶下去。[48]

一位老教师如此鲜明的评述表明,在这么多学校里,学生和成人之间存在着这样好的关系在某种程度上是一个奇迹。 一些进步主义学校为了减轻潜在的摩擦,就给予他们的学生几乎不加限制的自由,选择在室内或在户外学习的自由,如厕的自由,甚至去不去上课的自由。 极其传统的学校则另辟蹊径,不但严明纪律,还坚持对学校的绝对服从。

大多数英国校长并不支持这两种问题的解决方案。 相反,他们寻求在良好的共同体意识的基础上建立秩序。 他们为学生提供合理的边界,为他们带来安全感,抵制那种会导致反抗或盲目顺从的过度严格的纪律。

课堂角色

正如在所有社会群体中所发生的那样,孩子们在课堂上接纳或者被迫接受不同的小组和角色。 一些个体是有着支持自己的"小朝廷"的主导型领导者,另外一些可能会是班里的小丑(宫廷的弄臣),在诸多情况下,将会有一个或者多个替罪羊,这个可怜的角色经常被分配给那些有着不同生理特征或社交能力低下者,也可能是那些来自不同文化背景的学生,无论该背景被同班同学认为是优还是劣("最雅"或"至俗"),均显得不重要。

尽管有一些反欺凌的政策,但令人生厌的替罪羊式遭遇仍然在发生,让人每天都生活在痛苦之中。 那些肥胖的以及那些对自己身上出现的性冲动懵懵懂懂的学生尤其容易受到伤害。 腼腆的孩子身上沉默寡言的特性可能会随着特别自信的同龄人的存在而进一步强化。 如果那些喧闹同伴的行为使大家集体受罚的话,品行端正的学生就会感到愤愤不平。 但是成为一个小团体或班级中的一部分,能够为学生提供学习社交技能的机会和培养同情心的机会。

不端行为

学校中的不良行为并不是一个现代问题。 伊顿公学在1768年遭遇学生反抗事件,在1770—1818年,温彻斯特曾有过5次不相关联的学生暴动,此外在哈罗公学、卡尔特修道院、拉格比公学和什鲁斯伯里学校也有倒戈事件发生。[49]

正如我指出的那样，一所学校的基本组织，还有其礼仪典范，都促使学生遵守和服从。 一些学校制订严厉划一的纪律，暂停任何不遵守纪律的学生的学习资格。 伦敦一家报纸报道了一个 13 岁的男孩被隔离教学，因为他的莫西干发型被学校校长评价为"不合时宜"。[50]

训化学生与诱导学生的顺从行为是好事还是坏事？ 在一些显而易见的情况下，平息不守规矩的行为无疑是对的。 一大群自由泛滥的学生会堕落为暴徒。在小说《蝇王》(Lord of the Flies) 中，威廉·戈尔丁（曾是一位学校教师，据说会让他的班级看书，这样他可以继续他自己的写作）提供了一个在没有成人监管情况下所发生的戏剧性的故事。

毫无疑问，许多家长对于学校诱导其子女产生更多的顺从行为心存感激——尤其是学步的幼儿通过很有手腕的讨价还价取得了那么大的影响力，以至于他们的父母屈尊俯就地和他们"做交易"的时候。 然而在其他方面，利用多年的义务教育培养顺民值得探讨。 难道我们不需要——用一种当前流行的说法——那些能够"跳出框框"进行创造性思考的人吗？

在服从体制里，所有的创造力都被抹杀，人们心情沮丧地生活在一个制度牢狱里，其间"囚犯们"无视为了所有人的利益而创建的公共约定，日常生活就像一场适者生存的斗争，在这样的服从体制内需要找到一个平衡点，好教师要努力培养学生的那种判断力，用以评判在不同的环境中哪种行为才是适当的。

时至今日，值得庆幸的是，课堂骚乱极为罕见。 但是许多教师仍然不得不等待学生们安静下来后才开始上课，在课堂上攻击性行为仍会突然爆发。

过去的 25 年间，在英国有着两篇重要的由政府赞助的关于学校行为的评论文章：《1989 年埃尔顿报告》和《2005 年和 2009 年斯蒂尔报告》。 埃尔顿强调了两点：

> 我们发现大多数学校总体上秩序井然……在我们的调查中，教师们最关心的是比较琐碎但持续性的不端行为对他们的课堂秩序造成混乱的累积效应。[51]

对于教师来说，那些大的、赢得公众注意的问题并不是真正的难题，反而是那些一连串的较为琐碎的小事不断地打断课堂上的工作。

埃尔顿评论的发表是在 1/4 世纪之前，但是他的主要发现在 2005 年艾伦·斯蒂尔的报告中有所重复：

> 我们从教的经验得到了来自教育标准办公室的证据支持:由于大多
> 数学生努力学习、表现良好,而且大多数学校对学生行为的管理十分成
> 功,创造了一个让学习者感受到了被重视、被关心且有安全感的环境……
> 严重的行为不端事件和特别极端的暴力行动仍然非常罕见,它们只发生
> 在非常小的一部分学生身上。[52]

这个观点被斯蒂尔的关于学生行为的 2009 年报告加强,这借鉴了从 2008 年 3 月到 2009 年 2 月所进行的研究成果:"我仍然满怀信心,在大多数学校中标准都是很高的。"[53] 最近的一份由英国前总监发布的报告发现,"学生们的行为在 87% 的学校中是良好或优秀"[54]。 那么,在这些专家看来,学校中的不良行为并不是一个主要的全国性问题,对于一些教师而言它仍然只可能是一个日常问题,然而,正如一位校长在一篇关于应对一个极其棘手的小学生的博文中所描述的那样:

> 这个孩子在面对任何方式的斥责时都有着极端反应。假如他做错了
> 一些事情,他就感觉非常糟糕,而且,他的情感顺应能力很低下,以至于连
> 最轻微的斥责,"请不要做那件事",都会导他致暴风雨般的乱扔乱掷和口
> 头谩骂。常常发生的事情还包括,把墙上所有的显示器都撕扯下来。[55]

毒品对学生行为的影响是不可预测的,这也使得同学和老师们的学校生活非常困难。 另一个问题是"动荡"因素,在这里,我指的是学生的流动,那些只待几个月的学生带来的问题或者他们——由于复杂的家庭原因——来来往往所带来的问题。 那些面对动荡因素的学校很可能在四五年后——不像那些拥有更多固定成员的学校——在同一个年级组内部的最后将有着明显不同的一群学生在学习。[56]

一些拥有行为问题的学生去学生转诊部门学习,这些是远离主要场所的"微型学校",它们的教职员工通常由经验丰富的专家型教师组成。 在 2012 年 1 月有 400 多个这样的部门,中学生年龄段的学生总数达到 13 000 名(主要是男生)。 在这些部门中有 36% 的学生享有免费就餐的资格(与此形成对比的是,学校总体的免费就餐学生比例不到 15%)。[57]

几年前我参与了对一些类似部门的评价活动。[58] 我们发现师生关系一般来说都是积极的——一位家长告诉我这是他的儿子第一次与一个教师"相处"得很好。 但是他们不能解决所有问题。 我们发现大约 1/3 的学生返回主流学校后取

得了成功；另外 1/3 的学生会再犯之前导致他们被转诊的同样的问题，而且一旦他们重返转诊部门就往往会辍学；最后 1/3 的学生仍然留在转诊部门里。

假如一位教师和一个班级不能很好地相处的话，这个班级占据主导地位的氛围很可能会变得冲突和不快。 当然，在这样的氛围下学生将继续学习——以团体动力学、冲突以及个性强悍学生的强权政治为学习内容——但不一定学习那些他们被认为应该学习的科目。

竞争

是否所有生物都具有竞争的天性，是进化心理学家中间存在很多争议的话题。[59] 当然我们中大多数人似乎都有着竞争的倾向，但是竞争的强度因人而异，从那些满脑子都是竞争意识的人——着装上的大男子主义者和大女子主义者——到另外一些尽量不去占别人便宜的人。

对于我们许多人来说，有一些竞争会产生额外的肾上腺素，[60] 这可以使得我们充满激情地把事情做得更好。 教室里学生个体之间的日常竞争在很多学校有着悠久的传统，它可以活跃课堂气氛，但是它需要妥善处置，不然的话就像它激励了很多学生那样，它也会招致很多学生的反感。

然而，最近几年来，部长们加大了赌注，甚至坚持让教师对非常小的学生也要有区别地对待，从而在我们的课堂里确立了一种强调个人主义的和高度竞争的氛围。 这种方法在北欧国家没有被采用，正如一个鲜为人知的教育标准办公室针对英国、丹麦和芬兰 6 岁儿童的 2003 年报告所描述的那样：

> 在丹麦和芬兰,全班学生的课堂互动并不是那么的结构紧密,它较为开放和不确定。英国孩子在全班的环境中发言不那么自信,而在丹麦,高度的集体主义精神会得到特别的鼓励,而不是受到抑制。[61]

充满压力的英国方法与更具耐心的提倡课堂合作的北欧形成鲜明对比。

教室的公共性

不像一些其他的在私人场合或在同事间进行的工作（在办公室、工作室以及工厂里），教学总是在一个半公开的场所中进行。 在这个舞台上，与一个刁蛮的学生的艰难互动——也许有人决心羞辱教师一番——将会为所有在场者看到。 那些未能处理好这些情况的教师将会感到他们的权威在流失。

正如我在第 5 章指出的那样，业务精湛的教师学会了在公开场合处理这些困

难，用自己的人格魅力、幽默感或交往能力以及教学能力去创造积极的学习环境。 但是这是有难度的事情，它需要精心的准备、对学生需求有着敏感的认知——以及相当多的精力。 对于那些既要致力于树立自己的权威还要发展自己教学能力的年轻教师而言，这是尤其困难的事情。

在教室里度过的时间里，我见到过许多能力高超的教师创造了一个积极的氛围，勤奋的学生对此反应良好。 我见到过在班级管理时如何应对学生极端棘手行为的出色示范。 我还见过教师的对手——学生从一位教师那转到另一位那里，他们的个性从厌学转变为渴望学习者，或者用较为通俗的说法，他们从魔鬼变成了天使。

学校领导

学校教育还没有探讨的一个方面是校长的领导角色。 早期的英国学校中校长拥有相当大的权力。 今日，校长也肩负着许多行政和业务职责。 一些"超级校长"对几个学校的联合会负责。

我不相信一个超级校长负责几所学校是一个好主意。 从我的经验来看，学校受益于有实践经验的领导。 每一个学校都是一个独立的机构，有着自己的文化。 校长扮演着关键角色，如果他们不是"住校的"，他们就不能充分发挥他们的作用。 弗兰西斯·贝克特，一个教育作家，把这样的人称为"英雄校长"并且提出"'英雄校长'的概念——一个进来扫除所有枯木的魅力型领导——是有用的还是有重大的意义呢？"这样的疑问。 他认为，"英雄校长"有着这样一种倾向，"即，为了使他发出尽可能亮的光芒，学校的过去必须描绘得越黑越好"。[62]

总体而言，我认为在地方学校管理部门（LMS）的管理下，把诸多行政管理职能交给校长们一直是有益的，但是需要达到一种平衡。 在一个非常小的学校里，假如要想保持教学重心的话，由校长来就建筑合同进行谈判以及行使许多辅助职责的做法是不明智的。 在我看来，在那些规模不允许聘用经过适当培训的职员来从事非教学工作的学校里，最好让地方政府保留这些职责。

一些国家，如荷兰，给予校长较少的权力——甚至时常通过选举来填充职位——但同时授予教师更多的权力。 这仍然需要达到某种平衡。 教师的专业地位需要得到确认，也要赋予相应的责任，但是学校范围内的协作也很重要。 校长不但是总体规划者，也要把学校共同体的集体能量激发出来。 这是一个类似于交响乐团指挥的角色——能够使那些技艺娴熟的演奏者更加突出，但是也有责任让大家合奏。

我不是有着强硬领导的成吉思汗学校的粉丝。 就像我们中间大部分人那样，我会对公认的魅力印象深刻，但是发现假如伴随而来的还有傲慢自大或专权独断的话，它很快会失去吸引力。 我喜欢建立共识者，他们能够辨别在什么时候需要全体教职员工的共同决策——或者有时候，需要学校共同体的共同决策（包括学生在内）——在紧要关头做出决定的是前面的领导。

我见到过许多校长的不同施政方略。 几年前我采访的一个校长看上去令人印象深刻。 他有着超凡的魅力，并形成了一种完备的教育哲学。 他想要为学生提供最好的条件，关心同事的生活。 然而他的命令却让他连自己办公室的门都出不去。 一旦你走过他的门口进入教室，你就意识到这位校长对学校生活的影响实际上微乎其微。

另外一位——看上去远远没有什么魅力——总是身先士卒。 她从不指望让任何一位同事去做任何她本人不愿意去做的事情。 她博采众议，是教职员工和学生中间勤奋工作的典范。 她自称"学习的领头羊"而不是校长，与先前我描述的那位魅力男士相比效率要高出许多。

学校能够对学生的"成就"有所作为吗？

自从 20 世纪 70 年代中期以来，教育研究就一直在探讨，特定学校能够对于学生的行为和成就做出多大的改变——在学校效能研究领域。 我自己的大多数研究一直关注这个话题。

首批研究中的一个，是对几组学生在若干伦敦中学的发展历程进行跟踪研究。[63] 该研究发现，在不同的学校里，考虑到他们不同的社会经济背景，一些学校提升了学生的出勤率，改善了他们的行为，提升了考试成绩，看上去也能更好地保护自己的学生远离犯罪活动。 我们发现最有效的学校更具有远大的抱负，运用更多奖励手段而不是惩罚措施，且更具有包容性。 我们认为有效的学校与其他学校相比有着更加积极的精神特质。 但人们对这些研究发现存有争议，而且关于研究方法和研究范围的争论也已经持续了很多年。[64] 自从那时起，已经有了成百上千的致力于该方面研究的文章和书籍。[65]

后来我和一些同事对小学进行了为期 5 年的研究，探讨在较小的年龄阶段内能否发现学生学习成果存在着显著差异。 运用新近开发的统计技术，如多层次建模，数目众多的结果权衡法——包括与态度和行为有着更多相关的方法——在很大程度上我们复制了中学的研究成果。

很明显，一些小学在出勤率、学生行为以及一系列学业测评中促使了更加积极的结果出现。 我们也发现学生对于学校的态度，以及他们对于自己作为学习者的看法存在着不同之处。 随着中学研究的进行，那些处于最成功学校中的教师拥有更积极的态度以及对自身角色的更清晰的关注。[66]

但是关于学校有效性的争议一直没有减少。 在我看来，部分原因与政治家们对该研究做出反应的方式有关。 历届英国政府花了 20 年时间吸收中学工作中的经验教训，又花了 10 年时间去吸收和小学有关的经验教训。[67]但是，终于这样做的时候，部长们不加区别地把那些经验教训应用到教育实践中去，表达的观点是：假如一所学校能够逆势而为的话，它们都能这样去做。 其结果是坏了学校效能研究的名声，并招致了对研究结果的强烈反应和抵制。[68]

社会弊端

研究还发现了学校中感到学习相对容易的学生达到一定比例时所带来的好处。 在对能力的讨论中，我在第 3 章提到，一些学生因为各种各样的原因，发现自己学习有多么的困难，这经常和家庭环境有关。 一些学生的家庭不能为其子女提供像其他孩子那样的物质享受，与此形成对比的是其他学生则体验到了金钱所能带来的一切好处——还有所谓的"文化资本"（对待学习的积极态度、"理所当然的知识"以及对教育体系如何运作的了解）。[69]这两个特征——轻松学习的能力和得天独厚的家庭背景——常常被忽略。

一方面，当我最初开始教学的时候，听到教师对"诸如此类的穷学生"的学习能否进步的质疑时，我感到极度震惊；另一方面，现在当我听到部长们宣称"贫穷不能为失败提供借口"时我总是对此谨而慎之。 它不是失败的借口，但它总是和失败相关。

在要对学业表现进行评定的每个国家中，拥有社会经济背景优势的学生在竞争性测验或考试中，一般表现都要超过那些处在不利地位的家庭背景中的学生。其中原因并不难发现，细想两个有着相同年龄、性别和种族背景的儿童，第一个受益于父母稳定高薪的工作，好的医疗条件，良好的饮食，舒适的住房，随时可玩的玩具，书籍，让人兴奋的户外活动，以及大量的其他教育经历，包括越来越多的私人辅导。 他将会跟着他满怀信心的父母长大，在类似的、知道如何促成事情发生的人际圈子里生活，他将会在别人的期待中，也期盼着自己在世界上做得很好。

第二个孩子可能生活在危机四伏的环境之中，他将有着较少的玩具、书籍或额外的教育或文化经历，而且没有私人辅导的机会。 在生活中将会有少得多的由父母或孩子带来的成功的确定性——或心理预期。

然而这两个年轻人将参加同样的竞争激烈的测验或考试。 谁还能为第一个孩子更有可能比第二个孩子做得好而感到惊讶呢？ 真正让人吃惊的是，一些杰出的学生逆势而为，而且克服重重困难最终取得了成功。 一些人——毫无疑问也包括这本书的许多读者——想方设法应对逆境，甚至在不利条件下做到了兴旺发达。 这样的成功能够发生是人类本性的体现。 但是不要受迷惑：这样的人是特例。 大多数身处不利地位的学生与他们处于有利地位的同龄人相比，成就不是那么的好。 因此，尽管贫穷不应作为借口，但它是导致成绩差距较大的一个主要因素。

此外，根据由约翰·希尔斯领导的国家平等委员会的说法，自从 20 世纪 70 年代以来，这个国家最富有的 1％ 的人口，在总收入中所占份额从 4％ 增加到 10％ 以上，结果是最富有的 10％ 的人口，与那些最贫穷的国家相比要富裕 100 倍。[70]

因此学校的作用是很重要的。 教师对成绩差距的反应至关重要。 耸耸肩去接受它是没用的。 一个人竭其所能去减少差距非常重要——这就是积极的例外如何能够发生的原因。 另一方面，如果他们想要成功的话，教师需要提供大量帮助——额外的资源、在最穷困的学生身上投入更多时间，最重要的是，学校纳新时要做到均衡招生。

学校改进

多年来我观察到许多学校改进的努力，包括一位新校长从根本上改变了该校现有的方法，但不够适当。 这可能需要确认更好的教学方法、建立更有效的评估体制、提供更多的学习支持、寻找新方法改进学生学校生活的体验或者建立与家长以及当地社区之间的合作关系。 当然，一些最无效的教师或其他工作人员可能离开——或有或没有校长的撺掇——新成员会有所帮助。 然而，很多老员工将会留下来，而且，因为得到支持的他们在更加积极的学校新文化中做出了改进，所以能够调适自我并为学校的发展提供连续性的帮助。

这个方法通常要花费数年时间，需要在设想学校的雏形、规划、落实和整改（因为它们极少在首次就会令人满意）等方面的战略性变革等事情上付出很多艰辛的工作。 没有哪一位校长能凭借一人之力做到这些，他们的作用是激励同事、创立新方法的理论模型、重新唤起那些失去热情的人的活力以及激起对学校

的更广泛支持。

另外一种方法涉及做出不同的改变：学生的、教师的以及考试的改变。改变学生可以通过开除有行为问题的学生以及说服其他的"能量消耗型"学生离开学校来实现。学校的纳新可以通过吸引更多处于有利地位的学生的加入而改变（在其他条件相同的情况下，他们很可能提升学校在名次表上的所居位次）。

改变教职员工可以提供一个带来新鲜血液的机会，在很多情况下这是最好的解决问题的方案。但是这两种方法需要排斥许多教职员工和学生——而其中一些人本有可能通过第一种方法进行转化。在我见过的最令人印象深刻的一个例子中，一位新校长通过激励和对现有员工进行再培训的方法，转化了一个先前遭遇失败的学校，之后那些员工找回了他们疏远的学生的学习兴趣和积极性。

对学生参加的考试做出改变（因为考试结果被用做学校的重要评价标准）也能帮助学校提升信誉。直到最近，还可以让学生报名参加一些等效课程学习，取得的多用途成绩和四门普通中等教育证书课程的水准相当。（我将在第 9 章讨论"等效课程"。）当然，我理解这种方法使用的原因——它可以显著提升一所学校在名次表上的位置，但这不应与真正的学校改进相混淆。

我描述这些方法的目的，是要表达这样一个观点：即使校长处于举足轻重的地位，他也不能凭一人之力"逆转"一所学校。他可以激励同事、激发干劲、创造一种积极的文化氛围以及为别人树立好的典范。但最终，却是作为个体的教师与班级学生的共同努力，或者其他改进的努力将会决定成功与否。

增值分析

一些研究者一直批评在学校研究中使用的统计数字，经常谴责对众所周知的"增值分析"的使用。[71] 但是要对纳新时学生有着显著差别的两所学校进行比较时，对这种技术的使用是至关重要的。遗憾的是，截至目前，针对增值评价得分的计算方法还没有达成一致共识。这意味着不同的方法将会产生略微不同的结果。统计学家们会声称，使用略微不同的变量的话，一所学校可能表现得更好或更糟。出于这个原因，一些研究者曾经认为，增值评价得分不能使用，必须是那些普通的（原始的）结果才满足需要。[72]

是否使用增值技术取决于被问及的问题。例如，如果父母想要知道他们的子女在任何一次测验或学校考试中的表现，他们将不需要使用增值数据。那些"原始"结果将会告诉他们，其子女在那次测验中与本地或全国范围的其他孩子的相对表现。但是假如同样的父母，想要知道他们孩子所在的学校与其他学校相比时的表现，那么那些原始结果将不再充分，因为各学校的招生情况是不同的。　公平的比较将需要对增值结果进行检验。

假如一个特定的学校，定期招入比例很高的处于不利家庭背景的学生，且经常逆转形势并取得良好成绩，那么那所学校就是在"增值"，我们就需要分析它是如何做到的，这就产生了几个问题。

那所学校是部长们希望推广的，获得了额外资助的新型学校之一吗？　如果不是，成功是由于教师和其他员工的更勤奋的工作吗？　他们采用了不同的教学方法吗？　员工们提供了一种对于学习更有效的组织结构吗？　也许提供了更多的"脚手架"（在第 4 章探讨过的与布鲁纳学习理论有关的学习支持）？　他们提供了第二课堂或者额外的校内辅导课吗？　他们为学生提供了更详细的反馈信息吗？　在一些学校，员工们的累计加班时间很长，这非常令人印象深刻，但是会造成与他们的合作伙伴、孩子或其他家属之间的问题。（我认识一位每天早晨 6 点离家，并且极少在晚上 9 点前回家的校长——此外还把整个周六都用在了学校工作上！）

如果不是因为加班，那些员工会设法激励学生更加努力地学习吗？　这将会是令人印象深刻的——特别是如果每个年级组连年都是如此的话。　或者是完全不同的一些东西？　我曾经遇到过提倡发放鱼油或额外维生素片的学校，甚至给考生发放一只香蕉，希望额外的能量可以改善他们的考场表现。

或许那些员工让家长也参与其中，这样，他们共同地形成了一个一致的，对年轻人特别强大的影响？　或者会不会有相当大比例的家长，花了钱为他们的子女在校外寻求课外补习？　这种越来越常见的做法值得点评。

补习

在很多关于学校效能的讨论中，补习是我们所视而不见的。　没有人知道在排名表上学校的位次，在多大程度上依赖于私人补习的盛行。　在 2011 年，萨顿信托报道说，在 11～16 岁之间的 23％的学生接受过私人补习。　这个数字在 2005 年还只是 18％。[73]就在我正在写这本书的这个时候，我的信箱还放了一个宣传"星期六数学补习：有趣又有用"的小册子。

当家长在紧俏的学校市场为其子女寻找一席之地的时候，出于寻求这种优势的动机是很容易理解的。　但是这种做法越普遍，那些负担不起这笔花销的，处于不利地位的家庭将会更落后。　这类补习也会对教育系统的其他部分拥有强有力的影响——正如几年前我在毛里求斯见到的那样。　在这个印度洋的小国家里，

私人补习变得如此流行，甚至连贫困家庭也认为，他们必须努力奋斗以负担孩子的补习费用。马克·布雷，一位在补习方面的国际权威，提醒人们注意它的有害影响——尤其是当正规学校的教师也从事补习工作的时候。[74]

现在中国对进入特定学校的压力有着强烈的感受。在《东方早报》的一篇报道中，上海的一些父母支付了相当于 10 000 英镑的费用用于孩子暑期课程的学习，该课程声称通过触摸来传授快速阅读能力，开发孩子身上的"特殊能力"。[75] 当然，这是一个骗局。

对于扭转不利形势的学校的那些任何合理的解释，都需要研究和传播。我本人的经历使我相信，虽然没有良方，但是杰出的学校领导和学校员工，能克服一切困难取得非凡成就。《泰晤士报教育增刊》着重介绍了伊斯灵顿的一所学校（其 99％的学生获得了免费膳食的资格，75％的学生拥有除了英语外的第二语言），在 10~11 岁的学生中，有 90％取得了"预期进展"。[76] 这对于校长、教师、学生和家长来说，都是一个值得祝贺的极好结果。但是维持这个成功将会是困难的，而且正如我已经指出的那样，对于那些学校员工的家人来说，也要跟着做出一些牺牲。至关重要的一点是，一个成功的教育体系不能建立在这种特殊的样板学校之上。

学校教育的未来

很多国家的教育学家一直忙于"未来学"——考虑着在未来若干年内，学校可能会如何发展。借助这个工作，经济合作与发展组织基于当前的趋势和发展情况发布了 6 种对比鲜明的设想。[77]

设想 1 是立足于当前教育模式基础上的延续模式。其设想者突出强有力的官僚控制和统一性。他们认为当前既得利益的影响（满足父母以及保守教师的需要）强大到足以克服做出根本改变的任何要求。该前景可以被描述为一个加强版的现状模式。

设想 2 系统表达了一个扩展后的教育市场的观点。其设想者认为，他们所称谓的"普遍不满"模式，将力求朝着"需求驱动"的供应模式发展，它由专业教师和非传统型教师共同提供支持。他们指出，这样一个模式可能会导致更大的不平等。这种前景可以被描述为现状模式——但它是一种夸大了的形式。

设想 3 中，学校发展成为抵制社会分裂的社区资源。设想者认为，此类社会机构正被一种有着影响力的"教育作为公共利益"的见识所加强。然而他们认识到，教育需要从当前他们所称谓的"文凭主义"（过度重视提供资格）的重负下解放出来。 该前景可以被描述为一个再教育模式的版本。

设想 4 预计学校成为有着国际专家使用最新 IT 设备和网络的"专注学习型组织"。 然而设想者似乎怀疑，必要的支持性媒体设施以及必不可少的金融资源是否能够做到这一点。 他们也质疑教师是否会愿意形成一种不那么专制的立场。 该前景可以被描述为再教育模式的另外一个版本。

设想 5 凸显了当前学校教育的负面形象。 设想者预见到教师们的不满情绪日益增加，这导致了教育体系的崩溃，也致使了在共同利益、社交圈子以及商业联系基础上形成的高度分化的"学习小组"的演变，他们预见到这是导致了不平等的主要问题。 该前景可以被描述为去学校教育模式。

设想 6 引发了混乱。 设想者认为教师变得如此的沮丧和颓废，以至于他们大批地离开这个行业，学校不得不关闭。 尽管在一些地区教学继续存在，这种局势提供了创新的空间，这种教育体系经历了"崩溃"的过程。 这种前景也可以被描述为去学校教育模式——尽管是出于不同的原因。

瓦洛·胡特马赫，一位一直关注有关教育公平问题[78]的瑞士社会学家，参加了经济合作与发展组织会议的相关讨论，发现能够在教育专家组中间取得广泛一致意见的是再教育模式（设想 3 和设想 4）中的某一个是最有可能发生的。 但是，这当然可能一直都是一个一厢情愿的想法。

我的观点是，尽管未来学成为研究对象是实用的，这样社会才不至于毫无准备和措手不及，但这 6 种设想带给我们的寓意是，正如我们所了解到的那样，截至目前，还没有明确的学校教育的替代品。 因此我们能做出的最佳反应，就是为学生做好准备，学校——以及作为一个整体的教育体系——也将有适应性改变。 这意味着鼓励教学方法创新以及为学习者提供支持。 正如经济合作与发展组织的一位教育专家安德烈亚斯·施莱克尔所认为的那样：

> 关于思维方式，学校教育现在所需要做的有很多，这包括创造力、批判性思维、解决问题的能力，以及决策能力等的培养。对于一个包容的世界而言，我们也需要在不同价值观、信仰和文化的基础上培养出有着正确评价能力的人。[79]

结语

自从学校教育早期开始，班级和学校就以大致相同的方式组织起来。考虑到经济合作与发展组织的那些设想，一些读者可能很想知道，教育能以我们现在所了

解到的那种组织形式存在多长时间。但是,正如我认为的,传统学校似乎仍然是唯一可行的实践模式。但是我们需要在学校内部运用不同的学习组织方式进行尝试——尤其是要对神经科学和信息技术的发展有所借鉴。

让我以一种乐观的基调结束本章。厄内斯·巴克——伦敦大学国王学院的前任校长——在19世纪晚期英格兰北部的一个贫困家庭中长大。在自传中他承认,他之前没有向母校表达足够的感谢。因此他写下了——对于他的个别老师来说太晚了——这些可以表达他的感激之情的文字。

我的母校教会我工作、阅读,也教会我思考,它也给予了我伟大的友谊,在将近7年时间内它使我变得饱满丰盈。陋室之外除了母校,我空无一物;但拥有了母校,我便拥有了一切。[80]

本章注释

[1]另类教育,http://www.education-otherwise.net/.

[2]麦格雷戈·N.(2010)《100件文物讲历史》,伦敦:艾伦·莱恩出版社。

[3]克莱门茨·J.(2008)《孔子:传记》,英格兰,斯特劳德:萨顿出版社出版。

[4]切尼斯·H.(1945)《早期的学院之谜》,英国,剑桥:剑桥大学出版社。

[5]巴恩斯·J.(1995)《生活和工作》,来自《剑桥指南哲学丛书系列——亚里士多德》,英国,剑桥:剑桥大学出版社。

[6]吉拉德·D.(2011)《英国教育:简史》,www.educationengland.org.uk/history.

[7]维堡·S.(2009)《教育和社会整合》,贝辛斯托克:帕尔格雷夫·麦克米伦出版社。

[8]吉拉德·D.(2011)《英国教育:简史》,www.educationengland.org.uk/history.

[9]英国政府(1944)教育法案(巴特勒法案)。

[10]教育部(1945)《国家的学校》解释说,新的"现代"学校将支持工人阶级的孩子"未来的就业将不需要任何技能或知识的评估"。援引自本·C.以及奇蒂·C.(1996)《再过30年:综合教育是充满活力还是为生存而苦苦挣扎?》,伦敦:戴维·富尔顿出版商。

[11]吉拉德·D.(2011)《英国教育:简史》,www.educationengland.org.uk/history.

[12]吉拉德·D.(2011)《英国教育:简史》,www.educationengland.org.uk/history.

[13]参见《观察者》,2011年11月11日。

[14]本恩·M.(2011)《学校战争:为英国教育而战》,伦敦:韦尔索出版社。

[15]教育部(2012)《学校、学生和他们的特点》,www.education.gov.uk/researchandstatistics/data-sets/a00209478/schl-pupil-charac-jan-2012.

[16]阿尔斯通·C.(1989)《过渡到中学》,伦敦:内伦敦教育局研究和统计局。

[17]教育部(2012b)《学校普查和教育常识库》,www.education.gov.uk/rsgateway/Schoolcensus.

shtml.

[18]国家档案馆的补助学校数据库，http://www.nationalarchives.gov.uk/catalogue/displaycata-loguedetails.asp? CATLN＝3&CATID＝60004&SearchInit＝4&SearchType＝6&CATREF＝ED＋278&j＝1.

[19]对此感兴趣的人应该去访问校长会议网站：http://www.hmc.org.uk/hmc6.htm.

[20]灯塔地位，是在 1998—2005 年政府所采用的一个指称，所指称的学校受到资助以建立与那些被界定为失败学校的合作关系，或采取特别措施以改善它们的表现。

[21]参见教育部网站：http://www.education.gov.uk/schools/leadership/typesofschools/technical.

[22]参见教育部网站：http://www.education.gov.uk/schools/leadership/typesofschools/technical.

[23]瑞典国家教育署(2007)《瑞典教育体系》，斯德哥尔摩：瑞典国家教育署。

[24]教育成果研究中心(CREDO)(2009)《多项选择：16 个州的特许学校的表现》，加州：斯坦福大学出版社。

[25]参见教育部网站：http://www.education.gov.uk/schools/leadership/typesofschools/a00210474/uts.

[26]教育部(2010)《教学的重要性：学校白皮书》，Cm7980，伦敦：文书局，Cm7980。

[27]克利夫顿·J.(2011)《如果使用得当，国际对比会是有益的，但是，也正是这方面，英格兰是落后的》，《泰晤士报教育增刊》，7 月 15 日。

[28]劳恩·M.，格列柯·S.(2012)《欧化教育：影响新的政策空间》，牛津：研讨会书籍，第 19 页。

[29]教育成果研究中心(CREDO)(2009)《多项选择：16 个州的特许学校的表现》，加州：斯坦福大学出版社，http://credo.stanford.edu.

[30]易卜生·G.，布罗斯·U.，穆斯·L.主编(即将出版)《国民教育学校遭遇到新自由主义政策》，伦敦：施普林格出版社。

[31]在丹麦被称为 HTX 学校。

[32]在丹麦被称为 HTX 学校。

[33]在丹麦被称为 HHX 学校。

[34]弗兰德森·J.，格吉星·K.，多·H.(即将出版)《不仅仅是一所学校：对丹麦独立寄宿制学校的介绍》。

[35]国际学生评估项目将在第 11 章讨论。

[36]萨尔伯格·P.(2011)《芬兰的教训：世界能从芬兰教育变革中学习到什么？》，纽约：哥伦比亚大学师范学院出版社，第 39 页。

[37]萨尔伯格·P.(2011)《芬兰的教训：世界能从芬兰教育变革中学习到什么？》，纽约：哥伦比亚大学师范学院出版社，第 39 页。

[38]穆斯·L.(即将出版)《北欧学校的领导地位，存在着一个北欧模式吗？》，伦敦：斯普林格出版社。

[39]戈皮纳坦·S.(1996)《全球化，国家和新加坡的教育政策》，《亚太教育杂志》，第 16 卷，第 1本，第 74～87 页。

[40]新加坡教育部(2012)《我们的教育体系》，新加坡：教育部出版社。

[41]欧律狄刻(2010)《教育体系的国家体制的概述——西班牙》,布鲁塞尔:欧洲委员会。

[42]参见"对德意志联邦共和国学校中特殊教育的建议"(*Empfehlungen zur sonderpa dagogis-chen Forderung in den Schulen in derBundesrepublik Deutschland*,1994 年 5 月 6 日决议),http://www.european-agency.org/country-information/germany/national-overview/special-needs-education-within-the-education-system.

[43]尼尔·A.S.(1996)《夏山学校:童年的新观点》,纽约:圣马丁·格里芬出版社。

[44]罗素·W.,叙述了广播电台第四套节目《非常快乐》,个人通信,2011 年 11 月 3 日。

[45]那些希望看 A.S.尼尔在那所学校的影片的人,可以查看 1964 年的电影《此时此刻:夏山自由学校》,东盎格鲁人电影资料馆,莱斯顿,萨福克郡,http://www.eafa.org.uk/default.aspx.

[46]斯特罗纳克·I.(2012)《(B)他者教育:教育选择的个性化定制》,《其他教育:教育选择杂志》,第 1 卷,第 1 本,第 171～174 页。

[47]吐温·M.(1898)《马克·吐温的笔记本》,纽约:哈珀和兄弟出版社。

[48]麦考特·F.(2005)《教书匠》,伦敦:第四等级出版社,第 255 页。

[49]劳森·D.,西尔弗·H.(1973)《英格兰的社会历史教育》,伦敦:梅图恩出版社。

[50]《标准晚报》,2011 年 10 月 17 日,第 29 页。

[51]埃尔顿报告(1989)《学校纪律》,伦敦:皇家文书局,第 11 页。

[52]斯蒂尔报告(2005)《学习行为:从业者协会在学校行为和纪律方面的报告》,伦敦:教育和技能部,第 52 页。

[53]艾伦·斯蒂尔写给国务卿的信,2009 年 2 月 6 日。

[54]教育标准办公室(2011)《2010—2011 年度报告》,伦敦:教育标准办公室,第 12 页。

[55]《暴风雨》,发表于 2012 年 9 月 28 日,http://themusingsofaheadteacher.wordpress.com/2012/09/28/the-tempest/.

[56]多布森·J.(2008)《学生流动、选择和中学市场:假想和现实》,《教育评论》,第 60 卷,第 3 本,第 299～314 页。

[57]教育部(2012a)《学校、学生和他们的特点》,www.education.gov.uk/researchandstatistics/datasets/a00209478/schl-pupil-charac-jan-2012.

[58]莫蒂默·P.,戴维斯·J.,瓦尔拉姆·A.,韦斯特·A.,迪瓦恩·P.,马萨·J.(1983)《学校中的行为问题:支持中心的评价》,贝肯纳姆:克鲁姆·赫尔姆出版社。

[59]比如,可以参见道金斯·R.(1976)《自私的基因》,牛津:牛津大学出版社。

[60]肾上腺素——肾脏制造的一种天然兴奋剂,携带于血液中,并可以控制心率,http://www.ch.ic.ac.uk/rzepa/mim/drugs/html/adrenaline_text.htm.

[61]教育标准办公室(2003)《英国 6 岁孩子的教育,丹麦和芬兰:国际比较研究》,伦敦:教育标准办公室。

[62]贝克特·F.(2011)《随你挑选的学校,包办一切的英雄》,《新政治家》,9 月 15 日。

[63]鲁特·M.,英恩·B.,莫蒂默·P.,奥斯顿·J.(1979)《15 000 小时:中学和它们对儿童的影响》,伦敦:公开书籍出版社。

[64]比如,可以参见莫蒂默·P.(1998)《重要时刻:对学校及其影响的研究的反思》,来自 A.哈格里夫斯,A.利伯曼,M.弗兰,D.霍普金斯主编《国际教育变革手册》,荷兰,多德雷赫特:克鲁沃学术出版商。

[65]萨蒙斯·P.(2007)《学校有效性和公平——建立连接关系:文献综述》,伦敦:英国教师教育信托基金委员会。

[66]莫蒂默·P.,萨蒙斯·P.,斯托尔·L.,刘易斯·D.,叶克卜·R.(1988)《校务:低年级》,伦敦:保罗·查普曼出版。

[67]莫蒂默·P.(1998)《改进之路:反思学校的有效性》,荷兰,利瑟:商惠知和蔡林格出版社。

[68]比如,可以参见怀特·J.,巴伯·M.(1997)《对学校效能与学校改进的展望》,伦敦:教育学院出版社。

[69]法国社会学家彼埃尔·布迪厄讨论人们所拥有的"资本"类型,以及除了直接给予的经济资本之外,父母可以赋予孩子们的资本时,所创造的一个术语。布迪厄区分了"社会资本"——支持性团体成员资格或朋友网络;"符号资本"——荣誉,知名度或声望;"文化资本"——积极的学习态度和教育体系如何运作的知识。参见布迪厄·P.和帕斯隆·J.(1990)《教育、社会和文化的再生产》,伦敦:圣人出版社。

[70]国家平等委员会(2010)《英国经济不平等的剖析》,伦敦:政府平等办公室。

[71]根据师生提升系统(TAP)网站,增值分析是一种统计方法,随着时间的推移而使用学生成绩数据来衡量学生学习上的增益。这种方法提供了一种独立于其他因素如家庭特征和社会经济背景的方式,来评价学校和教师对学生学习的影响。换句话说,增值分析提供了这样的一种方法,用于衡量一个学年或某一个时间段的学习过程中,一个学校或一个教师对学生学业表现的影响(http://www.tapsystem.org/policyresearch/policyresearch.taf? page=valueadded)。

[72]比如,可以参见格拉德·S.(2006)《增值分析的价值微乎其微》,《教育政策学报》,第21卷,第2本,第235~243页。

[73]佩顿·G.(2011)《萨顿信托教育基金会报告称,更多的儿童被送去参加私人补习》,《电讯报》,9月5日。

[74]布雷·M.(2011)《面临的影子教育体系:有什么样的政府政策就有什么样的私人辅导?》,巴黎:国际经济研究所/联合国教科文组织发布。

[75]由塔尼亚·布兰尼根报道,《卫报》,2012年7月29日。

[76]麦登·K.(2012)《最贫穷的学校如何克服逆境》,《泰晤士报教育增刊》,10月26日。

[77]经济合作与发展组织(2012)《明天的教育:设想》,巴黎:经济合作与发展组织。

[78]参阅胡特马赫·W.,科克伦·D.和博塔尼·N.(2001)主编《寻求教育公平》,纽约:施普林格出版社。

[79]施莱克尔·A.(2012)《你必须尽力赶上以便于与时俱进》,《泰晤士报教育增刊》,11月16日。

[80]巴克·E.(1953)《三岁定老》,伦敦,牛津:牛津大学出版社。

第 7 章　质量管理

评判学校里当前教育质量的两个途径是，对学生个体取得的进展进行评估以及对教师的工作进行检查。 在这一章我将描述这些不同的过程是如何进行的，以及它们的结果是如何产生的。 在第 9 章中，我将阐述对这两种方法的批评意见。

评估

除了自我测试之外，我们如何查明自己是否已经学会了一些东西——重复、应用，或者在纸张上、屏幕上或在别人面前详尽地阐述它？ 测试能使我们以及我们的教师探究我们已经学会了多少东西，至少在理论上是这样。 事实上，当我们企图理解的东西是简单事实的时候，该理论最有效。 较为复杂的技能，包括分析能力、批判的能力或对高阶知识的综合运用能力，对它们进行测试并且产生一个有效可靠的结果——换句话说，要得到我们可以信赖的结果十分困难。

假如我们有竞争天性，并且知道我们将要接受测试的话，我们往往会迫使自己更加努力。 在测试中表现良好有着增强信心的作用——使得我们自我感觉良好。 但是对于接受太多测试的人来说，可能会有负面影响，特别是一群学生要接受测试，并从中找出一个优胜者的时候，其余的学生会很容易把自己看成"失败者"。

竞争在人人都有获胜机会的时候效果最好。 这就是为什么一些体育项目要使用一个不利于最优秀参赛选手的赛制的原因了。 但是——正如我在第 3 章对能力的讨论那样——我们知道一些孩子与另外一些相比更加的成熟（记住，那些生日在 9 月的孩子，与那些同一年级的出生于 8 月的相比，要大上将近一周岁）。 我们也知道学习能力因人而异，而且在成熟期一直处于变化之中。 社会经济背景虽然不是取得进步的决定因素，但是对学习能力有着严重的影响。 因此，在大多数情况下，竞争不会在拥有平等机会的人之间展开。 这已经影响到了教育系统中正在使用的评估方式。

教师日复一日地通过提问或者测试来评估学生是否能够记住信息、理解概念或者进行特定技能操作。 通过这些方法，他们建立了一个学生取得进展状况的个人账户（并且，对于那些更具有反思性的教师来说，建立了一个他们教学成果情况如何的账户）。 然而这种日常活动，与历届政府在我们的教育体系中所建立的正式评估程序相比，还有很大的差距。

学校今天所使用的评估方式有着一个复杂的历史。 1858 年，牛津和剑桥两所大学——受到了埃克赛特大学的一个实验的影响[1]——引入了"本地人"来审查和颁发学生的文凭证书。 很快，紧随其后的是伦敦大学推出的一个类似方案，以及比如英国皇家艺术协会、伦敦城市行业协会（我们目前职业资格考试的前身）和师范学院的机构所推出的若干个方案。 于是开始了一长串的学校评估。[2]

作为《修订法典》[3] 的一部分，在 1862 年出现了一种不同类型的学校评估方式，其中督察员要对在校生的阅读、听写能力以及算术进行单独测试。 在首批的一个绩效工资方案中（工资和成绩挂钩），只有学生被检查认为已经达到所要求水准时才发放工资。 该法典受到了一些人以下列理由为根据的批判，它限制了课程内容，教师们——他们对该法典抱着仇恨之心——只关注那些将要被测试的年级组，它没有考虑到学生的背景（每一个条条杠杠是否听起来很熟悉？）。该法典持续了 30 年，期间不断修订直至其寿终正寝。

今天的英国学校评估起始于相对来说不太正式的《早期基础阶段》文件。这需要教师在学前阶段结束时，描述每个孩子的成就水平，确定孩子在语言沟通、身体发展以及个人社会情感发展过程中的学习需要。[4] 随后是标准评估测试（SATs），普通中等教育证书考试、AS（Advanced Subsidiary）水平考试①、

---

① 译者注：AS 水平考试与英国普通中等教育证书高级水平（A levels）考试同为英国中学和大学为 16～19 岁学生提供的传统资格考试。这两种考试受到大学和雇主的高度重视，它非常重视学术性学科，也有一些科目与工作相关。AS 水平考试在 12 年级结束时进行，大多数学生要考 4 个科目，它既可以作为独立的资格考试，又可以作为 A levels 考试的第一部分，A levels 考试在 13 年级完成。

英国普通中等教育证书高级水平（A levels）考试以及一系列的职业文凭考试。

标准评估测试和作业

在 1991 年，标准评估测试（和作业）在国家课程的第一个关键阶段的末期被引入来测试 7 岁的学生。 后来在第二个关键阶段的末期又增加了测试 11 岁学生的第二组测试，1998 年，在第三个关键阶段末期引入了用于测试 14 岁学生的第三组测试，但是随后又在 2009 年被终止。 所有系列的标准评估考试的结果，被描述为 1~8 级（有变化）来显示在国家课程方面的成就。 根据这些结果，学校位次表被拟定并且被广泛发表在媒体上。 毫不夸张地说，它们主宰了许多小学的生活，也受到了家长们的密切关注。

普通中等教育证书（GCSE）

目前参加普通中等教育证书考试的是 16 岁学生。 这个年龄组的首次正规考试是中学毕业考试（被称为"大学入学许可"），开创于 1918 年。 为了被大学录取，处于最优秀的 20％的那些能力范围内的学生（被认为应该在文法学校或者私立学校中学习）必须通过数学、英语考试以及包括 1 门外语在内的其他 3 门科目的考试。

在 20 世纪 50 年代早期，为了支持普通水平普通教育证书（GCEO 水平），中学证书被废除。[5] 与旧证书不同的是通过者分别按科目颁发证书。 这就允许那些其中 1 门学习科目有问题的学生仍然可以得到他们考试通过的其他科目的证书。

在 1947 年，把毕业年龄从 14 岁延迟到 15 岁，这增加了考生人数，甚至那些现代中学的学生，也仍然不允许报名参加普通教育证书考试。 从 1972 年开始，学生的毕业年龄被延迟到 16 岁，因此需要另外的（不同的）考试。 中等教育证书（CSE）[6] 是针对早已经被普通教育证书覆盖的那 20％学生之下的 40％的能力范围内的学生。 一些重叠是，中等教育证书的最高成绩被认为最少和 C 级的普通教育证书价值相同。 剩余的 40％学生没有毕业考试。

新的中等教育证书为更多的学生提供了他们的成就获得认可的机会。 但是，尽管等级上有重叠，由于学校数量的增加，以及招生范围的扩大，也带来了副作用，致使学校进一步把学生细分为"学术的"和"非学术的"。[7]

为了克服这个问题，在保守党教育部长基思·约瑟夫进行深刻的反省之后，1984 年这两个考试被批准合并。 1988 年首批考生参加普通中等教育证书考试，尽管它没有具体的通过分数，普通教育证书考试的旧的通过标准被纳入新考试最高的 3 个级别之中。 一个新级别——A 星（A*）——从 1994 年开始添了上去。2012 年超过 50 万的 16 岁学生参加了普通中等教育证书考试，报名参加的考试场数超过 500 万场。[8]

一些普通中等教育证书的课程试卷被"分级"——这意味着成绩是有限制的。 因此，参加英语、科学或大多数现代语言考试的考生要么参加"基础级别"考试，其中他能达到的最好成绩将会是 C；要么参加"较高级别"考试，其中成绩从 D 到 A*。 算术有三个级别，[9] 考试由资格认证和考试管理办公室（Ofqual）[10] 管理下的若干考试委员会[11] 做出安排以及评改试卷。 资格认证和考试管理办公室是一个由教育部"赞助"[12] 的非政府部门的公共机构。 它于2012 年建立，以取代之前的监管机构——资格和课程开发署。

普通中等教育证书的主要任务是为 11 年级（16 岁）的学生提供有效可靠的评估。 但是政府用它来对国家标准进行监控，也被用作对每所中学进行问责的关键指标。

在一些形式的评估中，考生只是被简单地按照从最好的到最差的排列出名次，例如把最高级分配给最前面的 10%，第二级别分配给接下来的 10%，以此类推，顺序排列到最低等级。 这有时被称为"标准参照"评估。 这意味着获得各个等级成绩的比例在跨年度时仍然保持不变，因此提供了持续一致的结果。 当然，假如某特定年级组的表现和其他年级组相比明显好得多或差得多的话，这将会被忽视，因为明显的一致性将掩盖这种变化。

标准参照评估被用于英格兰 11～12 岁考试的鼎盛时期（20 世纪 40 年代后期到 60 年代中期），当通过率和文法学校的可用名额有直接关系的时候。 难以确定的考生要么幸运通过要么不幸落选，这取决于在任何给定年份中的考生的特定支持者是好还是坏。 由于男孩子和女孩子相比有更多的文法学校名额，他们比较容易就能通过。 这样的名额限制后来被视为是不公平的，然后停止了。（一个推特群中的校长们觉得级别限制仍然是今日考试中的一个问题。[13]）

另外一种可供选择的评估模式试图反映实际结果所显示的情况。 因此在若干年内所有的考生可能达到规定的通过水平（至少理论上如此），其他年份则没有一个人可以做到。 这种模式能够描述结果随着时间的变化而产生的波动。 它有时被命名为"常模参照"评估。 它与驾照考试相类似，一个成功的考生必须进行一系列既定的动作演练，通关之后就自动获得成功。（音乐分级考试具有相似性，与驾照考试的不同之处在于，考生的得分被汇总在一起。 所以考生可以通

过在另外一次考试中的优秀表现来对测试中的一部分失败进行弥补。)

普通中等教育证书考试的最初设计目的是让考生的成绩分散为钟形的"正态分布", [14] 正如在第 3 章描述的智力测试那样。 为了保持恒定标准以及对于考生的公正性，近年来，普通中等教育证书考试的提供者把标准参照评估和常模参照评估结合了起来。 但是要把这个弄明白是一项艰巨的任务，甚至对于那些技艺精湛的评估专家来说也是如此（参见第 9 章）。

2012 年 9 月，部长向下议院宣布了他的意图，截至 2015 年，要用一种新型考试来取代普通中等教育证书考试——中学毕业会考文凭证书考试（EBacc）。取得该证书要求学生通过英语、数学、1 门科学、1 门语言，还要附加 1 门人文科的考试。 最初，好像并不是所有学生都有望参加这种新型考试。[15] 部长表示，那些不适宜参加中学毕业会考文凭证书考试的学生的学业成就，将会在一份成绩档案中报告出来。 与 20 世纪中期学生所参加考试的那些相似之处不会逃过读者的眼睛。 我所从事的对成绩档案的研究中，有一个明确的发现就是，如果它们对于雇主有着公信力的话，它们必须是面对所有学生的，而不是仅仅针对学业成就较低学生的。 在前童书桂冠作家迈克尔·罗森看来，部长讲话的主要目的是把降低通过率作为考试"难度"加大的证据："为了让更多的学生失败而使得考试更难"。[16]

然而，下议院的批评尾随而来[17]，而且资格认证和考试管理办公室发表评论说，部长对于中学毕业会考文凭考试的雄心壮志，"可能超出了通过一个单一评估活动实际上所能达到的东西"，[18] 那位部长于 2013 年 2 月 7 日在下议院发表了一个声明。 他报告称他已经改变了他的想法，普通中等教育证书，而不是中学毕业会考文凭证书，仍将是 16 岁学生的主体资格，尽管考试制度的其他改革仍将继续。

2013 年 6 月 11 日，部长对于普通中等教育证书考试的未来做了进一步声明。[19] 他公布了新的普通中等教育证书（GCSE）7 门学科考试内容的草案细节。 他声明新考试方案与那些当下正使用的相比"更具挑战性，更加雄心勃勃以及更加严格"。 根据《泰晤士报教育增刊》的报道，那些改变——将只适用于英格兰——包括：

- "用 8～1 级以及更严格的通过分数取代 A*～G 级。
- 模块化课程体系结束时，所有考试随两年制课程的结束而完成。
- 大幅削减补考机会，除了语言和数学课外，所有考试均在夏季举行。
- 课程作业减少。"[20]

这样的改革，往往会有意料不到的后果，所以我的第一反应是需要谨慎行事。他们冒着风险创建一个这样的评估体系，它有利于那些很容易吸收信息，而且擅长一次性考试的学生。其他类型的学生——不管能力多强——可能处于严重不利的地位。

普通中等教育证书高级水平考试（A levels）

普通中等教育证书高级水平考试（A levels），是中学六年级学生参加的考试，有其自身的历史。它由 1918—1951 年所颁发的高中毕业证书发展而来。在早期，A 等级证书的颁发，在一个严格标准的基础上进行（10%获得 As，15%获得 Bs，10%获得 Cs，15%获得 Ds，20%获得 Es）。该评分方案于 1987 年被终止，包括 N 级（接近通过）在内的新等级方案被引入。随着时间的推移，A 等级不断地发生变化，[21] 它目前是中间伴随着考试——在第一年学习期间，就要参加 AS 水平考试——的模块化课程。通过级别从 E 级到 A 级不等，自从 2010 年以来，对于最成功的考生来说要达到 A* 级。普通教育高级证书考试，大致被定位于大学入学考试水平，所以那些通过成绩较高的学生，可以期待着攻读学位课程。

职业考试

随着越来越多的学生选择继续接受教育，普通中等教育证书高级水平考试又补充了一系列其他的文凭和证书。除了城市行业协会和英国皇家艺术学会多年来一直提供的考试之外，还有资格考试和复试（Q and F），标准化考试和复试（N and F），继续教育证书考试（CEE），职前教育证书考试（CPVE），国家职业资格证书考试（NVQs），国家普通职业资格证书考试（GNVQs），商业与技术教育委员会证书考试（BTECs）以及商业教育委员会（BECs）和技能教育委员会（TECs）提供的评估性课程考试。从这些一连串的首字母缩略词可以明显看出，最近没有政府能够为 16~19 岁的年轻人的学习进展设计出并成功实施一批令人满意的课程。那些已经开始实施的课程，一般都伴随着严厉的批评。2006 年伦敦经济学院的专家评论道：

> 许多新的职业资格几乎没有什么劳动力市场价值，这表明他们一直未能成功吸引年轻人进入能将他们引向成功的劳动力市场出口的高质量学习中去。[22]

两次试图为这一年龄组的课程带来秩序的尝试，都被不同的政府所放弃。1988年，南安普顿大学副校长戈登·希金森任主席的委员会提议，为了普通中等教育证书高级水平考试应该采用一个五学科结构。[23]保守党政府在该提议将要被启动的当天拒绝了这个提议。

在2004年，由麦克·汤姆林森，前学校总监，任主席的一个委员会提议，学术类职业资格考试应该被合并为一个单一结构，来取代普通中等教育证书高级水平考试和普通中等教育证书考试，统一于一个包罗万象的本科式样的文凭框架内。[24]该报告也被放弃，这一次是被工党政府所放弃。

2011年，艾莉森·沃尔夫编制的一份关于职业课程的报告出版——并且被政府接受。 在其他措施方面，沃尔夫建议，课程的性质以及年龄较大的学生可以获得的资格证书都应该澄清，资金拨付方式和问责制应该做出改变，这是为了：

> 消除那些不正当动机。目前在这些动机的支配下，学校和学院引导
> 年轻人做出简单选择，而不是做出那些会帮助他们进步的选择。[25]

但是那位部长已经做出表示，在他看来，当前的学术课程过于简单，未能让学生为进入大学而做好充分准备。 他建议大学应该"决定"普通中等教育证书高级水平考试的试卷内容：

> 一流大学的学者告诉我，普通中等教育证书高级水平考试没有让学
> 生做好本科学位学习所必需的准备。[26]

他要求资格认证和考试管理办公室这个监管机构进行商讨，目的在于想要通过只允许一次补考机会，以及使用年终考试取代模块考试的方法，来加强普通中等教育证书高级水平考试。 根据考试专家贝森·马歇尔和玛格丽特·布朗所言，在2000年，数学学科的普通中等教育证书高级水平考试，被一个大学数学家委员会和考试委员会考官有意加大了难度。 考试结果有着"非常高的失败率，随之而来的是数学学科A等级和AS等级考试参与率的显著下降"。[27]

那些让高校有更多参与权的建议，遭到了一位剑桥学者，普里亚姆瓦达·戈帕尔的攻击。 她承认目前的普通中等教育证书高级水平考试，未能使学生为上大学做好准备，或者"未能使他们具备聪明地应对来自一个复杂世界的挑战的能力"。 但是她也认为"不能以这种典型的自上而下的方式对教育进行整顿，让挑选出来的极少数机构操纵一切而牺牲作为整体的部门利益"。[28]然而，部长声称已经邀请最优秀的大学组成的罗素大学集团来审查当前的普通中等教育证书高级

水平考试并参与一个年度检查活动。 我对该声明的第一反应还是要慎重行事。罗素大学集团很可能会拿出适合大学入学考试的考试方案，但是这可能不会很好地服务于教育体系。[29]

这个简短的探讨描述了历届政府发现，要为在校生设计出一个适当的评估方案是多么的困难。 在第 9 章以及第 11 章再关注该话题时，我将探讨成长中的国际评估组织。

检查

英国皇家督学

1837 年，为了批准创办新的公办小学，政府任命了两名"英国皇家督学"（HMI），这标志着英国学校正式督察的开始。 自 20 世纪初以来，督学的角色扩大了，并任命其他督学来全面检查中学。 在其存在的 155 年间，督学对教育体系发挥了极其重要的影响——促使众多政策举措的出台以及发行大量的出版物。

从一开始，督学的角色就是复杂的。 人们期待着督学独立地做出关于标准的判断。（罗伯特·洛，我特别提到的早期教育体系的设计师和教师，"绩效工资"方案的创造者，因为他［据称］删除了督学的评论，影响到了这种独立性而被迫辞职。[30]）然而，督学也充当了部长耳目的角色，向他们做出汇报。 督学的见闻，过去常常在教育部的政策制定过程中发挥着巨大的作用。 督学也和地方政府、首席教育官员以及他们本地的督察队有着密切合作。

对于任何一个团体来说，去做一两项这些工作时，没有产生利益冲突的经历都将会是困难的——更不用说全部的工作了。 尽管有着确保独立性的宗旨，但督学有时发现自己在替政府政策做出关键判断。 作为结果，部长们常常对督学抱以防范之心——很可能更多地把督学视为"聒噪的牧师"而不是"掌旗员"。[31] 在 1968—1983 年，部长们对督学进行了不少于 9 次的复审。 然而，大多数的复审结果，包括最后的《雷纳报告》[32] 在内都非常的积极。[33] 尽管有着这些积极的评估，保守党政府在 1992 年还是把督学机构"重组"进了教育标准办公室。[34]

教育标准办公室（Ofsted）

这个新组织被授予了对所有学校进行定期检查的职责。 它拥有人数较少的固定职员——许多检查员仍然是督学的头衔——辅以来自两家私人公司的检查

组。 这些公司为了对成批学校进行检查的合同而竞争。

教育标准办公室的创始总监斯图尔特·萨瑟兰担任了兼职,把该职务和伦敦大学副校长的职务独揽于己身。 他于1994年辞职。 他的继任者克里斯·伍德黑德也被证实是有争议的。 他在媒体头条对教师展开频繁的批评,把教育研究和地方政府的首席教育官员也纳入了他的管理范围。 在他的任期内,教育标准办公室树立了手段强势的名声,检查变得非常令人担心。 甚至英国下议院委员会也呼吁要采取措施遏制总督察的"过激"风格。[35]

有时候,在克里斯·伍德黑德的批评中含有一定的真实性,但在我看来最常见的情况是:它们是无法给出合理解释的夸大了的事实,而且主要用于破坏对这个教育体系的信心。 教育标准办公室提出的大量报告也被证明是备受争议的。[36]

迈克·汤姆林森,一位前任督学,在2000年成为总督察。 他和他的继任者,大卫·贝尔(2002—2006年),莫里斯·史密斯(在2006年1月至10月期间代理该职),克里斯汀·吉尔伯特(2006—2011年)和米里亚姆·罗森(在2011年7月至12月期间代理该职)是存在较少争议的,尽管检查仍是一个棘手的问题。 对迈克尔·威尔肖(任命于2012年)的评判结果如何,还有待观察。他的第一个年度报告得出的结论是,虽然学校正变得更好,但是"这个国家要赶上世界上最好的国家还有很长的路要走"。[37]

在第9章我将回到检查的作用这个话题上来。

结语

对学生的评估和对教师的检查,是政府寻求监控教育过程所使用的两种方法。其他的许多国家使用这种或那种方法,但是很少有国家以如此极端的方式,同时使用两种方法。

下一章,我将开始回顾英国教育体系的优势和缺点。

本章注释

[1]吉勒姆·B.提到了埃克赛特大学的实验(1977)《不情愿的受益者:教师和公开考试制度》,《英国教育研究期刊》,第25卷,第1本,第50~62页。

[2]参阅莫蒂默·J.,莫蒂默·P.,奇蒂·C.(1986)《中学考试:有用的是仆人而不是占主导地位的主人》,伦敦:贝德福德式论文。

[3]参阅《1862年修订法典》(《洛氏法典》),来自吉拉德·D.(2011)《英格兰教育:简史》,www.

educationengland.org.uk/history.

[4]参见教育部网站,http://www.education.gov.uk/childrenandyoungpeople/earlylearningand-childcare/a0068102/early-years-foundation-stage-eyfs.

[5]它是一系列 3 个水平的组成部分。其他水平是针对 18 岁青少年的高级水平(A 水平),和针对想进入更著名大学的那些学术优秀人才的学术水平(S 水平)。

[6]中等教育证书考试是 1954 年克劳瑟委员会推荐的产物,由 1960 年比洛报告化为现实。在改变义务教育入学时间之前,为了给它留下稳定下来的时间,于 1965 年提供了第一批考试。

[7]琼斯·K.(2003)《英国的教育:1944 年到现在》,英国,剑桥:政体出版社,引自吉拉德·D.(2011)《英格兰教育:简史》,www.educationengland.org.uk/history.,http://www.educationengland.org.uk/history/px/dailymirror.JPG.

[8]资格认证联合委员会(2012)普通中等教育证书,www.jcq.org.uk/examination-results/gcses.

[9]参阅资格与课程局(QCA)的指南:《普通中等教育证书——该体系的官方学生指南》,www.qca.org.uk/GCSE/.

[10]资格认证和考试管理办公室是英格兰资格、考试和评估的监管机构,www.ofqual.gov.uk.

[11]这些包括:评估和资格联盟((web.aqa.org.uk);牛津、剑桥和英国皇家艺术学会(www.OCR.org.uk);艾德斯——归于大型国际出版公司皮尔逊所有(www.edexel.com);威尔士联合考试委员会(www.WJEC.co.uk)以及北爱尔兰的课程、考试和评估理事会(www.council-for-the-curriculum examinations-and-assesment-ccea.html)。

[12]参见:www.ofqual.gov.uk.

[13]《卫报》有报道,2012 年 10 月 23 日。

[14]那些对正态分布曲线感兴趣人应该参询"数学是有趣的",www.mathsisfun.com/data/standard-normal-distribution.html.

[15]《只有最聪明的学生才参加新的中学毕业会考文凭证书考试》,《电讯报》,2012 年 10 月 8 日,www.telegraph.co.uk/education/educationnews/9590878/Only-brightest-students-to-take-new-EBacc.html.

[16]罗森·M.(2012)《一对好奇的父母的来信》,《卫报》,7 月 3 日。

[17]众议院教育委员会(2013)《从普通中等教育证书到中学毕业会考文凭证书:政府对于改革的建议》,2012—2013 年会期的第 8 个报告,伦敦:文书局。

[18]沃克·P.(2013)《考试监管机构警告迈克尔·戈夫反思中学毕业会考文凭证书考试》,《卫报》,12 月 5 日。

[19]迈克尔·戈夫针对教育改革给议会的口头声明,www.gov.uk/government/organisations/department-for-education.

[20]斯图尔特·W.(2013)《它是普通中等教育证书,但并不是我们所了解的普通中等教育证书》,《泰晤士报教育增刊》,6 月 14 日。

[21]《课程 2000》把普通中等教育证书高级水平考试变革为由 6 个模块组成的一组考试,第一年结束在学生 17 岁时举行第 1 个模块的考试,一年后在学生 18 岁时举行第 2 个、第 3 个和第 4 个

模块的考试。职业科目,比如艺术和设计、应用商务学习、商业和科学,也增加了有可能的科目组合。

[22]梅钦·S.,维尼奥尔斯·A.(2006)《英国的教育政策》,伦敦:教育经济学中心,伦敦经济学院。

[23]教育与技能部/威尔士办公室(1988)《推进普通中等教育证书高级水平考试:由教育和科学大臣和威尔士的国务卿任命的委员会的报告》(希金森报告),伦敦:英国皇家文书局。

[24]汤姆林森·M.(2004)《工作组对于14—19改革的最终报告》,伦敦:教育部。

[25]沃尔夫·A.(2011)《职业教育评论:沃尔夫的报告》,www.education.gov.uk/publications/.

[26]摘录自迈克尔·戈夫致教育标准办公室的书信,www.bbc.co.uk/news/education-17588292.

[27]马歇尔·B.,布朗·M.(2012)个人通信。

[28]戈帕尔·P.(2012)《阶级斗争的一个版本》,《卫报》,4月4日。

[29]佩顿·G.(2013)罗素大学集团应邀"审查新的普通中等教育证书高级水平考试",《电讯报》,6月14日。

[30]洛在国会议员们通过的一个决议中受到谴责。后来他被清除出英国皇家督学报告编辑的岗位,但未恢复该职位。他作为财政大臣在其他岗位继续服务。

[31]邓福德·J.(1999)《学校中的皇家督查:是旗手还是聒噪的牧师?》伦敦:沃本出版社。

[32]教育与技能部/威尔士办公室(1982)《对英格兰和威尔士皇家督查组的研究》《雷纳报告》,伦敦:英国皇家文书局。

[33]托马斯·G.(1998)《新学校督察制度的起源的简史》,《英国教育研究期刊》,第46卷,第4本,第415~427页。

[34]1992年教育(学校)法案设立了教育标准办公室作为一种非部长级国务部门。在2006年教育和督察法案中它被明确命名为教育标准办公室。

[35]哈克特·G.(1999)《国会议员被对伍德黑德的支持所激怒》,《泰晤士报教育增刊》,7月30日。

[36]我和哈维·戈德斯坦写了一篇与内城阅读有关的教育标准办公室报告的评论性文章,在1996年10月的英国广播公司《今日》节目上,克里斯·伍德黑德和我参与了一场与它有关的颇为激烈的争论。

[37]教育标准办公室(2012)《关于皇家教育督察、儿童服务和技能的年度报告》,伦敦:文书局。

第 8 章　优势

在本章和接下来的两章中，我将思考工作生涯中所体会到的英国教育体系的优势和劣势。 这些章节的结论对于一些读者来说可能会非常的浅显易懂，所有的这些他们将会一一经历，但是对于其他的读者而言，可能会有些超出想象。

为了评判优势和劣势，我拿英格兰（但有时未能获取英格兰的具体数据，所以不得不采用英国的一些数据）和我所熟悉的一些国家做了一些对比，同时我使用了一些国际机构的数据，如：经济合作与发展组织、其他研究证据及我个人的知识和经验。

根据我的理解，我将我所见到的英国教育体系分为三部分：突出的优势、不明确的特征和明显的劣势。 当然，大家对于优点和缺点的内容颇易理解，但我的第二分类：不明确的特征这部分内容却不是那么的浅显易懂。 在第 10 章我会着重论述我们教育体系中可能存在的积极的或消极的组成部分，是积极的还是消极的要取决于它们的实施方式。

通过这 3 个章节，我将寻求下列问题的答案：

· 这个教育体系的目标价值是什么？

· 该体系的结构和管理合理吗？

· 该体系的财政支持充足吗？

· 人们对教学建筑和设备有多满意？

· 在过去的 25 年的主要政策有多明智？

· 管理人员有多好？

· 校长们的激励作用和对职位的胜任度如何？

·教师们对业务有多熟练？

·这个教育体系针对不同年龄阶段学生的影响有多好？

·该体系培养出素质良好、求知好学的年轻一代了吗？

·该体系带来了开心快乐、适应性强的年轻人了吗？

在第 11 章中我将概述我对所有这些问题进行的解答。

在本章开头部分，我将谈谈对英国教育制度优势的看法——既包括主要因素，也有一些次要因素，但这些次要因素也很重要。

教育目标和期望

我发现要确认我们教育体系的正式目标是有难度的。 因为它已经发展了 150 多年，我对找到这个教育体系发展初期时的明确陈述的目标并不抱有期望。 但我确实期待过有里程碑式的教育法规，能够涵盖议会起草者为了追求体制改革而对总体目标所做出的陈述。 但相反，我发现的是一个目标混乱的教育体系，这些目标总是在读、写、算（3Rs）和更广泛的目标之间频繁变动。

教育哲学家约翰·怀特认为，国家教育目标的颁布是需要带有一定的理由（raison d'être）的，即"为什么选择列表中的一些选项·……和……如何使这些选项在一个统一的愿景中有机地结合在一起"。[1]

这意味着教育目标需要经过透彻的思考并要找到合理的制定依据。 怀特认为，这是政治家的职责，不应把它留给教师们，但在学校日常生活中，教师需要参与如何实现教育目标的规划。

1861 年，英国纽卡斯尔国家教育委员会发表了 6 卷报告。 来自该报告的陈述称："国家在教育领域的职责……是为了获得尽可能最大量的阅读、写作和计算。"[2] 这样的陈述被英国皇家督学（兼诗人）马修·阿诺德认为视野过于狭窄。 9 年之后，《1870 年初等教育法》强调了校舍供给的重要性，法规第 5 节指出："在公立小学中，务必为每个辖区提供足够数量的住所。"[3] 但是法案起草者并没有陈述这些校舍以后用来做什么。《1944 年教育法案》，仍是大部分我们现行教育体系的根基，提供了教育部长各种权力的详细内容及财产的管理方式。但是，再一次令人感到好奇的是，这个法案未能提及教育体系的目标。 然而，在 1943 年白皮书《教育的重构》中以及在 R.A.巴特勒给下议院发表的评论中涵盖了若干目标。[4]

《1988 年教育改革法案》明确规定了一种广泛而均衡的课程以及每个学校都应遵循的规则，但该法案并没有提出一个整体性教育目标。 该法案规定规则如下：

· 能促进学生精神、思想、文化、感情以及体能方面的全面发展。

· 使学生能够对将来成年生活中面临的机遇、责任等做好相应准备。[5]

上述两条规则指出，教育的目的不仅仅是让学生掌握读、写、算的基本技能，而且要整体促进个体发展与社会进步。

1993 年由罗恩·迪林主管国家课程的修订，然而该修订撤销了纽卡斯尔委员会制定的狭义的教育目标，即"教师的主要任务是……尽可能使学生获得最大限度的阅读、写作和计算的能力"。[6] 1997 年，由工党政府发行的白皮书——《卓越的学校》，强调了另一个与之相似的狭义的教育目标："教育服务的首要任务是确保每个孩子都能够掌握读、写、算的基本技能。"因此，白皮书声明："但是掌握基本的知识是基础。"[7] 随后，在 2007 年，由课程与资格考试委员会主管国家课程修订，将教育目标扩大到帮助年轻人成为：

· 成功的学习者要能享受学习，在学习中取得进步和实现自我价值。

· 自信的个人即能过着安全、健康和充实的生活。

· 有责任心的公民即能为社会做出积极的贡献。[8]

当然，这些目标需要通过国家课程和学校统一组织安排转化为实际行动。因此，他们至少要为教育体制提供 3 个有价值的教育目标。

最后，2010 年，联合政府发行了教育白皮书——《教学的重要性》。教育部长开始关注学生之间成绩悬殊的问题，并强调："我们的学校应该成为社会发展的引领者。"但是，在概述了白皮书的主要内容后，他强调，无论你是对教育的政治功能的重要性感兴趣，还是对教育本身感兴趣，但毋庸置疑，"教育的改革是我们这个时代进步的伟大事业"。[9]

遗憾的是，关于"教育目标"的定义依旧不完整，明显缺少的是，比如，挪威人的教育体制。在挪威国家的学校法规中强调了教育体制的一些需求：

> 与一切形式的歧视做斗争。培养尊重人格和人性、学术自由、慈善、包容、平等和团结精神。通过文化知识以及对国际文化遗产和我们广泛的国际文化传统的理解与世界接轨。[10]

任何教育体制的目标都需具有挑战性（正如亚里士多德曾提议）。剑桥大学的鲁宾·亚历山大和伦敦大学的哲学家约翰·华特两位英语学者，为教育目标更好地适应现代化世界制订了一套详尽的逻辑依据。[11]

尽管该依据有明显的局限性，但是我必须承认英国的部长们，包括当前和当下的政府，都真正希望改善他们所继承的教育体制。这些对教育体制充满正能

量的期望都是应该被世界所认可的。

前工党政府和联盟政府都强调了学校成就的利弊之间的差距问题，这些问题不只是存在于英国。 那些教育体制表面上运行得很好的国家也存在相同的问题，然而，英国教育体制中存在的差距问题要远甚于其他国家，当然，这些已不再是新问题了，人们关注成就的差距问题已经很多年了。[12] 在本书的第 6 章中，我谈论了最有可能导致这一差距问题出现的原因，而且我将会在第 13 章中针对如何处理这一问题提出一些建议。 值得庆幸的是这一问题已经提上了国家日程，这些行政官员们对于该问题的责任感是值得赞扬的。

教育机制的充分运行

毫无疑问，英国教育体制的功能得到充分运行。 一位资深的部长——国务大臣——被任命来监管教育体制，还有一些副部长、政治顾问以及专业的公务员参与监管。 所有的公立教育（以及部分私立教育）均由英国财政部通过税收提供资金支持。 每个学龄阶段的学生都被赋予接受正规学校教育的权利。 教师和服务人员由社会招聘、培训和统一分配，她们综合素质较高，有正规收入，另外，学校建立了一套良好的评价体系、监管和训练程序。 学生和家长很乐意能够获得良好的学校待遇。

学生的特别需求得到关注，教育体制开始对存在的问题进行诊断，并且哪里有需求就尽可能提供合理的服务。（然而，这类学生的家长可能会认为教育体制对这部分问题没有投入足够的关注和资源，而且可能会极度担心联盟政府倡导的改革。）

关于教育体制的信息是公开有效的，绝大部分是和信息自由调控相关的内容。 因此，从这个基本的水平上来看，体制运行的状况较好。

地方教育局问责制

正如我之前提到过的，现在地方教育局的权利被现任政府的各个党派削弱。在我看来，这样的措施是严重错误的。 中央集权制代替地方的民主问责制，至于学院和自由学校，则由赞助商和部长问责，这些看起来都是退步的举措。 这和许多国家（如芬兰）削弱中央权力、增强区域管理的做法背道而驰。

当地政府中层管理者，能够熟悉当地文化并且拥有监管学校运行的能力，同时也能（如果有必要的话）介入和支持有运行困难的学校，这些对于运行良好的体制至关重要。 我认为民主选举当地权力机关的（甚至在那些他们削弱权利的州)组成人员,这些人员能够代表政府并通过选举进入公职,成为我们体制中的一支重要力量。

管理机构

《1944 年教育法案》提出在中学设置校管会来负责个人或群体的管理,同时该法案提出在初等学校设置"督学"。 多年来,他们的角色功能经常被法规或议会法案修改和扩大。 1974 年的"威廉·廷代尔事件",即伊斯灵顿小学的领导、教师团队与家长理事会在教学方法方面发生争执,这次事件使得管理者的权利和角色遭到质疑。

结果,1977 年泰勒委员会[13]建议加强管理者的管理角色,负责监管学校的运行并向地方教育局汇报工作状况。 同时泰勒委员会还建议联合管理机构放弃对很多学校承担责任,将小学的管理者全部纳入管理机构。 后来的教育法案增加了管理机构中家长的数量,使之与来自地方教育局的人数相当。

从《1986 年教育法》开始,管理机构负责本校的监管策略,督察学校预算并任命校长。 管理机构成员自选职位,他们被视为学校的"重要朋友",有正式的职责即审核那些被开除的学生并有权利使这些学生重返学校。 管理机构的工作得到各种管理协会、一些地方教育局工作人员和教育部热线服务电话[14]的支持。

在我看来,管理学校是一件好事。 多年来我一直是管理机构的一名成员并积极参与管理机构的各种培训。 令我印象深刻的是我们国家最庞大的一支志愿者队伍带给我们管理机构的服务和热情。 我把他们视为我国教育体制中积极力量的一部分。

教师教育的质量

正如我在第 5 章提到过的,近年来,教师的培训方式发生了巨大变化。 在我看来,将实践训练与大学里的学科知识学习、教学法和教育研究相结合的培训方式非常棒,尽管最近的政府不太欢迎这种方法,他们不断倡导增加校本培训。目前英国的教师培训比其他许多国家做得好。 芬兰是一个例外。 芬兰的所有教师在大学期间要获得研究硕士学位,并且在开始他们的职业生涯之前要接受实践培训。 教师培养的这种伙伴合作模式,以及他们教学为先的理念(这部分内容在第 5 章中描述过),在我看来都是好的。

但极其令人担忧的是教育部长提议要求所有自由学校的教师必须接受全面培

训。 在这种轻松和谐的工作氛围下，那些想成为合格的教师的人却要面临"严格的考核"的压力。[15]

学校领导力的质量

在英国，能达成在其他国家所不能达到的一致观点，那就是学校领导力存在的必要性。 前任总督察认为"在 65％ 的学校都有较出色的学校领导力"，[16]但或许我们的领导实际展示给我们的却不是那么可持续的"英雄"风范：给予教师太少的委托权，不能给教师提供培养管理技能的机会（比如，可以通过成立任务组）。

这样的教育体制有着结构良好的领导路线，通过提供肩负特殊责任的职位，让教师学着领导自己的同事。 当然，这不是一个简单的角色，它确实需要一定的权力和责任，并且需要与共同掌权的同僚保持紧密联系，然而，这个角色是至关重要的。 以我的经验来讲，部门主管的质量或者关键阶段的领导常常决定一个学校的运行效率。

我认为一个好的管理者最重要的技能是允许自己的助手在学习的过程中犯错，但是他要能够意识到在这个职位上将会发生什么，并确保在没有给学校带来风险之前，能够把这些错误及时纠正过来。

国家学校领导学院（现在为教育部的执行机构）成立于 20 世纪 90 年代末，它的作用是培养负责人来带领好学校，为全国的学校培养充足的领导者。 它首倡国家职业资格能力考试，考核标准达到硕士研究生的水平（可悲的是，这些考核对领导来讲不再重要）。 经历了艰难的起步后，学院为公众塑造了受人尊敬的形象，有着强大的区域合作并向国际申请者开放了在线个人会员。

自 1988 年以来，很多行政和商业的授权开始对个别的学校发挥作用。 在英国体制中，我们看到担任领导的多是专业人士而教师群体很少。 学校秘书和学校财务协会的职务被一系列经营与金融和市场营销、计算机操作和经营场所管理等相关事务的管理和技术岗位所代替。 在我看来，这是一个最为积极的改革，使许多领导团队丰富了专业经验。

然而，我不支持那些没有教育相关工作经验的人担任领导来从事学校管理。我承认，这样的候选人可能在以前的职业生涯中获得了宝贵的经验，但我发现一个问题，不管这种人有多么优秀，他们缺少的学校文化细节知识将会导致他们在工作岗位上与其他有着学校文化知识的同事相比时会处于劣势状态。

因此，现在存在一种高估领导的价值而削弱教师地位的风险。 在荷兰和北欧的一些国家，削弱领导和部门的权力，以防止教师的专业水平受到不利影响。在其他的一些国家，每个学科部门选出一名男性或女性领导，并意识到，尽管一些领导的职责客观存在，但领导的主要作用是协调，而不是监督他们的同事们的工作。

然而，尽管存在一些问题，我认为英格兰一些学校领导的工作方式与那些优秀教师通过不同阶段的学习并向领导职位而努力，仍然是我们体制中存在的一个积极因素。

学校的当地管理

《1988年教育法案》授予学校许多管理任务，这些管理职责之前是由地方教育局负责的。 这些任务不再是处理一些专门的教育问题，而是负责学校的预算、任命和解雇员工、管理固定工资、处理投诉、维护和扩展建筑的开发和监督学校的膳食安排。 学校的教育内容须辅以金融知识、健康与安全条例和建筑管理专业知识，包括出租建筑物的收益和风险。

所有的这些事项大大改变了学校领导的作用，使得部分领导花很多年去适应这种变化。 然而对于一些中学和规模大一点的小学的领导们来讲这是一个好的改变，因为这些改变提升了他们的专业化水平和地位，使得他们比以往更加全身心地投入部门的管理当中。 领导们不再为苦苦等待地方政府解决学校的小修小补而烦恼，现在的他们可以选择自己指定的维修公司。 学校还可以通过在晚上、周末和学校假期期间出租他们的教学设施从而获取额外的收益。

当然，这是存在风险的。 那些在地方政府工作的经验丰富的校长有机会接触一些关于法律、人事和建筑事宜的专业知识。 那些现今没有经验的负责人必须依靠自己的执政机构的意见，依赖这些机构的组成、技能和成员的忠实性，这样的领导层可能会是很幸运的，但也可能相反。 这意味着，这些负责人或许会采取错误的决策，特别是在人事问题、建设合同和设备购置方面。 目前也有涉嫌金融违规行为而被刑事调查的案例。[17]

2012年的《泰晤士报教育增刊》中报道了一些小学是如何在现金交易的诱惑下签署了"有毒交易"，即租赁办公设备，"这些设备如果租价略微超过800 000英镑，学校对它们的所有权就会被终止"。[18] 在过去，校长由地方教育局保护，但现在，他们需要自保。 因此，在最初的几年中，一些校长变得如此专注于他们的管理任务，而忽略了他们的教育领导角色。

对于一些规模较小的小学，学校的当地管理（LMS）的优势更值得怀疑。

那些可能既承担教学任务又管理学校的校长，没有足够的资源来聘请专业的财务或与房产相关的工作人员。因此，他们不得不亲自处理学校的各种问题并且要监管所有建筑工作。对于他们来说，地方教育局的后台运作也使工作有了意义。但是，即使有这些缺点，我仍认为地方自治管理学校是我们体制的一个好的方面。

教师素养

我发现英格兰教师们所拥有的专业文化充分体现了我在前几章中提及的一些积极特征：对学生安全成长的专注、对学生的成功的追求、对学生们的一视同仁、对自己学校的忠诚和承诺。

这些英国学校的优势，毋庸置疑，是他们员工的教学技能。当然，很多学生是作为学校衡量成本的一个方面。我们都知道这不是一个普遍的特征。但是，从我对很多国家的了解来看，我认为它们对备课和课堂表现的主要评价标准是相当不错的。督察的最后报告中给出了我们一个关于"良好或优秀教学"的总数据为59％。[19]显然，我们更希望这个数据是100％，但你怎么可能期待每个职业的每个人都是优秀的呢？国际数据表明几乎60％的人都在朝着这个目标努力，这是很鼓舞人心的。

许多教师在教学的基础上利用业余时间从事深入研究（像20世纪70年代早期在伯克贝克学院一样）。我经常给那些除了教学和履行家庭责任之外，还经常利用晚上和周末时段努力学习的优秀教师讲授一些硕士或博士课程。这些教师能够妥善应对压力，把多年的实践经验合理运用到他们的研究中，从而更好地把握理论与实践之间的相互关系。

近年来，教师以比过去更加系统的方式监管学生的整个学习进程，即使用个人数据就可以帮助教师在数据显示有问题的时候继续跟踪和干预学生的学习。例如，我曾在一个学校与该校教师合作工作一年，专门负责一组学生的学习。在监管过程中我们发现，学生在历史和地理两个科目上获得截然相反的成绩。这两个学科负责人根据考试结果，开始分析研究教学的质量，因此从根本上改进地理教学。在数据分析的基础上监控和干预专业实践的行为可能在过去是罕见的，但现在比较普遍。此外，教师通常是充满激情的人，但是也有例外，如我在第5章所提到的那位教师，他认为一天最好的时段是从下午4点开始。但总的来说，教师往往是鼓励和支持学生拥有远大志向的。

近年来教师们屡遭政客们斥责。然而，有趣的是，教师这个职业是被公众高度认可的，认可度仅次于医生。 根据易普索（Ipsos）和国际市场研究公司（MORI）发布的常规民意调查数据显示，自 1983 年以来的报告，信任教师的人数比例一直在 80％ 左右。 对于政客的类似问题，在同一时期，信任比例是 14％。[20]

关爱关系

正如我在第 6 章提到的，学校一直存在生存和繁荣问题，其原因是教师和学生之间良好的关系，虽然有时这可能是隐藏在说笑打趣中。 戏谑可以成为学校生活中充满乐趣和戏剧性的一部分。 当然，它也可以成为教师和学生侮辱对方的借口。 我所看到过的一些没有经验的教师采用这种幽默的风格，但是被他们聪明的学生识破，最后扑空，最后只能恢复到更传统的师生关系。 然而，整体上，我发现英国学校有好的师生关系给我留下了深刻印象，这无疑成为英国教育体制中的绝对优势。

促进学生积极主动学习

尽管事实上，很大一部分学生的时间都是坐在桌子旁或凳子旁学习，但主动学习仍是很多英国学校的一个特色。 我看到学生如何积极参与科技设计的实验和科学课。（真遗憾，这些课程被联合政府规定减少）。

测量运动场地、进行交通调查、开发探索生物学实地考察团队、使用不同大小的球估计太阳系中行星之间的相互关系、使用太阳能汽车模型来阐释可持续发展的内涵，或者试图设计一个悬臂椅子来挑战芬兰设计师阿尔瓦·阿尔托的作品，所有这些活动都是充满挑战和乐趣的，从而促进了学生主动学习。 同样，这也是英国教育体制的优势，这种优势并不常见于其他国家。

改进的热情

我发现英国的教师们非常积极，也愿意花费时间和精力来改善自己的工作。最令我兴奋的创作之一便是参与关于发展成就的记录（在第 7 章中提到过的内容）。 之所以执行这项工作是因为教师们意识到，用更结构化的监管方式来监督学生的进步会让学生更受益。 如：由伊夫舍姆学校教师发展的"个人成就记录"和萨顿和苏格兰教育研究委员会创造的"学生档案"[21]；牛津郡的蒂姆·布里格和那些创造伦敦成果记录的团队展开了大规模的研究。

虽然两项活动不同，但这些项目有着共同特性，比如：鼓励学生定期记录他

们在不同的学科进展的反思。 教师们对于各种研究项目的奉献精神如此之大，以至于在 20 世纪 80 年代中期的教师大罢工中能够得以幸存。 具有讽刺意味的是，当这些教师们的措施终于由当时的政府通过后，这些活动的发起者却失去了动力， 这一原因也许是"官场死手"的结果。

然而，令人惊讶的是，我发现教师不愿吹嘘自己的成就。 我与同事在一起试图建立一个关于学校的一些成功项目的数据库，但我遭到了教师们的拒绝，很多教师不愿出版自己的科研成果。 可能是因为很多教师担心吹嘘过后会遇到因争议项目而带来羞辱的风险；或者他们只是希望把自己对渴望成功的想法保留在学校；或许两者都有。

快乐感

快乐感，内伦敦教育局（ILEA）研究团队称之为"快乐因素"，尽管不是普遍存在，但它是英国学校的相当大的优势。 我深信在大量的学习中可以获得乐趣。 当然不是所有的学习都是充满乐趣的，在学习的过程中也会遇见一些无聊的任务，这就需要我们寻求一种方式，把枯燥的学习任务变为更加富有乐趣的活动。 但是，那些精于教学的教师擅长把最枯燥的内容讲解得很有趣。 还记得米哈里·契克森米哈赖（Mihaly Csikszentmihalyi）（第 2 章提及过），以及"经验流"（flow）如何在一个具有挑战性的任务中以比放松更愉快的方式呈现。

学校经常允许举办"无制服"日来进行募捐活动，这个想法已经被国家图书节采纳。 当学生和教师装扮成知名小说中的虚构人物时，毫无疑问，许多读者会看到几十个哈利，赫耳弥俄涅和罗恩在学校大门处被各种各样的邓布利多教授和麦格教授迎接欢迎，大家对于小说的专注就是给予图书节最好的礼物啊。

我的孙子所在的小学的校训是"学习、爱和笑声"。 学校校训巧妙地将学校的主要任务与促进充满感情和乐趣的学习衔接起来，还有比这样更好的组合吗？

中学的教师参与一些校内活动。 比如校内一年一度的哑剧，在剧中教师披头散发，鼓励学生嘲笑他们滑稽的动作，所有的这些行为会给学生留下终生美好的回忆。 在近 60 年后，我还清晰记得，我那风趣的老法语老师精力充沛地带领六年级的学生在一年一度的法语音乐会上表演"美丽宪兵"。

公民研究

在公民研究中介绍了支撑我们政府的民主制度的许多概念和价值观。[22]如：与官方法律程序和国际关系有关的正义、权利、义务和责任的概念在这里得到研究。　批判性思维和询问的技能用来调查差异、媒体和人权这样的问题。

2005 年，下议院教育和技能专职委员对公民研究的影响进行调查并得出结论，现在对公民教育是做出积极的还是消极的评断还为时过早。　联合政府到目前为止还没有把公民研究作为小学课程的一部分（上届政府之前有过这种计划），但它仍然需要在中学时开设这门课程。

在我看来，公民仍然是我们教育制度中的积极因素，尤其是在公众对政客失望的时刻。

学校集会

在我看来，英国教育体制的优点还在于它包括整个学校的传统集会。　社区的定期会议促进文化共享和让学生从老一辈和年轻同伴的活动中学习。　学校集会还为校长和教师员工促进学校的价值观融合提供了一个很好的机会。

出色的音乐成就

在英国有许多学校具备良好的合唱团、管弦乐团、管乐队、爵士乐和钢鼓乐队。　在伦敦皇家阿尔伯特音乐厅每年举办的学校舞会可以说明这个出色工作的规模。　国家青年管弦乐团和地区青年团体（如莱斯特郡学校交响乐团，成立于1948 年）已经培养了一批最知名的英国指挥家。　伦敦学院交响乐团（成立于1951 年），定期在巴比肯举行表演，为年轻人提供了一次令人难忘的刺激经历。（我很幸运能够在 20 世纪 70 年代看到年轻的西蒙·拉特尔与伦敦学校的一些小学生正在一起认真工作的一幕。）

尽管富裕家庭可以轻松地支付私人教师、课程和仪器的成本，但古典音乐不应仅局限于家庭富裕的学生。　这无疑得益于内伦敦教育局（ILEA）为学生提供"逍遥学派"的乐器教师和音乐仪器的免息贷款。　据我所知，布里克斯顿的一所综合学校创作的经典作品，如巴赫的圣约翰激情，以及披头士的四声部合唱编曲的歌曲，这所学校所有的音乐成果受益于一个非常有才华的教师，这个音乐教师能够利用一切可利用的材料进行作词和编曲。　近 40 年来，他专注于教学、作曲、指挥和激励年轻人，这些作品无疑是该教师给予学校的最宝贵的遗产。

在第 2 章中，我曾提及过在委内瑞拉工作的著名的西蒙·玻利瓦尔乐团的优秀作品，并有相关报道称，在苏格兰和几个英国城市开始盛行该类作品。[23] 对于许多学生来说，参加音乐会、戏剧制作或舞蹈表演是获取成功的关键。　在第 4 章中，我所提及的心理学家维果茨基的"最近发展区"理论，学生与技能高超的

音乐家一起工作，学生通过模仿学习，激发创作灵感，超出正常情况可能达到的表演能力，这就阐述了该理论。

刺激视觉的环境

英国许多学校的突出特点是教室里、走廊里挂满学生的照片或学生的作品。学校的必要装饰需要教师和后勤人员额外的工作，目的就是创造一个能够激发学生学习的环境。有些学校看起来就像艺术画廊，当然，这样的设计安排需要睿智的判断，能够让所有的学生可以待过一段时间后，了解自身并重视教师的工作。

体育

英国学校传统的优势即体育活动，它能够和日常生活融为一体。作为伦敦市的一名年轻教师，除了在学校操场上运动，我经常陪同班级学生坐车去远郊运动中心。相对于运动来说，在路途中花费的时间有点长，但是这是定期的运动，而且多数时间是愉快的运动时间。

20世纪中期，经济合作与发展组织对英国11岁学生的调查数据显示，据了解只有28％的男孩和19％的女孩每天做由中度到剧烈的肢体活动。相比之下，芬兰的报告数据显示，芬兰有48％的11岁男孩和37％的11岁女孩每天坚持做这些运动。[24]联合政府已取消前工党政府曾承诺的每周给予学生2个小时的运动时间的政策。

但是对于很多学生来说，运动是生命。所有的承诺是否能够实现应归因于教师是否为运动投放时间。

学校旅行

许多教师放弃自己的假期，愿意带领学生一起集体旅行。不管这些是满怀期待的国外旅行，还是在当地行政中心待上几周，对于许多学生来讲这些旅行就是自己学校教育的亮点。这也是学生真正了解彼此和教师的最佳时间段。

20世纪80年代，在北威尔士的户外中心，看到孩子不能目睹游绳下降到山的另一边，那一刻，对我而言是应该展示什么样的户外教育能够使学生更加精神蓬勃、教师更加敬业的机会。更多最新的教育案例可以在户外森林学校的研究项目中找到。受到关于北欧地区教育孩子欣赏大自然的重要性这一思想的影响，学校旅行已得到广泛开展，现在英国大约有100所这样的学校。[25]

降低留级率

大多数人很少注意到我们教育体制中一个好的现象是不存在"留级"。留级是要求那些未能取得一定进步的孩子保留在低年级人群中重新接受一年或多年的教育措施。尽管来自经济合作与发展组织的数据绝大多数表明留级这种措施有很大的负面结果，[26] 这种方式在一些国家还是常见的，例如法国、比利时、葡萄牙和西班牙等。

这样的教育方式关系到各党派领导的威望，因此，目前为止，他们一直抵制采用这样的教育体制。学生通过了一年的所有课程才能升级，尽管这是一个常识性的观点，凡是见过外国的一些学校班级里有"留级生"的存在，我们就会明白这是多么不明智的做法，它反而会对留级生和新生产生适得其反的作用。在留级期间，年长的学生会有强烈的羞耻感，便开始在班级里调皮捣蛋，而那些新生便会观察并模仿留级生的消极行为。

早期教育

根据我所了解的早期教育，我认为，对于许多小学生来说，正式教育开始得太早。我的个人观点是，正如许多其他国家一样，孩子在 6 岁开始上学是明智之举。即便如此，我不得不承认国家为促进 5 岁以下儿童的发展而做出合理的规定有了一定的进展。

1998 年，工党政府提出确保开端计划。[27] 这个项目是为了给所有的孩子，特别是那些来自弱势群体家庭的孩子，绘制一个美好生活的开始。这是基于美国的开端计划，受加拿大和澳大利亚的类似举措的影响而开展的。许多儿童中心建立在最弱势的地区，并提供综合保健、教育和对父母的支持。

到目前为止，确保开端计划的评估显示了不同的结果。这项研究对父母的影响是积极的，[28] 但杜伦大学的研究人员认为该研究对孩子的学习产生了不良影响。[29] 由儿童、学校和家庭部（DCSF）任命的一个研究小组对这种首创精神进行了评估，在最初的负面报告后，2008 年有资料显示，该研究有了积极的进展。[30] 2011 年，在联合政府削减政策的影响下，3 600 所儿童中心已经有 250 多所被迫关闭。

在第 9 章提及关于解决教育体制中令人不满意的方面时，我们会再次回到早期教育的问题上来。

教师颁奖典礼

我应为年度教师颁奖典礼鼓掌，在理论上我的确做到了。我们必须认可并祝贺那些拥有特殊的教学技能、对学生具有奉献精神的教师。然而，这样的鼓励措施淡化了学校教师团队的合作意识。那些获奖的教师是"讲台之星"，应该得到他们应得的荣誉。但许多优秀教师同样参与了学生的教育事业，却很少拿到提名奖项，因为他们的技能不太明显，只有学生离开学校多年后才意识到这类教师是值得欣赏与尊重的。因此我把这种现象定义为一种有所保留的优势。

结语

我已经对我们教育体制的优势从总体目标到次要的、但重要的细节方面——进行了概述。当然，这些都是我个人的观点，不是每个人都同意这种界定。我所论证的这些特征，当然也有缺陷和不足。但是，总的来说，这些都是英国教育体制中诸多令人印象深刻的优点。

现在我们将要关注一些不明确的"灰色"领域，即体制可能在特定方面存在正面或负面的影响。

本章注释

[1]怀特·J.(2007)《学校为了什么以及原因》，《英国的社会教育哲学——试卷的影响》，第14本，第1页。

[2]亚历山大·R.(2010)《孩子们的世界和教育》，伦敦：劳特利奇出版社。

[3]英国师资培育制度演进与未来展望，http://www.parliament.uk/about/living-heritage/transforming society/living learning/school/overview/1870 educationact/.

[4]巴特勒·R.A.《下议院的演讲》，7月29日《英国议会议事录》，第391卷，第一本，第825～928页。

[5]英国政府(1988)《教育改革法案》，伦敦：文书局。

[6]迪林·R.(1993)《国家课程评估的最终报告》，伦敦：学校课程及评估机构。

[7]英国教育与就业部(1997)《追求卓越的学校教育》，《教育白皮书》，Cm 3681，伦敦：英国皇家文书局。

[8]课程与资格考试委员会(2007)《国家课程的关键阶段即第三个阶段和第四个阶段》，伦敦：资格和课程委员会。

[9]英国教育部(2010)《学校白皮书——教育的重要性》，伦敦：文书局。

[10]参见《挪威教育法案》，1998年7月17日，2010年6月25日修订。

[11]参见亚历山大·R.(2010)《孩子们的世界和教育》,伦敦:劳特利奇出版社。在第197页,他提出了小学教育的12个教育目标,其中包括明确规定"个人""自我、他人和更广阔的世界""学习、内化和实践"的目标。关于怀特的评估观点参见,布卢姆·A.(2007)《不合适的课程》,《泰晤士报教育增刊》,2月23日。

[12]摩提莫尔·J.和布莱克斯通·T.(1982)《劣势和教育》,伦敦:海恩曼教育书籍出版社。

[13]参见:www.educationengland.org.uk/documents/taylor.

[14]参见:www.education.gov.uk/leadership/governance/.

[15]《对见习教师更严格的试验计划》,《泰晤士报》,2012年10月26日。

[16]教育标准办公室(2010)《关于皇家教育督察、儿童服务和技能的年度报告》,2009年10月,伦敦:文书局,第32页。

[17]《前领导人出现法庭上》,《泰晤士报教育增刊》,2012年11月26日。

[18]斯图尔特·W.(2012)《委员会的学校时代财务舞弊盛行修正说》,《泰晤士报教育增刊》,8月23日。

[19]教育标准办公室(2010)《关于皇家教育督察、儿童服务和技能的年度报告》,2009年10月,伦敦:文书局,第32页。

[20]普索·莫里(1963—2011)与皇家医师学院,《真实性指标》。

[21]参见博格斯·T.和亚当斯·E.(1980)《教育的结果》在1970年代关于学生档案的描述,伦敦:麦克米伦出版社。苏格兰研究委员会的教育研究(1977)《学生档案》,伦敦:霍德和斯托顿出版社。斯韦尔斯·T.(1979)《个人成就记录》,《学校委员会手册16》,伦敦:学校委员会。

[22]教育与就业部(1999)《公民教育与国家课程》,https://www.education.gov.uk/publications/eOrderingDownload/QCA-99-470.pdf.

[23]参见和谐项目网站:www.ihse.org.uk.

[24]经济合作与发展组织(2009)《为了孩子做得更好》,巴黎:经济合作与发展组织,图2.13。

[25]参见森林学校网站:http://www.forestry.gov.uk/website/pdf.nsf/pdf/SERG_Forest_School_research_summary.pdf/ $ FILE/SERG_Forest_School_research_summary.pdf.

[26]国际学生评估项目(PISA)(2009)《学生知道什么及会做什么》,第1卷,巴黎:经济合作与发展组织。

[27]参见政府相关网站:http://www.direct.gov.uk/en/Parents/Preschooldevelopmentandlearning/NurseriesPlaygroupsReceptionClasses/DG_173054.

[28]哈钦斯·J.,拜沃特·T.,戴利·D.,加德纳·F.,惠特克·C.,琼斯·K.,埃姆斯·C.,爱德华兹·R.(2007)《父母对孩子进行学前干预会造成儿童行为障碍的风险:实用性随机对照试验》,《英国医学杂志》,第334卷(7595),第678~682页。

[29]参见:http://www.dur.ac.uk/research/directory/view/? mode=project&id=11.

[30]学前教育团队的国际评价(2008)《地方学前教育项目和3岁儿童及其家庭的影响》,http://www.ness.bbk.ac.uk/impact/documents/42.pdf.

第 9 章 歧义

对于英国的教育体制的一些方面，我们不能简单总结为"优势"或"缺陷"。它可能两者都含有，但是这完全取决于我们如何运用我们的教育制度。

教育开支

从教育政策专家克里斯·科安特里尔的分析中我们可以了解到，在 20 世纪初至 2011 年，公共支出（主要集中在教育、卫生和其他社会服务上）所占国家的国内生产总值约从 15％增长到 47％。[1]财政部的统计表明，当前教育部要求的财政年度总额到 2013 年底刚刚超过 570 亿，[2]其中将近 100 亿用于学术项目。

与其他类似的国家相比，英国的教育支出往往刚赶上或略低于经济合作与发展组织的平均水平。据经济合作与发展组织 2008 年 9 月的最新数据显示（从美元转换成英镑）：英国所有教育机构的年度公共支出，除了大学和学院，花费在每位学生身上的平均金额为5 143英镑。丹麦每年为 6 660 英镑，芬兰为4 954 英镑，挪威为7 490英镑，瑞典为 5 863 英镑。经济合作与发展组织的平均水平略低于英国，为 5 023 英镑。

2010 年，财政研究所的开支审查分析表明：公共教育各领域的支出预计在 2010—2011 年度和 2014—2015 年度将得到实际削减。[3]在英格兰，中小学遭到削减的经费最少，大学遭到削减的经费最多（大学只能寄希望于从翻了 3 倍的学费中获得额外的资金）。保护学校预算的原因之一是联合政府创建"学童津贴"，为处于弱势的学生提供学校额外的资源。

我一直认为，足够的教育资源是良好的教育服务的一个重要组成部分，但是高水平的教育投入并不一定能够确保有好的教育质量。 在一些国家，比如挪威（山区和人口稀疏的地方）的一些地区，应增加所有公共服务的开支。 值得注意的是，相比其他北欧国家，芬兰的高绩效教育体制并没有为教育提供充足的资金（尽管教师教育优先考虑包括持续发展的专业教育）。

我认为教育支出是英国的教育体制模棱两可的特性之一。 在我看来，教育维持津贴（2004 年，工党政府推出鼓励来自贫困家庭的年轻人接受继续教育的政策[4]）是一个合理运用公共资源的教育案例。 但遗憾的是，联合政府大大削减了津贴开支。[5] 我不太相信保守派、工党和联合政府提倡使用的"个人融资计划"能够确保钱币升值。 融资计划只会导致公共资金多年后偿还昂贵的费用。2012 年教育部在关于新建筑的指南报告中提出，以后的学校建筑要比工党政府修建的学校保守得多。 显然重要的是，不应浪费公共资金——重建荷兰公园学校花费了 8 000 万英镑的成本报告是令人震惊的。[6] 但是这所走廊拥挤和装配质量差的建筑将是一个错误，可能在今后的几年会一直困扰着我们的教育体系。

国家课程

直到 1988 年，英国唯一的国家课程是宗教教育，也是当地政府规定的科目，并提倡学校学习的知识由教师决定。 尽管在选出特定的话题代替这些课程的观点方面发生了巨大的变化，但现实中，对小学应该开设的课程还是有一个总的规定。

从一些小学的课程表中可以看出，每个科目都设定了不同的时间段。 上午一般是阅读和数学，这个时间段孩子们精神状态较好，容易接收新的知识。 其他科目安排在下午，一些教师更喜欢以综合整体的方式来工作。 有趣的是，在 1978 年英国督察的初步调查中开始关注那些占传统优势的阅读和数学及一直被忽视的其他科目。[7]

受 1967 年普罗登报告的影响，记者们不顾英国皇家督学的调查结论，过度宣传使用进步主义的方法。[8] 这种夸大之词，致使一种奇怪的跟风模仿。 20 世纪 80 年代，我参加过在伦敦小学开展的研究活动，发现这些小学里的实践是传统的，而不是进步主义的。 在中学，教师们更愿意参考公共考试大纲来决定开设的课程。

并不是每个人都对小学教师的自主性或考试委员会对中学教师的选聘满意。工党首相詹姆斯·卡拉汉，他在就职典礼上称英国的教育现状为"大讨论"，他引用了一保守派首相的"秘密花园"[9] 一词来描述公立学校那些政客们不愿卷入的课程。

英国皇家督学已经开始关注国家各地区的学龄儿童家庭所面临的困难[10]，保罗·赫斯特（哲学家）[11]和丹尼斯·劳顿（课程专家）[12]等学者，也在质疑学校应该如何合理安排学校课程。 前教育官邓肯·格雷厄姆引用了滑稽的学生被迫第 4 次学习维京人的例子，引起了公众的普遍不满。[13]肯尼斯·贝克——《1988 年教育改革法案》的撰写者，将国家课程纳入新的法律中，进而改变了这种不满的情绪。

然而，公众对国家课程的争论依旧存在，而且愈加强烈。 如：提高学生的综合能力，并能够达到预期期望；无论他们的居住地在哪里，所有的年轻人都应享有"广泛而均衡的课程"的权利；促进更多的科学技术（特别有必要在一些装备很差的女子学校），协助教师做好规划计划；教学生如何在求学生涯中获得成就感。

国家课程的发展也带来许多的问题。 在员工办公室，我们经常会看到一堆关于变革的详细文件，与此同时，教师们很快意识到评估能够推动课程的发展，并促使课程达到评估的要求。 在许多员工办公室的对话中，经常会提及"可以度量的东西才有价值"这句格言。

然而，这些国家的教师开始妥协并试着讲授国家课程（包括它的频繁变动）。 但在 20 世纪 90 年代初，国家课程已经花了太多的时间并开始出现松懈现象。 罗恩·迪林，前任国家公务员，被任命调查出现这种状况的原因。 在他 1993 年的报告中建议，将国家课程减少到 20％，年级水平由十年级降低到八年级。[14]

评估专家蒂姆·欧茨对国家课程的主要评价就是国家课程过于偏向国内热点，而我们的政府未能关注其他国家——特别是那些在国际测试中表现得更好的年轻人所在的国家——如何组织自己的课程。 紧接着他的评论之后，2011 年，欧茨被邀请主持一个专家小组，进而再次深度回顾国家课程改革的部分内容。[15]

欧茨和他的同事在第一次进展报告中发表了一系列教育规则。 这些规则指出，国家课程应该努力为所有儿童提高教育标准，教师们在教学内容上应该有更大的自由发挥空间，政府只能规定一些"基本知识"。 他们还认为，课程必须更加连贯，建议保留课程的学科基础框架。 他们还建议把公民研究、设计技术、信息和通信技术等课程作为"基础课程"。[16]预计部长层面的审查将在 2013 年春季完成，届时，部长将做出关于国家课程改革的决策。 但专家小组的一些成员公开澄清与该审查的关系，从而使得课程改革变得更加复杂。 安德鲁·波拉德，一位经验丰富的研究员，这样说道：

> 这样的限制对整个小学课程的影响看似是深远的，经验的广度，平衡和质量的保留，将对那些甚至最具有奉献精神的教师是一个挑战。[17]

他同样指出：

> 政府是抱有强烈的期望，但是他们必须制定一个现实的标准，如果标准太高，他们将会面临普遍的失败。[18]

2013 年 2 月 7 日，教育部长提出了国家课程新版本，对课程咨询期限延续到 4 月。 新版本提到："我们对学生和教师获得成就的期望有了转变，尤其是在一些核心科目如英语、数学和科学只要求达到初级水平"。[19]

为什么我看到的国家课程是一个很让人费解的领域呢？国家课程的原则是合理的，它要包括代代相传的基本知识。 但是，到目前为止，它的水准未能达到我们的期望；相反，国家课程不是领导教师和学生学习有价值的知识和重要的技能，它似乎已经成为迫使学生学习与考试相关的知识，把教师演变成过于消极的角色。 当然，时间会告诉我们这个新版本的国家课程是否能够解决这些遗留问题。 此外，由于一些学院（迅速成为国立中学的最常见形态）和自由学校不再需要教授整个国家课程，其修订对于这些学校来讲似乎是毫无意义的。 当然，有多少学校自愿选择学习它，还有待继续考察。

评估的质量

考试可以鼓舞人心。 正如我在第 7 章所讲解的，它是整个学习过程中的核心部分。

如何使标准评估测试（SATs）更有用？

对标准评估测试的考试结果进行露骨排名的现象存在很大问题。 这些考试没有也不可能考虑学生的起点，也不能反映学校的质量。 沃里克·曼塞尔——专门从事测试对教学的影响的记者，根据他的调查我们了解到，追求最高成绩排名的压力导致了学校"为考试而教学"这一现象。[20] 下议院教育委员会的一段话显现出这一概况：

在极端情况下,大部分的教学时间将留给测试准备……教师在教学的过程中注重教授学生一些考试技巧、讲授问题的要点以及如何在考试中举一反三。[21]

对于学生和教师而言,测试练习是一个枯燥的过程,尽管这些训练可能提高成绩排名。 但具有讽刺意味的是,对排名结果的困扰,实际上可能是基于一些虚假数据。 3 位教授向委员会提交的关于考试成绩的分析数据显示,多达 1/3 的学生的考试分数可能是不准确的,这种现象导致学校不能给予学生正确合理的评估。[22]他们还指出,许多成绩排行榜的变动缺乏合理的统计学意义,可能只是简单地随机排列,在某些情况下,成绩排行榜的压力也会导致学生公然作弊。数学协会和英国皇家学会提交给委员会的调查数据公然批判了测试在我们教育体制中的主导作用这一不良现象。[23]

如何使普通中等教育证书有价值?

在第 7 章中,我们讲述了……书考试的历史渊源和发展进程。在这里我想重述一下,普通中……是我们教育体制的优势或劣势的一个方面。 在 1990 年,获得……的 A 至 C 级别成绩(A* 来源于 1994 年的数据)的学生比例是 35%;2012 年,超过了 70%。

鉴于政府近期频繁地"传授"教师们一些成功之道,以及提供更具成功性和战略性的方法(给教师和学生),考试成绩的提高应该是预料之中的。 但 2012 年的普通中等教育证书考试的结果却引起相当大的混乱。 概略来说[24],在 2012 年之初,新上任的英国资格认证和考试管理办公室首席执行官,对普通中等教育证书高级水平考试和中等教育证书考试进行有限评论,并对《星期日电讯报》这样说:

> 如果你回顾我们的考试历史,你会看到,至少近 10 年,我们一些重要的资格考试出现了持久的分数膨胀现象……[25]

随后,2012 年 6 月,由下议院教育委员会与资格认证和考试管理办公室人员组织的会议报告中重提了这一现象。[26]因此,尽管英国资格认证和考试管理办公室的调查仅限于两个科目(生物和地理),分数膨胀已经成为公认的事实。

凯瑟琳·塔特萨尔——英国资格认证和考试管理办公室首席执行官,这位有经验的评估专家,曾对分数膨胀的合理性解释提出质疑。 她指出,之前的普通教育证书考试和中等教育证书考试旨在限制通过的人数，普通中等教育证书考试出现之后，每个人都有获得成功的机会，通过的人数增加是必然的。[27]

在过去，考试委员会排除了分数膨胀的可能性。但如专家们所证实，评估是一项艰巨的技术活。[28]报纸或电视节目的及时报道，会让一道试题变得比考官预计的更容易回答。对一个学科的常识进行评估，也不易操作。我曾经参与过对两种截然不同的普通教育证书（GCE）的相关研究。第一种考试通常被视为难度较大，另一种是相对容易，但当我们考虑候选人的能力时不难发现，让人困惑的是最有机会获得更高成绩的是那些看似要求较为严格的学科。[29]各派别的前部长通常对较好的证书考试结果持积极态度，并表彰那些工作努力和学习认真的教师和学生。2012 年，联合政府的部长们和英国资格认证和考试管理办公室员工对此做出不同的反应：他们在结果公布之前，强调分数膨胀这一概念，并对 2012 年 1 月的考试成绩进行总结，认为对学生考试分数的评判过度宽松，英国资格认证和考试管理办公室应指导 4 个普通中等教育证书提供者来改变分数的等级关系。结果，许多学生的成绩普遍（尤其是英语）降低。[30]有些教育行政人员甚至承认，许多学生遭到不公平对待，尽管他们倾向于调整这方面的现象，但有些领导明确表示"我的心已经偏向了那些参加今年学术能力评估测试的学生"[31]。（但是，威尔士教育部长要求委员会重新对英语试卷进行打分，这一改革使得将近 2 500 名学生获得更高的分数。）

英国资格认证和考试管理办公室调查了学生的英语成绩。当然，如果他们不参与管理这些事情的话，状况会更好一些。调查结果表明：教师在学生课程作业的分数评判方面过于宽松，应严格通过期末成绩来纠正这种现象。这样的调查结果受到了教师们的质疑与不满，许多学校、地方教育局和教师工会寻求法律援助来解决这一问题，但 2013 年 2 月 13 日，他们的提议被否决。

英国资格认证和考试管理办公室的做法所引起的骚动，让人想起 2002 年发生在资格与课程局（QCA）的一段小插曲。当时，对降低普通中等教育证书高级水平考试分数的强烈抗议使得首席官被解雇。然而，独立调查的结果显示，近 2 000 名考试人员的成绩有所提高，首席官随后发现自己遭到了不公平解雇。

2012 年英国资格认证和考试管理办公室对考核学生考试成绩采取的措施对很多学校造成了不良后果，同时，使得许多学生遭遇不公平的待遇。正如我之前所提到过的，由于种种原因，来自弱势家庭的学生与那些条件好的同龄人相比，在学习方面的表现会显得较差。所以，拥有高比例这样状况的学生的学校受到了分数降低的严重影响。分数较低的结果使中等学校[32]处于普通中等教育证书

考试成绩标准所定义的"基底标准"之下，迫使这些学校面临合并的风险。

为 16 岁的学生提供选择性考试，或许也使得普通中学教育证书考试分数标准提高，如全国普通职业资格证书（GNVQs）考试（见第 7 章）中的一些评判标准相当于普通中等教育证书考试成绩的 A* ～ C 的 4 个等级水准。因为选择性考试比普通中等教育证书考试更简单、更可预测，评估一般通过课程作业进行检测（避免期末考试"大爆炸"带来的紧张和不确定性），这种评估方式成为当今的一种趋势，此外，一些领导紧抓他们认为能够提高学生达到 5 个 A* ～ C 成绩的最好机会。如果一个国家的普通职业资格证书考试只让学生局限于 4 个相同的科目，那么他们只需要朝向实现一个或多个基准的方向努力就可以了。

难道通过这样的考试程序就能彰显公平吗？我不知道。为了回答这个问题，就必须采用 4 种普通中等教育证书考试的测试方式来比较全国通用职业资格证书考试的一门课程所需的平均工作量和呈现的难易程度。（如果还没有这么做，对于教育统计的学生来讲这将会是一个有用的博士学位研究。）

然而，可能是因为通过合理地运用这些课程，很多学校甚至能够记录达到 5 个 A* ～ C 这几个等级的所有学生。[33] 当然，学校需要有能力购买必要的设备和聘请专家教师来开设这些全国通用职业资格证书考试的相关课程，这就是为什么在资金充足的情况下能够更好地运转这些课程。

另一个可能促使考试通过率上升的原因是考试供应商正在寻求增加考生数量从而提高自己的市场份额。年度新闻经常出现关于"考试趋向容易"这一现象的报道，并且委员会暗中通过提供难度低的考试与企业竞争的理念已经蔓延。考官们为教师开设了关于如何提高考试技能方面的课程，这一举措增加了公众们对考试真实度的怀疑。华威曼·塞尔曾做出这样的评论：

> 委员会不仅组织会议，指导教师如何为考试而教，而且提倡教科书（通常由首席考官编著）为考试而编，甚至提供详细的教学信息，使教师为接下来的考试做充分的准备。[34]

2011 年，两名考官被记者偷拍到在《每日电讯报》工作，专门为教师提供教学建议，报道之后这两位考官被暂停工作。[35]

和大多数人一样，我不知道是否有分数膨胀现象，我会等到评估专家完成更详细的研究之后再做出判断。

总是有批判者对降低考试标准这一政策不满。2012 年的夏天，《泰晤士报教育增刊》（TES）发表了一条这样的言论：

数十亿英镑已经投入教育……然而,唯一得到的回报是,教育为所有工业化国家培养了一批最无能的群体。[36]

然而,1975 年,一名商界的领导抱怨道:"作为《泰晤士报教育增刊》的编辑,我要指出,今天的许多商业领袖仍处于需要继续接受教育的状态。"当然,现在的学习任务和考试内容可能比过去要少。 但是,基本上,我对那些认为考试标准下降的主要原因是由于年龄渐长而考核标准逐渐降低的观点表示怀疑——正如当我 10 岁的孙子批评他 8 岁的弟弟学习标准过于宽松时,我给了他一些建议。

最后,我们应该记住,普通中学教育证书考试的成本很高,鉴于考试委员会必须处理许多选修科目论文、管理实践以及笔试和安全问题,这些考试费用似乎是物有所值。 然而,每门考试总共花费在 20 ~ 30 英镑,学生完成 9 个科目学习的总开销可能超过每个学生每年花在课本和计算机软件上的最大金额。

如何使普通中等教育证书高级水平考试更有价值?

普通中等教育证书高级水平考试中,学科中的知识测验的常规模式是系列笔试。 这样的考试模式与其他国家是截然相反的。 例如,在丹麦,考生必须至少选择高中学习的 5 个科目之一进行口语考试,考试程序是:考生选择考题,然后对考题展开分析,做出自己对知识的理解,之后,考官和考生之间进行口语交流。 当然,这种考核的成本很高,这就是为什么它只是限定于一个科目的原因。但是不能否认,这种考试的程序比我们目前的普通中等教育证书高级水平考试更加规范。

我们对于学术能力评估测试、普通中等教育证书和普通中等教育证书高级水平考试的主要评估在各个方面或者某个方面还不尽如人意,然而,评估仍然是教学的重要组成部分。 最好的评估方式是能够限制那些特别有能力或有着得天独厚地位的人轻易获得成功,使他们能够与同辈公平竞争。 评估越严格,通过的考生越少,那么考试通过的人就会有较高的地位。

相对比下,公平合理的评估应该是鼓励尽可能多的人达到规定标准的一种方式。 当然有些人会轻易做到,而有些人则需要帮助才能完成,另外一部分需要多努力几次才能成功,如果最重要的考虑因素是最终达到标准的年龄段的比例的话,所有的这些都不重要。

普通中等教育证书考试和普通中等教育证书高级水平考试是从精英模式演变

过来的（基于我在第 7 章提及的贝尔曲线理论），尽管如此，考试委员会的方针多年来有所转变，即便不是趋向平等主义模式，那么至少是一种混合模式。学术能力评估测试模式，其预期的标准就是构建一个更公平的考试模式。教育部长在教育改革中曾做出承诺：严格考试，把评估转向一个培养精英的方式。正是这一原因，我把评估归类为我们教育体制不明确的特性之一。

如何使宗教学校更加合理？

如我在第 6 章中所提到的，19 世纪，英国资金匮乏，发展缓慢，教育体制很大程度上依赖宗教学校。[37]现在的宗教学校仍占有重要地位，不管是因为他们本质上就是很好的学校，还是因为招收的学生有着显著不同的经济地位，或由于家庭、学校和社区等良好的综合因素，凭这些因素是很难做出判断的。

然而，大量的证据可以说明宗教学校有很多经济条件好的学生。西蒙·罗杰斯，《事实就是神圣》（Facts Are Sacred）杂志社的一位编辑，分析了教育部关于邮政编码区域免费校餐的数据。他表明，3/4 的天主教学校比在同地区的其他学校有着更富裕的学生队伍。[38]数据还显示，大多数英格兰教会小学比那些临近的非教会学校有着更多家庭地位占优势的学生，而近年来的新生家境比往届更富有。这种状况激发了人们对宗教学校的怀疑，该学校的招生可能是打着信仰的幌子进行的。

伦敦经济与政治学院（LES）的两位学者发现，家庭条件好的父母更有可能选择宗教学校，他们也是招生过程中最容易被说服成功的对象。[39]杰西卡·谢泼德，一名《卫报》（Guardian）记者，报道了关于个别宗教学校的案例研究。克罗伊登的一个学校只有7.1％的学生有资格获取免费的学校膳食，相比之下，同样邮政编码区域的学校达到28.7％。在利兹曼一所学校只有 1％的学生有资格获取自由学校膳食，相比之下，同样邮政编码区域的学校是 9.7％。利兹的一个学校比例是 8.5％，在同样邮政编码区域的学校是 40.2％。[40]

我把宗教学校包括在一个教育体制不明确部分的条目中，因为他们很受家长的欢迎而且许多学校运行良好，但是，排斥外来学生的招生模式使宗教学校面临走向分裂的风险。最近我看到了一幅卡通图画，画中一个小女孩问她的母亲：“我们不相信上帝，为什么我们还要去教堂呢？”她的母亲回答说：“宝贝儿，因为上帝拥有一些很好的学校。”关于这部分内容，我将在第 13 章讨论我对宗教学校提出的建议。

如何健全国家阅读教学策略？

重点培养学生的阅读技能应该是任何教育体制的一个积极方面。 教育部长们明确表示，文化素养必须成为所有学校优先发展的事项。 政府支持为每个孩子提供一个阅读器的项目，以帮助那些不能快速掌握必要译解技能的学生，如果政府不支持该项目，那些有阅读学习困难的孩子有可能发展成严重的读书问题。因此，这个项目一直受到大家的欢迎。 然而坏消息是，一些学校如今已被迫削减该项目的预算。[41]

如何进行早期阅读教学已经成为一个有争议的问题。 传统上教师可以自由选择他们认为最适合学生的所有学习方法，但这一传统被上届工党政府废除，这一措施削弱了很多文学专家，如玛格丽特·米克，已故的哈罗德·罗森和康尼·罗森的影响力。 迈克尔·罗森（儿童作家，哈罗德和康尼的儿子）做出这样的评论：

> 之前的阅读政策是由一批人经过反复研讨决定的，如我的父母和专
> 业组织中的教师，以及地方教育当局的顾问和督察员。这种政策是基于
> 密切观察孩子如何学习和教师如何教的大量理论支撑。[42]

相比之下，"读写课程"（literacy hour）[43] 是由时任部长任命的小组团队所设计的。 阅读教学已从单一的教学法转变成政治行动，左派和右派人士拥护不同的方法。

除参与的专家们外，在其他人看来，辩论的细节显得有些错综复杂。 他们就系列问题展开激烈争论，这些问题诸如：自然拼读法（一种用字母或字母组合来拼读单词的系统）和真实故事书哪种更好？ 应该使用哪种特定类型的自然拼读法？ 那些对分析性自然拼读法和综合性自然拼读法的差别感兴趣者，以及支持政府采用综合性自然拼读法的人们，需要再去查阅尽可能多的文献。[44]

作为一个对孩子学习阅读方式感兴趣的研究者，但不是该领域的专家，我担心这些支持政府选择综合性方法的研究，似乎主要是在苏格兰的克拉克曼南郡进行的一个小规模的项目研究[45]——不论是美国，还是澳大利亚的研究，都不支持上述结论。[46]

自 1998 年以来，教师受到关于阅读教学的指导，即关于阅读教学"只有一种方式"——这与 1975 年布洛克委员会语言专家所采纳的观点大相径庭：

我们的主要论点之一是，没有一种方法、介质、途径、设备或哲学理论能够把握阅读学习过程的关键。[47]

使用单一的"核准"过的方法，意味着孩子们一直通过聚集每个音节的发音训练来拼读单词（甚至是造出一些无意义词汇）。支持者声称，自然拼读法废除一些机械的学习方式，给孩子自由，让他们真正享受阅读；批判者认为，儿童使用机械式学习方法来练习阅读（甚至是那些无意义词汇），对基本的含义一无所知。另外，批判者还暗示这种学习方式（批判者定义这种方式为"训练和扼杀"[48]）不会让学生更喜爱阅读。[49]美国语言学专家斯蒂芬·克拉申认为：

过去 25 年的研究显示，大量的语音学研究……只能帮助孩子在测试时能够大声说出一大堆单词，表现得更好些，然而这对孩子们理解考试时所读的东西没有显著影响。[50]

国际阅读素养进展研究（PIRLS）[51]对 40 多个国家的 10 岁儿童的阅读技能和阅读态度进行了测试。测试结果显示，只有 26% 的英国学生喜欢阅读。很显然，我们这种由中央设计的"自上而下"的方法并不是完美的答案。但一旦教育部门规定一种特定的教学方法，尤其是当教育部有义务督促这种规定，那么这种规定就逐渐难以改变。政府对阅读感兴趣无疑是好现象，这也是一个不明确的因素，其中潜在的负面影响和因素说明，即使是那些有着良好意图的行为也会产生一些意想不到的负面结果。

如何使检查更有用？

没有人愿意接受一个校长无远大志向、教师们逃避责任、学生被忽视的差学校。督察专家的存在应该根除那些不能胜任工作的人并确保提供有用的反馈。检查的理论是健全合理的，但如我在第 7 章指出，教育标准办公室的短暂历史不能令人信服。

检查已经被认为是一项"高风险"活动，它会使学校领导被解雇以及学校被放置在特殊对待的处境中。因此，教师和学生在检查期间都很难表现"正常"。每个学校在为检查做准备的期间要消耗大量的精力，并聘请专业顾问进行检查彩排。（我知道一所学校种植了鲜花并安放了盆栽是为了配合即将到来的检查）。然而检查人员很少能够花足够的时间到一个班级，在一个隐蔽的地方去捕捉学生或老师某个动作暗含的真实意义。

所以，检查通常是具有积极还是消极的影响呢？艾德里安·艾略特在回顾教育标准办公室的 20 年发展历史中指出，在全面性检查开展后，有些教师可以立足教育界 40 年而未被检查。然而，他质疑教育标准办公室是否能够对那些弱势学生占高比例的学校给出公平合理的评判。艾德里安还引用了评估专家——威廉·迪伦对等级检验缺乏可靠性数据提出的质疑：不同的检查人员一周内分开访问相同的学校是否会得到相同分数。最后，他得出的结论是，教育标准办公室在英国教育体制中扮演着仍然是重要但极具争议的角色。[52]

我相信前英国检查体制以及当地顾问的工作虽然远非完美，但相当合理。检查员较高的口碑和非正式的建议都给予学校很大的信心。然而美中不足的是，当地咨询部服务质量参差不齐，一些"漏网"学校无疑逃脱审查太久。

教育标准办公室采取更强制的措施[53]来确保所有学校能够得到定期检查，但是这些措施也带来了其他的问题。一方面，它严重依赖于测试数据。正如有人大量引用我的研究数据，我理解这些数据的重要性，但它却公开被人运用并错误理解甚至被人操纵。我相信为了得到公平的评估，学校需要灵敏的数据分析和专家的合理评判。我还能回忆起某段时间，有些评估人员完全依赖自己的判断，忽略了数据的重要性，现在我真的担心他们的做法可能会产生适得其反的效果。

另一个问题是，教育标准办公室自身采取一些措施，即以前被认为是"满意"的学校管理将定期"提高标准"，并对学校进行分类，这样的措施曾被认为是合理的，然而却以失败告终。2010 年教育标准办公室曾采取这样的措施，2012 年 9 月，教育标准办公室又上演这一幕，取消以前"令人满意的"学校管理评判标准，以"需要改进"取而代之。这意味着 26% 的学校曾被视为"令人满意"，现如今却要面临 3 年内的进一步检查。

现任总督察迈克尔·威尔肖的一些直言不讳的评论引发了争议。曾经还是校长的他被报道说过这样一番话："如果有人对你说，员工士气一直低落，那么你要知道你正在做一件正确的事情。"[54]这番话彰显了让人不安的领导方式，甚至这种领导方式可能会产生相反的效果，同时我也担心，过分依赖检查员的认可正在阻碍教师们发展自己的判断能力。

也有人质疑，教育标准办公室开放公众对国家教育的所有方面进行自由评论，这种做法是否迫使公众在无形的压力下去赞美政府的提议（如学校）。教育标准办公室的代价是昂贵的：它在 2013 年的预算是 1.76 亿英镑。[55]

那些鼓励对学校进行检查的一方认为，评估会让教师保持高度警觉，确保维

护教育高标准并给那些父母和准父母提供专家对学校状况的评判报告。 我会在第 11 章中讨论我认为更有说服力的观点，以及是否可以保持评估的积极方面而抛弃消极方面。

如何使家庭作业更有用？

家庭作业的主要优点在于，它为学生提供了比平常在学校更多的时间去学习。 对于学生来讲，在家里学习要比在一个忙乱的学校环境中学习更具有创造性。 此外，让学生独立做作业能够鼓励学生养成自律的习惯，因此教师往往更倾向于布置作业，尽管有时他们会抱怨在这方面花费很多功夫，还要及时收集作业，并提供更重要的详细反馈。

作业的缺点是占用的时间可能比学生做其他愉快的事情更多。 鉴于年龄在 5～18 岁（未满 18 岁）的学生，上学时间大约为每星期 30 小时，每年超过 9 个月这一事实可以得知，学生的大量时间已经分配给正式的学习。 此外，年幼的学生在学校累了一天之后，需要时间与父母在一起享受无压力的时光，年长的学生可能更愿意花时间去运动，寻求自己的爱好或"放松"自我。

然而，许多家长对家庭作业持积极态度，他们认为作业提供了一个让孩子晚上和周末待在家里的正当理由。 那些工作时间量比同龄人更多的家长，很排斥强迫疲惫的孩子在宝贵的与家人相处的时间里去完成作业。

所以，家庭作业是我们教育体制中积极的成分还是消极的影响，我会在第 13 章中给出答案。

学校制服很重要吗？

这是一个几乎不能达成共识的话题。 一部分人喜欢校服而另一部分人则讨厌。 穿校服是英国的一个传统，由许多前英联邦国家所遵循。 在 19 世纪德国的一些学校，蓝色外套和军帽很受欢迎，19 世纪的日本推出了水手服式的校服。俄罗斯自国内革命后，1948—1992 年一直禁止学校学生穿校服。

美国和加拿大，除了一些私立学校，通常反对校服的提议。 在许多欧洲国家，对校服没有统一的要求，基于传统工作装，许多年轻学生在校内可以穿工作服或围裙。

在英国，每个学校可以决定自己校服的颜色和风格，一些学校通过校服来展示自己学校的地位。 许多公立学校，尤其是一些小学选择了耐用性的材质并允许学生穿运动衫和裤子，尽管所有的衣服具有相同的颜色和风格。 如果学校规定学生戴礼帽或便帽，往往主要是便于防晒。 相反，许多私立学校仍然需要穿着颜色鲜明的保守运动上衣，并要求佩戴徽章、打领带、穿正式的裤子或裙子、戴便帽和圆冠阔边帽。 一些学校仍然坚持那些招摇过时的衣服，如伊顿要求学生穿戴正式的燕尾服和特别（"伊顿"）的衬衫衣领；英国基督医学院要求学生穿 18 世纪风格的蓝色束腰外套、马裤和黄色短袜。

因此，校服在我们教育体制中是积极的还是消极的特征？在第 13 章我会呈现我的观点。

免费的校外活动可行吗？

许多父母会记得英国的一些学校曾免费提供多次校外活动的那段时光。 当然，这些活动有时需要支付额外的旅行费用（滑雪旅行经常是一个昂贵的额外开销），但课外体育活动、戏剧、合唱团、乐队或特殊利益群体活动都是由专门的教师免费组织的。

体育教师（许多胜于 1963 年肯·洛奇的电影《凯斯》［Kes］中"瑟顿先生"那个无名英雄）和许多其他教师自愿奉献他们周六的时间来参加校队比赛，这是教学工作和政府之间非正式契约的部分。 但可悲的是，在 20 世纪 80 年代，由于政府和教师之间发生了争端，这份契约破碎了。 这种活动一旦废除，是不可能再次展开的。

时至今日，一些学校，部分高尚的教师会继续安排一系列无须支付额外开销的课外活动。 但是，在其他学校，校内活动仅由外部公司以高价格提供，低收入家庭的学生无力承担过高的费用。

因此，这是我们教育体制的一个不足，该体制本应该对一些学生具有兼容性，然而现在却变得具有排他性。 2012 年的伦敦奥运会，再次强调了这一排他性，宣称来自私立学校的运动员更具有优势。 威尔比，一名报社记者，前任编辑，认为随着运动行业变得更加专业化，英国的一些私立学校加强了他们在教育界的主导地位。 威尔比引用了前英格兰板球队员埃德·史密斯的一本书中的一段话，并指出，1984 年的奥运会，9 枚金牌获得者中的 6 名队员、英格兰橄榄球队 2/3 的成员和英格兰板球队队员中超过 90％的学生接受的都是公立学校的教育。[56]然而现在的团队组合却是明显不同的。

威尔比拒绝了公立学校曾频繁声称的不鼓励竞争的缘由。 他认为，关于这一变化的解释最有可能的是由于公立学校运动场的出售，同时私立学校提供的设施有所增多。（例如，他指出，塘桥学校的设施虽不是最奢华的，但拥有一个奥运

游泳池，12 个橄榄球球场，18 个网球场和 20 个板球网。）威尔比还指出，富裕的私立学校有能力雇佣顶级专业教练。[57]

当然，我们无法让时光倒流。一些学校的操场变成了住宅区这一事实是无法改变的，毫无疑问，体育教师的家人会抵制试图重新恢复周六学校举办体育活动。但许多课外活动可以通过"延伸学校的全方位服务"这一计划重新恢复。这一计划包括医疗健康、社会服务支持和青年项目。[58] "延伸学校的全方位服务"这个术语来自美国，[59] 但这个想法由乡村大学的亨利墨里斯[60]（曾任剑桥郡首席教育官 30 年）和 20 世纪 70 年代英国社区学校的倡导者提出——这些人的想法再次证明了一些思想如何以不同的形式再次出现。

我在本章介绍总结了校外活动，因为我认为这些活动是出色的，如果他们只给那些相当富裕的学生创造机会而忽视其他劣势家庭的学生，那么势必会产生分裂趋势的影响。

结语

本章讨论的主题——教育支出；国家课程及仍未实现的领域；我们的评估体系，已发展成为一个问责制的怪胎，而不是为学习者提供建设性的反馈；阅读的教学，应该渗透学生热爱书写的文字，但现在的教学往往像一个令人沮丧的发音练习；学校检查，变得越来越气盛；作业的积极和消极方面；传统的校服，被一些人视为有用但被部分人认为是强迫遵循一致性；最后，提供和资助失学的活动，都可以增强或削弱我们的教育体制。

下一章我会转向消极的一面，也就是我所认为的我们当前教育体制中比较明显的缺陷。

本章注释

[1]尚特瑞尔·C.(2012)《自 1900 年以来英国的公共支出》,www.ukpublicspending.co.uk/spending_brief.php.

[2]2012—2013 年的财政部预期,www.hm-treasury.gov.uk/d/df-mainsupplyestimates-29213.pdf.

[3]乔德利·H.,希比亚特·L.(2011)《教育和学校的开支趋势》,伦敦：财政研究所。

[4]参见：英国广播公司新闻报道的详细方案,http://news.bbc.co.uk/1/hi/education/3638739.stm.

[5]参见：经济合作与发展组织管理和审计计划的维基百科条目,http://en.wikipedia.org/wiki/Education_Maintenance_Allowance.

[6]温赖特·O.(2012)《温赖特公园学校选择企业愿景与 8 000 万英镑的建筑》,www.guardian.

co.uk/artanddesign/2012/oct/28/holland-park-school-building? INTCMP＝SRCH.

[7]教育督察(1978)《英国督察学校对初等教育的一项调查》,伦敦:英国皇家文书局。

[8]中央教育咨询委员会(英格兰)(1967)《儿童及其教育》《普罗登报告》,伦敦:英国皇家文书局。
布丽姬·普罗登主持理事会并提出对初等教育进行为期3年的深入调查。该报道被视为以儿童
为中心,并考虑一些问题,如学校和家庭的关系、幼儿园教育、体罚和积极支持最受歧视的弱势群
体。同时该报告也建议使用小学建筑的上课时间并增加小学的男性教师的数量。

[9]根据吉拉德·D.(1988)《国家课程和小学教师在课程中的作用发展》,教育部长洛德埃克尔斯
在1960年首次运用,www.educationengland.org.uk/articles/07ncteacher.html.

[10]英国教育和科学部(1977)《11~16岁课程》(英国皇家督学《红宝书》),伦敦:英国皇家文
书局。

[11]赫斯特·P.(1974)《知识和课程》,伦敦:劳特利奇和基根保罗出版社。

[12]劳顿·D.(1980)《通用课程或核心课程?》,《关于研究和教育方法的国际期刊》,第3卷,第1
章节,第5~10页。

[13]格雷厄姆·D.和泰特勒·D.的报告(1993)《给我们所有人的一堂课:国家课程的产生》,伦
敦:劳特利奇出版社。

[14]迪林·R.(1993)《国家课程与评价》,伦敦:教育与劳动技能部,英国皇家文书局。

[15]参见:民主生活网站报道,www.democraticlife.org.uk/curriculum-review/national-curriculum-
review-summary-terms-of-reference-and-timeframe/.

[16]参见:报告全文,https://www.education.gov.uk/publications/eOrderingDownload/NCR-Ex-
pert％20Panel％20Report.pdf.

[17]教育学院(2012)《课程顾问表示政府的建议是"致命的缺陷"》,新闻发布稿,6月12日。

[18]波拉德·A.(2012)援引杰沃恩·沃沙戈夫《新专家顾问对政府颁布国家课程的攻击》,《卫
报》,6月13日。

[19]教育部《制定国家课程方案的研究》,www.education.gov.uk/schools/teachingandlearning/
curriculum/nationalcurriculum2014/.

[20]曼塞尔·W.(2007)《数字化教育》,伦敦:政治日报出版社。

[21]下议院儿童、学校和家庭委员会(2008)《检验与评估:2007—2008年的3次报告》,伦敦:文
书局。

[22]布莱克·P.,加德纳·J.和威廉·D.(2007)《为下议院的儿童、学校和家庭委员会提供依据》,
伦敦:文书局。

[23]下议院儿童、学校和家庭委员会(2008)《检验与评估:2007—2008年的3次报告》,伦敦:文
书局。

[24]读者如果想要了解更多的关于2012普通中等教育证书考试的细节应该咨询《泰晤士报教育
增刊》,2012秋季版。

[25]谢波德·J.(2012)《普通中等教育证书和普通中等教育证书高级水平考试更容易鉴定品质》,
《卫报》,5月1日。

[26]众议院教育委员会(2012)《资格与考试的主要原则:会话 2010—2012 年的第 8 次报告》,伦敦:文书局。

[27]塔特萨尔·K.(2012)《考试只会决定失败而不是成功》,《卫报》,9 月 18 日。

[28]参见:斯托巴特·G.(2008)《测试时期》,伦敦:劳特利奇出版社。

[29]马蒂尼·R.,莫堤摩·P.和拜福德·D.(1985)《一些 O 等级水平比其他等级更平等》,《泰晤士报教育增刊》,6 月 28 日。

[30]瓦萨格·J.和布斯·R.(2012)《考试分数突然变化之后,学生和老师的愤怒》,《卫报》,8 月 24 日。

[31]迈克尔·戈夫在 2012 年 9 月 3 日引用英国广播公司的一则新闻:news.bbc.co.uk/today/hi/today/newsid_9748000/9748283.stm.

[32]这是 2004 年由外交部官员规定:20％的学生要在普通中等教育证书考试中获得 5 个 A* ～C (不包括英语和数学);2006 年,上升至 25％;2007 年,在普通中等教育证书考试中(包括英语和数学)得到 5 个 A* ～C 达到 30％。2010 年,联合政府将这得到 5 个 A* ～C 普通中等教育证书包括英语和数学的比例提高到 35％,结合大多数学生的状况,高于平均水平的关键在第 2 至第 4 阶段。35％的"低等级"将会增加。在 2012 年,将上升到 40％,并在年底议会前将上升到 50％。

[33]对这个问题有趣的探讨参见:哈特斯利·R.(2005)《挖掘第一名》,《卫报》,2 月 22 日。

[34]参见:曼塞尔·W.(2007)《数字化教育》,《政治报》,伦敦:政治日报出版社。

[35]纽厄尔·C.和瓦特·H.(2011)《考试董事会:我们舞弊,我们告诉你问题的循环》,《电讯报》,11 月 7 日。

[36]《泰晤士报教育增刊》(2012),《从编辑开始》,8 月 24 日。

[37]这些措施包括 1938 年教育法案通过的在小学对二年级的特殊协议。

[38]罗杰斯·S.(2012)《数据博客显示:多少可怜的孩子去了宗教学校》(2012),3 月 5 日。http://www.guardian.co.uk/news/datablog/2012/mar/05/faith-schools-admissions? INTCMP＝SRCH.

[39]艾伦·R.和西·A.(2011)《为什么宗教中学具有得天独厚的招生优势? 社区特点的重要性、父母的社会背景和宗教认同三因素的相关性》,《英国教育研究杂志》,37 卷,第 4 期,第 691～712 页。

[40]谢泼德·J.(2012)《信仰学校和免费校餐的一项案例研究》,《卫报》,3 月 5 日。

[41]沃德·H.(2012)《赶超课正在趋减》,《泰晤士报教育增刊》,9 月 21 日。

[42]罗森·M.(2012)《走出玩具柜》,《新政治家》,3 月 5 日。

[43]1998 年,国家文化战略发展基础的识字学校,这所学校每天的英语课有特定的教学方式,并以明确的目标开始教学。上半年学生进行集体教学,学生们一起阅读,大力扩展他们的词汇量,并着重单词的语音、语法、标点符号和单词的拼写。教师的部分教学时间是与学生进行互动,教师模拟,学生必须跟着做。这个过程使越来越多的学生参与活动,并有信心面对下半年的课程。然后他们展开团体工作或个人活动,教师在此过程关注一组学生。这一课结束后,学生反馈自己做了与课程目标相关的什么内容。参见国家扫盲官方信息:www.literacytrust.org.uk/reading_

connects/resources/331_the_literacy_hour_in_primary_schools.

[44]参见:例如,罗森·C.,罗森·H.(1973)《初级学校的儿童语言》,哈蒙兹沃斯:企鹅出版社;米克·M.(1982)《学习阅读》,伦敦:博得利出版社;沃特兰·L.(1985)《跟我读:以学徒制方法进行阅读》,斯特劳德:顶针出版社;教育与就业部(1998)《国家文化教学战略框架》,萨德伯里:教育与就业部出版物;罗斯·J.(2006)《早期阅读独立教学的回顾》,诺丁汉:技能部出版物;怀斯·D.,斯塔尔寺·M.(2007)《综合阅读和阅读教学:围绕英国的〈罗斯报告〉的争论》,《文学素养》,第 41 卷,第 1 期,第 35~42 页。

[45]参见:约翰斯顿·R.,沃森·J.(2005)《一个 7 年的研究:关于阅读和拼写素养的综合语音教学的影响》,《观察者》,第 17 期,爱丁堡:苏格兰政府,www.scotland.gov.uk/publications/2005/02/20682/52383.

[46]国家儿童健康和人类发展研究所(2000)《国家阅读委员会关于儿童阅读教学的一份报告:基于阅读评价和阅读教学的启示:科学报道小组》,美国国立卫生研究院出版社,00~4754 号,华盛顿特区:美国政府印刷局;澳大利亚教育科学与培训部(2005)《阅读教学的报告和建议,国家识字教学的调查研究》,巴顿,澳大利亚:教育部和科学训练出版社。

[47]咨询委员会(1975)《语言生活》《布洛克报告》,伦敦:英国皇家文书局,第 32 页。

[48]柏林·W.(2005)《口水战》,《卫报》,4 月 5 日。

[49]怀斯·D.和帕克·C.(2012)《早期识字手册》,伦敦:实用学龄前图书出版社。

[50]克拉申·S.(2012)《广泛阅读是关键》,《卫报》,7 月 31 日。

[51]参见:http://timssandpirls.bc.edu/pirls2011/.

[52]埃利奥特·A.(2012)《自 1992—2012 年这 20 年来教育标准办公室对英语学校的检验》,《审查回升》,11 月。

[53]教育标准办公室同时"规范和考察儿童保育、儿童社会关怀和考察儿童及家庭法院咨询技术支持服务、最初的教师培训、以工作为基础的学习与技能训练、成人和社区学习、教育、培训和其他安全机构培训。教育标准办公室评估理事会儿童服务和检查维护,保护儿童与照顾孩子们的服务"(教育标准办公室,https://www.education.gov.uk/publications/eOrderingDownload/120010.pdf)。

[54]《卫报》,2012 年 1 月 24 日,第 32 页。

[55]英国财政部(2012)《公共支出统计分析报道》(PESA),伦敦:英国财政部。

[56]史密斯·E.(2012)《幸运:意味着什么,为什么它重要》,伦敦:布卢姆斯伯里出版社。

[57]威尔比·P.(2012)《除了足球,体育在英国仍然是一个精英们的游戏》,《卫报》,8 月 1 日。

[58]教育与劳动技能部(2003)《全方位扩展学校规划文件》,伦敦:文书局。

[59]参见:例如,德赖富斯·J.(1995)《实行全面的学校服务:追求革命或还是追求时尚?》,《青春期研究期刊》,第 5 卷,第 2 期,第 147~172 页。

[60]Rée,H.(1973)《非凡的教育家:亨利莫里斯的生活和成就,1889—1961》,伦敦:朗曼出版社。

第 10 章 缺点

第 8 章和第 9 章详细地介绍了一些积极的以及能演变成积极的英国体制的作用。 下面，我将讨论一下我们教育体制的主要缺点。

议会的过度支配

政客们在我们的民主社会中发挥了核心作用。 我们能够推选他们作为代表是考虑到这些领导人物能够维护人民的利益并为社会做出明智的决策。 然而，在一些已经投了 50 多年票的人看来，那些经选举产生并担任了部长的人，似乎一旦进入政府部门，都倾向于追求自己的议程。

19 ～ 21 世纪，政府对教育的热衷是断断续续的。 亚瑟·贝尔福担任总理时保留了负责起草的《1902 年教育法案》，那些 20 世纪的继任者，一直到詹姆斯·卡拉汉都倾向于忽视这个问题。 自那之后，总理似乎意识到教育全面性的重要性。 因此，托尼·布莱尔提出了著名的口号"教育，教育，教育"。

自《1988 年教育法案》实施以来，教育部长授予自己许多新的权力（立法方面增加了 6 倍）， 认为自己有权大刀阔斧地进行教育改革，实现任何他们想要的改变。 呼吁教育改革的人群中，政府人员占绝大多数，所有的提议不会引发上议院的驳斥，部长们运用自己的方式阐释他们的变革主张——无论他们的想法是多么的愚蠢。 读者们会联想到自己的荒谬例子，但是我的案例中包括肯尼斯·克拉克的英国皇家督学的废除和教育标准办公室的创办、约翰·彭定康引入被过度专业化所损害的"专业学校"到我们的教育体制内、大卫·布伦基特面对选择时的彻底转变、埃斯特尔·莫里斯推广的教会学校以及迈克尔·戈夫在一个紧缩时代在自由学校上的开支。

为什么部长们在追求自己的变革时，常常不经检验，仅仅起到帮助部分人或者说只是能够帮助一些愚昧的人的作用？ 是他们雇用了不合适的顾问，太在意那些评论家还是觉得他们有权谈论他们喜爱的话题？ 可能这些因素都为最糟糕的政策的决定发挥了部分作用。 但还有第 3 种考虑因素特别适用于教育，一个看似常识的观点：教师们——被称之为教育当权者的人们——无法胜任他们的工作，也无法令人相信他们知道如何才能对这个国家的孩子们最好。

这就好像教学的地位一直处于不明确的状态中。 在第 5 章中，我讨论了 21 世纪教师人群演变为主要的专业研究型人才。 然而那些过去对教师的偏见依然存在。 政客们对教师依然持有不好的刻板印象，因此，来自其他任何人的建议都会被认可。

过去，部长们受助于中央顾问委员会，该委员会由《1944 年教育法案》[1]授权，可以就教育问题提出建议。 此外，政府设置了一些特别委员会，用以处理难点问题和颁布独立提案。 一些最著名的委员提案有：罗宾斯（1963），建议大学扩张；[2] 布洛克（1975），提倡广泛阅读的教学方法；[3] 沃诺克（1978），创建特殊教育需求的概念，取代了现存的对残障的关注。[4]

近年来，政府在一些重大事件的创建方面展现了强健有力的一面。 20 世纪 90 年代，一组由克劳斯·莫泽（牛津大学著名的社会统计学教授）领导，在英国科学发展协会、英国皇家学会、英国学院和皇家工程学院的支持下，获得保罗·哈姆林（Paul Hamlyn）基金会的资金资助，成立全国委员会研究英国国内的教育。

委员会为此工作了 2 年。 和之前的独立委员会一样，它由教育领域内外的经验人士组成。 在大量的研究论文和调查的支撑下，它产生了一份蕴含了很多教育智慧的报告。[5]但这份报告立刻被当时的保守派部长拒绝了。

工党执政期间，发生了几乎相同的事情。 一项由艾斯米·费尔贝恩（Esmée Fairbairn）基金会支持，研究人员和剑桥大学的政策分析师组成的小组承担了大型独立调查。[6] 它的报告是自 1967 年《普罗登报告》后，关于小学教育最全面的调查研究。 然而负责学校教育的工党部长宣称，该报告"充其量是模糊的"。[7]因此，3 年的集中工作被搁置。 在第 12 章，我会考虑去做些什么来限制这样的教育专断倾向。

学校教育的市场模式

自 1988 年以来，我们的教育体制已经系统地转变为市场经济模式，学校教

育像是购物场所或者房地产中介。 米尔顿·弗里德曼的工作是市场化思想的灵感来源。 他的《资本主义与自由》（*Capitalism and Freedom*）引发了一个新的管理战略[8]——新公共管理。 这一战略的关键要素是个人主义、竞争、选择、私有化、地方分权、放宽管制和市场上所有公共服务的运用。

这些观点的潜在原则就是奖金激励机制——导致唯利是图的人出现和拒绝公共服务概念的产生。 这些观点支持藐视教师，例如，英国学者、政府前顾问朱利安·格兰德在他的一本书中，有个主题即"是流氓，而非骑士"。 他暗示，教师一般会采取行动争取并维护自己的利益，而不会通过对学生做出任何承诺或公共服务。[9]

当然，事实上，一些有限的教育市场长时间存在。 那些承担孩子教育费用的家长们一般通过学校的花费来判断私立学校，但这仅适用于部分英国学校。我注意到国内几所著名的私立学校在创办分校。 成立于 1440 年，目前为止，优先选择独特性的伊顿公学，也遵循市场原则建立了分校（或"加盟连锁品牌"）。然而，它似乎迫于压力向纽汉市中学六年级的自由学校提供英语教师。 这些自由学校已经在大批私立学校内开设。[10]

市场道路下主要的教育问题是：所有发达国家的学校教育都是强制性的。不同于商店的顾客，家长没有拒绝买东西的自由，他们必须送自己的孩子去这个或那个学校。

第二个问题是，与大多数蓬勃发展或没有国家干预而破产的商业组织不同，学校教育与未来社会好坏关系密切。 一个好的社会需要一个良好的教育系统，一个良好的教育系统更有可能造就一个好的社会。

我们愈发明显地看到，任何市场都偏爱那些可能是富有的和有权利的客户带来的利益。 这些人善于为自己和家人辨别并确保最佳抉择，他们无论如何都要实现这一目标。 然而，贫富差距越来越大的国家（威尔金森和皮科特在《精神层面》[*The Spirit Level* [11]]里的生动描述），贫富分化的策略将加剧这一问题。 作为研究群体中的一员应注意：

> 越来越多的研究表明，当代教育政策促进父母的选择。入学率竞争力、业绩排名表和学校专门制订的道德框架都在促使竞争和追求家族自身利益的合法化。[12]

教育市场的第 3 个问题是，很少有孩子在转校时受到欢迎。 根据我的经验，当父母决定让孩子转校时，一般是对孩子现在的状况不满意。 他们一般不愿重演这样的经历——即便他们也担心所选择的新学校比原来选择的第一个更糟糕。相反，往往是由他们的孩子下决心表明态度，他们愿意留下来并好好努力改变这种状况。

此外，正如我在第 1 章中所指出的，市场化给家长和孩子创造了巨大的压力。我的邻居有一个年幼的儿子。他们已经在担心儿子的学校教育，甚至到痴迷的地步。他们正在家里为孩子选择去哪里就读，这在很大程度上由他们认为是一个"好公立学校"的实用性决定。但是，学校这个市场是如此难以理解，他们正计划不同的备份策略，包括为孩子 11 岁及以后考试的辅导，并为孩子注册了一个私人预备学校（他的等候名单上是 29 号）。然而目前，他们的孩子才 22 个月大。

我邻居的情况并不罕见。和在任何小学门外的父母聊天，他们的主要议题都是合适的中学有没有可用的名额。奇怪的是在突出的人口集中区，指定"合作学校安排"，没有任何信仰要求，选择学校已成为一场噩梦般的伎俩。如果家长做错了决定，面对的指责范围和内疚是巨大的。想象一下，由教育市场引起的父母的焦虑总和是多么巨大。这不仅会增加孩子的不安全感，而且你也会陷入痛苦的境遇。

然而，这是历届部长们强加给我国的制度——没有任何讨论或投票。除群体极少的其他地区，子女就读当地学校的长期传统已经被迫终止。选择权已成为历届政府的口头禅。尽管如此，事实上，家长只能根据自己的偏好进行选择。真正的学生选择权只由人数爆满的学校操作。

校长和理事机构的竞争行为受到政府鼓励，使他们互相争夺双方的学生和资源。部长们似乎认为，只有过硬的竞争才可能会带来学校的改进。然而，矛盾的是，他们一直乐于分配额外的权力并投入多余的资金给他们青睐的各类学校。在新工党执政期间，城市学院和教会学校[13]都是示范学校。在联盟时代，最受青睐的是学院和自由学校（不管是当地需要还是对此规定的渴望与否定）。[14]

最应指责的是，在我们的民主权利方面，直到 2011 年，教育部长才规定豁免学院需遵守的《阳光法案》。奇怪的是，他们的愿望并没有实现。如果市场确实是组织教育的最好办法，这种企图利用保密和特权的地位以及更多资源的明显"修复"是没有必要的。

联合政府似乎想更进一步地改变法规——允许私人公司接管地方当局的学校赚取利润。像前新工党政府似乎认为，只有私人管理才会产生明显效果。斯蒂芬·鲍尔撰写了大量关于教育方面的商业利益的文章，提醒人们注意一个教育与劳动技

能部（DfES）的评论：

> 仅靠国家拨款来扶持教育的时代已经结束了……我们必须记住，公
> 共服务的模式不能在任何时候都能够为每一个孩子提供优质的服务。[15]

"每个孩子"！ ——这是一个相当不现实的成效标准。 请问国务院政府将
如何对私营部门采用同样的投资判断——不支付学费，除非有100%的成效？ 鲍
尔还援引了阿利森·波拉克（关于私人融资计划［PFIs］价值的强悍提问）对他
与英国首相戈登·布朗会面的描述（银行崩溃之前），他在其中一再宣称公共服
务管理不好，只有私营部门才拥有高效和优质的管理。[16]

优秀的管理往往由地方当局负责，这种现象似乎故意被忽视。 事实上，行
政教育官员的作用已经被地方政府的公司化削弱，并受教育和子女的抚养义务相
结合的影响。 政府在私人管理应对教育问题的能力方面似乎也有一个不切实际
的信念。 尽管事实上，地方当局接管也取得了有限的成功。[17]情况似乎也是如
此，很多的最成功的新型教育管理者都花费了多年时间在地方当局工作，磨炼自
己的技能。 我曾经和内伦敦教育局的一位出色管理者一起工作过。 当他的权力
被废除后，被私人教育集团聘用，接管陷入困境的地方政府的各项工作。 随后
他招募了几个以前的同事，并安排工作。 具有讽刺意味的是，他的成功被人们
誉为私人管理的胜利。 无论政府是否批准私营公司赚取利润，我都担心学校教
育的市场化会变成一个严重的错误。

1970年，由卡罗琳·巴恩和布赖恩·西蒙编写的一本书，回顾了国家走向一
个完整的综合体制的过程，并报道了已取得的显著进展。[18]审核数据说明了考
生和他们成功的人数大幅增加：学生甚至不公开考试了，旧的现代中学已经在综
合化方面获得成功。 据菲奥娜·米勒写于2012年的一段话：

> 和1968年一样，大约6倍的学生得到五好普通中等教育证书，5倍的
> 学生上了大学。学生从公立学校考入牛津剑桥的比例自1961年以来几
> 乎翻了一番——这无疑是一个最好的宣传神话。[19]

当然，20世纪后期的教育制度资金不足，而且很多建筑物需要翻新。 但它
正在朝着一个清晰的方向前进，并有助于形成一个日臻完善的社会。

令人费解的是，新工党上台后，全面综合的学校教育和地方政府管理走向失
败。 梅丽莎·本详细介绍了新工党政治家如何使用与保守派前任同样的方法向
学校提供有差异的拨款，保持高风险的测试项目，促进教会学校发展和私有化管

理，并进一步削弱地方当局的权力。[20]

新工党部长们用待在办公室的时间创建了学校的不同地位，继续出版了排名表，并依靠各种目标提升教育水平。 他们显然不知道英格兰银行的前首席顾问提出的"古德哈特定律"，他认为"当一种措施成为一个目标时，它就不再是一种很好的措施"。[21]

有许多关于服务目标扭曲效应的轶事：晚点的火车，有严格守时的目标，有时会导致司机省略一些原定停靠站；医院，预计只是做几个简单的手术，而不是做更少更复杂的手术，等候的患者名单就会被操纵改期。[22]

劳工责任制的主题演变为最后被点名批评经常发生"高风险"的系统。 正如我先前所认为的，高风险系统美中不足的是没有可以称作完美应对的测试方法。 用测试来判断学生，学校将只能得到一个粗略的估计；用测试的结果来判断教师的技能将会更加的不准确，测试应考虑到不同家庭环境的潜在影响，以及许多其他因素，诸如参与了一个学生的求学生涯的教师数目。

私立学校的影响

作为《1944 年教育法案》的主要制定者，R.A.巴特勒，在新的国家教育制度下，在整合民办学校方面并未做出任何贡献。 整合私立学校的可能性在 1944 年的弗莱明委员会上就已被讨论过，[23]但当时未能达成一致满意的解决方案。 该法案包括民办学校的影响力和资源部分会成为国家民族体系内的一个挑战，忽略了这个问题势必将造成一个双轨的社会现象。

私立学校和公立学校的差别如今更大。 许多对孩子期望高的父母们，经过营销代理商的怂恿，毫无疑问已经相信，私立学校总是优于公立学校的，而且他们应该把孩子送到私立学校。 即便这样他们也要做出相当大的牺牲。 即使前工党教育部长埃斯特尔·莫里斯也曾引述说"公立学校有很多地方需要向私立学校学习"。[24]

私立学校固有优势的说法是不能被证明或反驳的。 私立学校之间差别很大，既有世界著名的伊顿公学、温彻斯特公学和哈罗公学，又有那些主要招收外国人的资源贫乏的私立学校。 有些私立学校可能会比大多数公立学校好，但有的也比公立学校差远了。 前总督察大卫·贝尔，在 2003 年给私立学校校长的演讲中指出：

> 这个国家的私立学校中既包括了很多非常好的学校，也有很多非常差的学校。[25]

很少有教师在私立学校和公立学校之间进行调换，而那些由公立学校转到私立学校的教师一般都承认，在私立学校教学要容易得多。

正如我在第 6 章中提到的，要想有效地判断一所学校的质量，必须知道它接受的是哪种程度的学生。 不言而喻，即使是在协助地方计划（1980—1997）试行时，鼓励贫困家庭把孩子送到私立学校，私立学校也不可能接收很多来自贫困家庭的学生。 私立学校的学生几乎没有来自工人阶级家庭的，少数来自陷入困境的中产阶级家庭。[26]

许多私立学校宣传的小班教学对父母而言很具有吸引力（如第 5 章所述）。在任何学校的介绍宣传书中，这将是一大特色，专为吸引焦虑父母的眼球。 监护人为自己送儿女上私立学校辩护。 父母中的一方提出，小班是关键因素："真正重要的是规模，而这正是公立学校仍旧做错的地方。"[27]他似乎忽视了私立学校和公立学校之间的费用差异，因为大多数公立学校教师不喜欢有这样的小班。

大多数私立学校通过举办入学考试，并进行面试，尽量招收最有能力的学生（有少数是照顾那些有学习或行为障碍，或有特殊疾病的学生，但这些是例外）。 此外，私立学校比公立学校更能够驱逐"不受欢迎"的学生，但这些措施并不能保证私立学校可以成功教育好学生。 这就是为什么私立学校也会有失败的时候，但这些措施确实有助于成功。

第二个问题是关于父母采用民办教育的"职责"，这个问题更加难以解决。当然，父母都希望给他们孩子最好的教育。 但问题是如何决定什么是最好的。是将全部来自优越背景家庭的孩子聚集在一起的私立学校？ 还是将来自不同阶层和不同文化背景的学生聚集在一个或许能够提供更好的生活准备的公立学校？

大多数家庭无法负担私立学校的费用（全国只有 7%的学生真正上了私立学校）。 有些家长可能有钱，但他们或许是不想购买教育特权。 他们对自己的孩子接受训练、参加入学考试的压力可能保留意见，或许他们希望帮助学校建立一个更公平的社会，让人们基于其本身的竞争，而不是得益于特权的开始。

在我看来私立学校具有分裂作用，无论它们再好，或是对学生多么有帮助。私立学校阻止了不同背景的学生正常交往，这无疑延续了社会分裂现象。 对其他因素进行分析后，2011 年英国社会态度调查结果显示：

> 私立学校确实延续了一种英国独立发展的模式，或是"社会隔离"。[28]

此外，私立学校减少了具有得天独厚背景的学生参与国家制度的可能性。

这意味着，一些城市的公立学校不可能享受公平招收学生的权利。 那些有能力的学生父母将面临进退两难的局面。[29] 他们应该委托自己的孩子到发展不平衡的学校去吗？ 而这样做有助于提高平衡，或者说做出这样的证明对他们来说太难了吗？ 有些父母这样做了，有些父母发现这样做风险太大，并遗憾地退出公立教育体系。 在部分地区，公立学校声望的上升或下降，是根据中产阶级学生所占份额决定的。 这样做的缺点是：即便在附近的学校任命一个充满活力的领导，该地区的人口轻微的变化，也会导致一个非常好的学校进入恶性循环。

此外，私立学校难免潜移默化地向学生传输功利化思想。 即使教师不直接告诉学生，他们比公立学校的学生好。 但是这是一种态度，年轻人会很容易接纳这种思想，并增长权利意识。

支付高额费用的父母们或许会鼓励自己的孩子持有这种态度，为了使自己安心，即他们的钱得到了价值。 这会导致一种被社会态度调查小组称为"优势奖赏"的感觉滋生蔓延。[30]

最后，年代较久的私立学校已经建立了有效的网络影响。 虽然对于牛津、剑桥大学"专门制订的奖学金"制度（只发放给特定学校的学生）已不复存在，很多私立学校利用他们的网络，以希望进入最有名的大学为目标，并在那些学校设置最精英的专业。 该数字讲述了一个事实：牛津、剑桥大学中 50％ 的学生接受这些来自 7％ 的私立学校的学生。 来自社会态度调查的数据也显示从事政府职业的人也倾向于私立学校。 英国有 2/3 的现任部长，一半的公务员和 2/3 的资深法官接受的是私立教育。[31]

毋庸置疑，许多私立学校是很好的，它们拥有高水平的教师。 同时也有令人难忘的教学建筑、高端的文化思想和运动器材。 破坏它们是很残忍的。 第 13 章中我将讲述，作为公立学校补充的私立学校将如何维持，而非消亡。

择校

正如我在第 6 章中指出，《1944 年教育法案》第一次提出全国通用的免费中等教育。 但随后的工党政府成立了文法学校、现代中学和技术学校。 文法学校严格挑选学生，尽管招收那些看似最有能力的学生，然而有些文法学校仍然表现不佳。 许多学校控制它的生源，使用最好教师的奢华阵容，给予好学生最高的期望，淘汰那些表现不佳的学生。 梅利莎·巴恩列举的《1959 年克劳瑟报告》指出，只有 38％ 的文法学校学生通过了超过 3 关普通教育证书考试。[32] 梅利莎·巴恩和菲奥娜·米勒还认为：

仔细回顾一下所谓文法学校的黄金时代,它表明,大多数来自专业和管理背景的大学生,以及相对较少量的工薪阶层的子女获得了良好的教育,并走出了贫困和低抱负的困境。[33]

阿德里安·埃利奥特,在他的 20 世纪 50 年代学校研究中,通过文件、学生的解释和英国皇家督学的报告来证明:文法学校的教育实际上是多么的一般。他认为那些占少数的,来自工薪阶层家庭的学生经常会被期望低、瞧不起和欺凌。[34] 布赖恩·杰克逊和丹尼斯·马斯登对来自哈德斯菲尔德的 88 户有孩子在文法学校上学的工薪阶层家庭进行了详细研究。从这些家庭了解得知,孩子夹在两种文化之间,致使很多儿童最终拒绝了自己父母工薪阶层的文化。[35]

由此看来,文法学校并非是它们本身所宣扬的那种状况。一种持久的谬论是:文法学校是促进社会地位升降流动的巨大引擎,它可以使来自工薪阶层的聪明孩子进入高等教育学校,获得受尊敬的职业。当然,对某些人来说,他们也由衷地感谢学校给予他们的机会。但现实社会中这些人只是占少数。作为一位前校长的伯纳德·巴克认为:

> 文法学校可能使一些个别的、例外的学生获得成功,但是没有证据可以证明,在他们之前,进入文法学校能够普遍提高学生进入高等教育以及获得好职业的概率。[36]

更乏味的现实是,11 岁以后考试的选择过程就像任何利用积累"文化资本"的有竞争力测试一样(见第 6 章)。中产阶级家庭累积的是对来自中产阶级家庭孩子的严重偏见。简言之,中产阶级为了自己的利益,成功地让自己的孩子转入文法学校。

尽管政客们不愿意接管这个令人恼火的问题,当地选民明确自己的观点,即他们不能接受在孩子 11 岁的时候进行一个高风险的测试,并将他们(以"学术中的绵羊和山羊")分类。20 世纪 50 年代和 80 年代之间,大多数地方当局的措施是,逐步撤销文法学校和现代中学并逐渐推出全功能综合性学校。

对于 20 世纪 70 年代所发生的事情,我居住地方的当地政府就是一个很好的例子。当地保守的议会,受父母们压力的影响并最终不堪重负。为了保住职位,政府最终推出了一个综合中学系统。

综合性学校逐渐流行,却遭到了许多传统主义者的激烈反对。右翼思想家在 1969 年和 1977 年出版的《教育黑皮书》(*The education Black Papers*)中批评了这种激进的倾向，并开始了恢复文法学校的长期运动。 来自右翼黑尔哥特组[37]的刊物，影响了保守党并对《1988 年教育改革法案》的内在思想做出了贡献。 这些压力似乎也已经影响到工党政府。 正如梅丽莎·巴恩和菲奥娜·米勒曾评论说，继任的部长们已经想尽办法来保留现存的文法学校，甚至允许综合学校选择一定比例的学生。[38]

在 1997 年工党大选获胜之前，两名资深工党人物决定破坏党员的教育政策，并将他们的儿子送到文法学校。 此外，该系统是在父母有机会投票并选择取消当地的部分学校的前提之下，被曲解为偏向于保留。 梅利莎·巴恩和菲奥娜·米勒曾这样说过：

> 在最新一次的欧洲议会选举中，为了引发关于是否取消文法学校的投票，一个郡将需要更多的签名而不是投票。[39]

择校仍然是我们目前的教育体制面临的一个重大问题。 它是支撑着一个身份等级制度的举措，促进权势的发展并阻碍许多学校获得更多有能力的学生。父母为子女的入学考试支付了数年的培训费用，希望它能够使孩子大有作为，事实上父母为孩子的付出是有所收获的。 2011 年，北爱尔兰对废除了 11 岁以后考试，来自该地区的相关研究表明，教育培训可以提高测试成绩 30～40 分。[40]同时持续超过 9 个月的培训，效果会更明显。[41]

2009 年，一项在白金汉郡的调查显示：

> 目前的研究证据表明，除非你可以确保公平的有效性或者能够接受培训，否则你不能根据言语推理测试就对一个人的能力进行假设。[42]

择校一直备受国人批判，尤其是英国心理学会[43]和国家教育研究基金会（NFER）[44]更是如此。 这些批判与西里尔·伯特的虚假声称形成鲜明对比——后者表示智商测试极少有教育性的可靠指标，因为它们太容易发生显著性错误。 最近的研究也表明儿童在不同的年龄阶段有不同的发展速度。[45]

经济合作与发展组织和国际学生评估项目（PISA）的参与研究人员也提醒大家注意早期选择的不利影响：

> 数据表明很多学校较早地将学生根据他们的学业表现分成不同的类型，更多的考虑因素是学生的社会经济背景。[46]

这方面的工作有一个潜在的问题需要加以阐明，那就是能力与社会经济背

景的关系。

据我所知，没有证据显示，优势背景下的儿童在本质上比处境不利儿童的智力水平更高。 但有大量证据表明，在最有竞争力的学术氛围下，那些优势学生表现得会更好。 就像我在第6章提到的解释原因：优势学生的家庭能够负担得起更多丰富多彩的课外活动，使得他们能够在竞争激烈的考试中出类拔萃。

经济学家威尔·赫顿报告表明，在这些丰富的活动中，美国中产阶级家庭比"底层家庭的花费高出11倍"。[47] 许多英国家庭可能也是同样的状况。 在这种情况下，如何才能选择没有阶级偏见的规程呢？

2011年发布的针对七年级学生收集的数据所反映的偏差指标可以回答议会的问题。[48] 数据表明，约17%的学生享受免费校餐（针对处境不利儿童，粗糙但相当现实的措施）。 同样的数据显示，文法学校只有3%的学生可以享受免费校餐。

其他数据显示，那些"照料孩子"（那些受地方当局至少一年照顾的孩子）构成了七年级学生人数的5%，但是文法学校的受照顾孩子仅有0.05%。

正如我刚才所强调的，一些处于弱势背景的强大个体将逆袭这一趋势。 这对他们是好事，但重要的是我们需要记住，这部分人只是个例外。

选举在我们的教育体制中仍然根深蒂固。 有关文法学校反复出现的成功神话，甚至被英国广播公司（BBC）频繁传播。 2012年，一个由两部分组成的方案，布满了关于选择性教育价值的错误事实和不支持的主张。[49]

英国有学校教育的层次结构：民办学校、语法学校和第6章所述的——递增排列的不同地位、管理、权力、资源的其他类型学校。 在第12章，我会提出关于如何一起创造更公平的、更好的教育制度的建议。

按能力分组教学

公平并不仅仅只是局限于你上哪种类型的学校。 它也适用于当你去了，会发生什么：你分到什么班，鼓励你学习什么专业，谁将会是你的同伴。

正如我在第6章中讨论的，各党派的政治家和许多媒体似乎深信在预估能力的基础上按能力[50]和（或）背景[51]分组效果更好。 戴维·卡梅伦表示，只要他当选了党领袖，承诺"在每一个科目的语法……更多按能力和背景分组……"。[52] 这些学生分组方式的理由，显然是缺乏考证的。

事实上，研究结果相反。 苏格兰教育研究委员会的审查发现：

没有一致和可靠的证据表明,任何学科的设置和按能力分组,或是有特别能力水平的学生,会带来积极影响。[53]

这种观点得到了许多其他研究者的支持。[54]经济合作与发展组织在 10 个国家的公平研究中建议各国应该"限制早期的跟踪和分流,推迟学校选择"。[55]2012 年的一份研究报告发现,国家对早期表现不好的中小学生进行了能力和背景分组,从而造成更多的学生辍学。 经济合作与发展组织的研究人员曾做出警告:在锁定为低等教育背景之前,每个学生皆有可能"有机会发展……他们自身的潜力"。 研究人员还指出,按能力分组教学将加剧学生之间的不平等性,使得移民和低收入家庭的儿童更有可能被放置在低能力组。 另外他们还指出,英国是对学生进行能力分组教学比例最高的国家之一。[56]

那么,为什么在如此强大的研究证据面前,按能力分组教学的理论仍然占据主导地位? 也许政治家认为这是广大父母所期望的,或许很多优势群体孩子的父母认为这样才最适合自己的孩子。

根据学生自身能力分组教学的理论就容易理解且十分合理:即鼓励学生和聪明的人一起竞争,耐心教导学困生,保障学习严重困难的学生免于被其他同学嘲笑。 这是一个令人信服的理论,通过教学应用,那些甚至明显处于不利地位的人也常认为它是真实的。

然而,这一理论忽视了 4 个重要因素:

· 尤其是在孩子早期,准确评估孩子能力的难度;
· 每个人智力发展的本质,在童年时期存在差异性;
· 良好动机的强大效果,可以超越一切界限,提高表现水平;
· 被亲切地告知"你的能力是有限的",带来的强大负面影响。

正如我在第 3 章指出的那样,我们大多数人自尊心脆弱,如果其他人(尤其是我们的教师)认为我们的能力有限时,我们会演变成教师期待的那样。

在短暂的职业生涯阶段,我亲身经历了类似的事情。 在我和一位重要的老板工作时,当他用一种令人生畏的方式质问我时,我能感觉到我的信心在逐渐消失。 对于脑中存在的创造性想法,可能会忘掉要点,失去信心。 因为我们人类能够观察到自己,意识到这种正在发生的转变,意识到自己的表现是多么糟糕。更何况我是一个拥有成功背景和家庭支持的成年人。 试想,这种因素对一个内心不安的儿童或青少年造成的负面影响是多么深刻。

幸运的是,我很快就调到另一个和我想法高度相近的老板那里。 但是我却经历着相反的感受。老板的鼓励让我迅速成长，敢于去冒险和制订创新的理念，我也感受到自己内心情感的逐渐变化。

芬兰人认为，如果老师有低期望，他们会引起学生低期望的表现——这就是为什么芬兰取消所有形式的中等教育分流。[57]（国际学生能力评估计划结果显示：芬兰无论是在实现较高平均分方面，还是在实现高低得分之间差距最小化方面，均优于其他国家。[58]）

英国学校面临的问题是，可以替代以背景和能力分组的综合能力教育——是一项无法企及的要求——当教师期望区分不同学生时，却发现很难应付不同水平和能力的孩子。

高动机的学生会被那些低动机同伴的不安所影响，试想，如果他们的邻班作弊，他们怎么能专心？他们难道必须要向同样致力于学习的同伴们学习吗？这不仅是一个能力的问题，像竞争、动机、行为态度等因素均对学生的发展起着重要作用，不可忽视。2005 年的白皮书（White Paper）[59]"提出个性化学习"建议，随后被忽略，可能是因为这一可能性解决方案即个别教学，成本太高。

这个话题迫切需要注入新的思维，以使学生能够轻松学习，不让任何学生掉队。分组教学也是一个触及学生友谊的话题。学生是不是感觉和相同社会阶层的同学在操场玩耍并且一起学习的时光更加美好了呢？因此，我们需要新的研究去探索是否有更好的替代方法。在第 13 章，我们会再次回到这个主题。

缺乏充足的学前准备

尽管在第 7 章，我对"确保开端计划"（Sure Start）有积极评价，但仍有幼儿家长面临很多困难。所有孕妇都有一年产假权，但是，除非他们的雇主愿意提供更好的条件，否则父母们在有限的时间里，只能拿到部分薪水。那些部分时间或长时间不工作的人甚至连部分工资也没有。因此许多妇女不能享受应有的权利。她们如果要恢复工作，需要依赖于幼儿托管的服务、家人和朋友的帮忙或昂贵的日托。一些有多个孩子的父母，育儿成本可能超过其工资水平。至少在目前看来，他们很可能成为离职的人群。

在可行性地区，3~5 岁的儿童可以享受免费的幼儿园教育。但很多幼儿园属于非全日制教育，一周仅有 5 次 3 小时的课程。因此，工作的父母们仍然要面对接送孩子、学校放假及孩子身体不适的时候照顾他们的挑战。

我们需要更系统、更友善的方式来组织幼儿的保育和教育工作。第 13 章，我将举例支持适当资助儿童的保育工作。

孩子们的压力

英国儿童也受到来自社会的压力，而非来自教育系统本身。 究其本质，儿童比成年人更可能遭受贫困的困扰。 贫穷的成人（家庭收入低于全国平均收入的 60%，同时扣除住房成本）占英国总人口的 22%；贫困儿童的比例从 1979 年的 14% 增长到 30%。[60] 不同于北欧国家，儿童贫困是英国在社会公正规模（由柏林的贝塔斯曼基金会制作[61]）排名如此糟糕的主要原因之一。 据社会学者理查德·威尔金森和凯特·皮克特称，英国有儿童福利、青少年生育比例、入狱、吸毒、肥胖、社会流动性和心理疾病的不良记录。[62]

上届工党政府在绿皮书（Green Paper）《每个儿童都重要》（*Every Child Matters*）的基础上，提出了 2004 年儿童法令（2004 Children Act），致力于改善儿童生活，营造政府和地方各级教育水平相结合的儿童服务。 儿童署长被任命为儿童和青少年利益的拥护者。[63]

联合国儿童基金会（UNICEF）的调查

2012 年，联合国儿童基金会在 35 个"发达"国家调查了生活在"相对贫困"条件下儿童的比例。 那么对相对贫困的定义是：

> 当 0～17 岁的孩子家庭经过组成调整后，可支配收入低于国民平均收入 50% 的家庭。

结果显示，相对贫困儿童的比例是，芬兰 5.3%，挪威 6.1%，丹麦 6.5%，瑞典 7.3% 及英国 12.1%。 最令人震惊的，35 个国家中最高的数字是美国的23.3%。[64]

调查显示，自 2007 年联合国儿童基金会对幸福指数进行调查以来，英国几乎没有对儿童的境况做出任何改善。 这表明，最有效的境况改善出现在荷兰和北欧国家。 英国福利制度几乎是最糟糕的，已经下降了 5/6，排在倒数第三，将所有排名集中起来时，英国便是最后一名。 只有在"健康与安全"方面，英国表现得稍微比其他大多数国家更好一些。 也许最令人沮丧的结果是：样本中不到45% 的人认为他们的同龄人"善良并且乐于助人"。 但该数字在荷兰和斯堪的纳维亚国家却达到 70% 以上。[65]

2011 年，益普索国际市场研究公司（MORI）对原始调查（2007 年）中的 21个国家中的 3 个进行了一项随访调查，这 3 个国家即英国、西班牙和瑞典。 该项

研究发现，所有的家庭几乎都面临着比 2007 年更大的压力。 但英国的父母认为他们的压力更多地表现为时间压力——工作时间很长，并且还要尽力辅导其孩子的学习。 相较于其他 2 个国家的家庭，他们认为现今的社会存在越来越多的不平等现象。 同时，他们对权势也具有更加强烈的意识。 现实社会中，很多人频繁嘲弄那些看重"声誉"和重视物质文化中"品牌"的群体，同时那些只具有文化而没有"权利"的人也被嘲弄。[66]

2013 年，联合国儿童基金会将 2007 年的调查结果稍作修改后，对其进行报道。 虽然英国已经上升至中间位置，但仍远远落后于荷兰和北欧国家。[67]

约克大学的幸福指数

对于儿童幸福感指数及其缺失的更多证据来源于乔纳森·布拉德肖和他的约克大学的同事们的成就。 他的研究小组构建了世界上最富有的 29 个国家的"幸福"指数排名表。 这些排名表取决于以下测量标准：卫生、教育、住房和环境，人际关系的质量，教育资源的水平，儿童的行为以及风险状况等。 同时，荷兰是给孩子提供最好的教育环境的国家，其次是 5 个北欧国家，然而英国排名第 21 名，几乎位列榜底。[68]

关于儿童美好童年的调查

美好童年调查是在儿童协会的主持下进行的一项为期 2 年的独立调查，于 2006 年 9 月启动，主要是收集有关现今孩子真实生活状况的信息。

该调查表明，对许多儿童和青少年来说，传统观念所认为的无忧无虑的时期实际上恰恰是不快乐的时期。 在其他方面，该调查还注意到父母对孩子过度自由的玩乐以及无人监管而外出的担心所带来的影响。 当然，父母们对此感到担忧是很正常的，但调查指出，与意外事故和健康风险相比，被绑架和谋杀的风险要低得多。 它还指出：

> 考试成绩和资格证书不能作为孩子接受教育的首要目标……并且……很多学校在实现政府所规定的目标时承受着巨大压力，因此，很多教师觉得无法把重点放在学生的社交和情绪学习上的现象就不足为奇了。[69]

这些观点在 2012 年的后续调查中被重申，结果发现，10％的英国孩子生活得很不幸福。[70]

最后，我想提醒大家注意那些陷入法律纠纷的年轻人的压力不断上涨的深层次原因。

青少年犯罪政策

据霍华德刑法改革联盟 2008 年的一则报告，英国青年犯罪政策比邻国更具惩罚性：

> 在大多数欧洲国家，孩子犯罪被当作一项社会福利事件……相比之下，我们的制度主要通过惩罚来回应（犯罪事件）。[71]

因此，除了很多孩子所经历的压力之外，惹上麻烦的年轻人也很少得到英国有关青少年犯罪的相关法律的保护。 正如教育哲学家理查德·普林所说："我们应该为从拘留所或福利中心释放的年轻人提供稳定的住所和大力的支持。"[72]如果不这样做的话，这些年轻人有什么（改过自新的）机会呢？ 这是他们身上消极压力的另一个来源。

小范围的创新

每个体制都必须能够适应不断变化的情况。 但是，最好的改善通常是有机的——由其所涉及的人的见解引起的，通常这些人很清楚体制是如何工作的，并希望使他们的工作更加高效。 然而，就是这些举措也已经被占主导地位的一些自上而下的勒令所阻碍。

在 20 世纪 70 年代和 80 年代，许多教师投入大量时间和精力为中等教育证书书写所谓的"模式三"课程。[73]"模式三"课程早已被淘汰，他们为教学所带来的新鲜感已经丢失。 我们必须找到重新点燃这种努力的方法，使学生可以从其教师的知识和创新能力中得到提升。

结语

我列了一份关于我们教育体制的缺陷的清单，所有这些令人瞠目结舌，从政治家的超主导地位到创新空间的缺乏，其中一些缺陷具有结构性。个体性、选择性、综合性学校形成了一个三轨体系。市场模式的教育通过那些有经济、文化资本和狡猾手腕或三者兼具的人，降低了人们接受良好教育的基本权利，从中获得盈利。孩子的压力以及由之而来的不满——更不用说父母的压力——正在影响下一代。通过本部分以及前两章的阐述，我现在要解决的问题是：从整体上看，这一制度的优势所在。

本章注释

[1]科根·M.(1971)《教育政治学》,哈蒙兹沃斯:企鹅出版社。

[2]参见:http://www.educationengland.org.uk/documents/robbins/.

[3]参见:http://www.educationengland.org.uk/documents/bullock/.

[4]参见:http://www.educationengland.org.uk/documents/warnock/.

[5]国家教育委员会(1993)《学习如何成功》《简报会》《观察者》,伦敦:威廉出版社。

[6]亚历山大·R.(2010)《孩子们的世界和教育》,阿宾登,奥克森:劳特利奇出版社。

[7]克拉克·L.(2009)《孩子应该6岁开始上学并对剑桥学院对小学教育的评论发表看法》,《邮件在线》,10月16日。

[8]参见:波士顿·J.,马丁·J.,帕洛·J.沃尔什·P.(1996)《新公共管理:新西兰模式》,奥克兰和牛津:牛津大学出版社;卡尔森·G.(2010)《弗里德曼的思想基于著作〈资本主义与自由〉》(1962,2002),在奥斯陆的研讨会,9月。勒大·J.(2003)《动机、机构与公共政策:骑士和无赖、士兵和女王》,牛津:牛津大学出版社。

[9]勒大·J.(2003)《动机、机构与公共政策:骑士和无赖、士兵和女王》,牛津:牛津大学出版社。

[10]琼斯·B.(2012)《第一个"免费"的第六种形式的超额认购》,《卫报》,3月5日,注释说"卓越的伦敦学院将被安置在前委员会办公室为纽汉儿童服务,并借鉴其合作学校的工作人员的经验……伊顿将为其提供一名英语教师"。

[11]威尔金森·R.,皮克特·K.(2009)《精神层面:为什么更平等的社会几乎总是做得更好》,伦敦:艾伦巷出版社。

[12]雷伊·D.,克罗泽·G.,杰姆斯·D.(2011)《白人中产阶级身份认同与城市教育》,贝辛斯托克:新麦克米兰出版社,第7页。

[13]华威曼塞尔(2011)报道称,学校净经济利益的学院每年可能高达500 000英镑,《学校的财政在于学院状况的影响》,《卫报》,4月26日。

[14]参见唐斯·P.(2011)《我不敢相信英语教育体制发生了什么》,《论坛》,第53卷,第3期,第357~366页。其中,他报道了学院每年接收超过400 000英镑以上的转换成本。

[15]教育与劳动技能部,信息来源引述萨克利夫·J.(2001)《泰晤士报教育增刊》,4月13日,第20页。

[16]波拉克·A.(2004),引用鲍尔·S.(2007)《教育公共股份有限公司:认识民办教育参与公共教育部门》,阿宾顿:劳特利奇出版社。

[17]尤妮森(2005)《教育事业》,http://www.unison.org.uk/acrobat/b1956.pdf.

[18]贝恩·C.和西蒙·B.(1970)《半数方式的存在:英国教育体制的全面综述》,伦敦:麦格劳希尔出版社。

[19]米勒·F(2012)《时间揭穿有关学校的一些神话》,《卫报》,4月10日。

[20]本恩·M.(2011)《学校之战:为英国的教育而战》,伦敦:韦尔索出版社。

[21]斯特拉森·M.引用古德哈特·C.(1984)《货币理论与实践:英国的经验》,伦敦:麦克米兰出版社,第 96 页,http://www.atm.damtp.cam.ac.uk/mcintyre/papers/LHCE/goodhart.html.

[22]布坎南·D.和斯托里·J.(2010)《不要停止时钟:操纵医院的轮候名单》,《中国健康组织与管理期刊》,第 24 卷,第 4 期,第 343~360 页。

[23]请参阅马科伦·S.(1965)《教育文件》,第 2 卷,阿宾顿:劳特利奇出版社。

[24]莫里斯·E.(2000),援引利兹·莱特富特,《赞扬劳动精神的私人学校》,《电讯报》,9 月 30 日。

[25]贝尔·D.(2003)《布莱顿学院在独立学校的一场会议关于"标准和独立学校的检验"》,转载自《卫报》,4 月 29 日。

[26]菲茨·J.,爱德华兹·T.和惠蒂·G(1986)《受益者、收益和成本:地方协助计划的一份调查》,《教育科研论文》,第 1 卷,第 3 期,第 169~193 页。

[27]默里·J.(2012)《他们坐下来和我讨论我的孩子》,《卫报》,7 月 24 日。

[28]英国国家社会研究中心(2011)《英国社会态度调查研究》,伦敦:英国国家社会研究中心。

[29]对于这样两难困境的例子请参阅雷伊·D.,克罗泽·G.,詹姆斯·D.(2011)《中产阶级白人的身份和城市教育》,贝辛斯托克:麦克米兰出版社。

[30]英国国家社会研究中心(2011)《英国社会态度调查研究》,伦敦:英国国家社会研究中心。

[31]英国国家社会研究中心(2011)《英国社会态度调查研究》,伦敦:英国国家社会研究中心。

[32]本恩·M.(2011)《学校之战:为英国的教育而战》,伦敦:韦尔索出版社

[33]本恩·M.,米勒·F(2006)《一个全面的未来:我们的孩子素质和人人平等》,伦敦:康帕斯出版社。

[34]埃利奥特·A.(2007)《自 20 世纪 50 年代以来的公立学校》,伦敦:特伦特姆图书。

[35]杰克逊·B.和马斯登·D.(1962)《教育和劳动阶级》,哈蒙兹沃斯:企鹅出版社。

[36]巴克·B.(2012)《文法学校:难道只是社会流动过程中的昙花一现?》,《论坛》,第 54 卷,第 3 期,第 429~447 页。

[37]希尔门团队(1994)《英国教育的改革》,伦敦:克拉里奇出版社。

[38]本恩·M.,米勒·F.(2006)《一个全面的未来:我们的孩子素质和人人平等》,伦敦:康帕斯出版社。

[39]本恩·M.,米勒·F.(2006)《一个全面的未来:我们的孩子素质和人人平等》,伦敦:康帕斯出版社。

[40]伊根·M.,布汀·B.(1991)《执教中得 11+分的影响》,《英国教育心理学杂志》,第 61 卷,第 1 期,第 85~91 页。

[41]邦廷·B.,穆尼·E.(2001)《11 岁儿童选拔性考试结果的实践和培训的影响》,《教育心理学》,第 21 卷,第 3 期,第 243~253 页。

[42]请参阅:完整的白金汉郡报告,www.elevenplusexams.co.uk/forum/11plus/view topic.php? t＝19691.

[43]弗农·P.E.(1957)主编《中学的选择:一项英国心理学会的调查》,伦敦:梅休因出版社。

[44]格利菲斯·J.(2003)《全国教育研究基金会的第一个50年(1946—1996)》,斯劳:全国教育研究基金会。

[45]拉姆斯登·S.,理查德森·F.,若斯·G.,托马斯·M.,埃利斯·C.,沙克斯萨夫特·C.,塞夫儿·M.,普锐斯·C.(2011)《青少年大脑言语和非言语智力的变化》,《自然》,10月19日网络发表,www.nature.com/nature/journal/v479/n7371/full/nature10514.html.

[46]丹麦技术学院(2005)《学生成绩的解释——一项由欧洲委员会开展的研究》,哥本哈根:丹麦技术研究所。

[47]赫顿·W.(2012)《出身贫苦? 运气不好,你已经赢得了生命彩票的最后大奖》,《观察者》,7月15日。

[48]国会议事录,2011年4月26日,cc289W.

[49]《文法学校:一个秘密的历史》,分别于2012年1月5日和12日分两部分在英国广播公司第4频道播出。

[50]分流是根据学生在学校工作中的整体感知能力对其进行分组的一种形式。每个组的所有科目仍然在一起。

[51]组合是根据学生对不同科目的感知能力进行分组的一种方式。在理论上,学生可以根据其科目的不同而分入不同的组合。

[52]《以一种狂饮的方式对保守的观众所做的演讲》,伦敦南部,海伦·穆赫兰,《教育卫报》,2007年6月18日。

[53]哈伦·W.,马尔科姆·H.(1999)《一个关于组合和分流的研究综述》,苏格兰教育研究委员会143出版,爱丁堡:教育研究的苏格兰议会。

[54]莱西·C.(1975)《在加压的学术环境中的不分流》,S.J.埃格尔斯顿,《教育社会学的当代研究》,伦敦:梅图恩出版社;博勒·J.,威廉·D.,布朗·M.(2000)《能力分组的经验即不满、两极化和失败的构建》,《英国教育研究杂志》,第28卷,第5期,第631~648页;艾瑞森·J.,哈勒姆·S.(2001)《教育方面的能力分组》,伦敦:保罗·查普曼出版;伽莫润·A.(2002)《学校中按照标准、不平等性和能力进行分组》,《环境研究中心简报》,第25期,爱丁堡:中心教育社会学研究中心,苏格兰教育研究委员会,www.leeds.ac.uk/educol/documents/163446.pdf.

[55]菲尤德·S.,库克热若·M.,庞特·B.(2007)《不再失败:教育公平的10个步骤》,《教育和培训政策》,巴黎:经济合作与发展组织。

[56]经济合作与发展组织(2012)《教育的公平和质量:支持弱势学生和学校》,巴黎:经济合作与发展组织。

[57]劳克卡恩·R.(2006)《全民高水平教育的完整策略》,公布于教育系统和改善的挑战结果会议,洛桑大学,9月15~16日。

[58]经济合作与发展组织(2010)《2009年PISA的结果:学生的知识和能力,1~5卷》,巴黎:经济合作与发展组织。

[59]英国政府部(2005)《更高的标准:更好的学校白皮书》,Cm6677,伦敦:英国皇家文书局。

[60]来自新政治家的数据,2012年2月27日。

[61]贝塔斯曼·斯第夫托恩(2011)《经济合作与发展组织内的社会正义的巨大变化》,www.ber-telsmann-stiftung.de/cps/rde/xchg/bst_engl/hs.xsl/nachrichten_110193.htm.

[62]威尔金森·R.,皮科特·K.(2009)《精神层次:为什么社会越平等,就会做得越好》,伦敦:艾伦巷出版社。

[63]儿童、学校和家庭部(2003)《每个孩子都很重要》,绿皮书,Cm5860,伦敦:儿童、学校和家庭部。

[64]联合国儿童基金会(2012)《测量儿童贫困》,《英诺森提研究中心报告卡10》,佛罗伦萨:联合国儿童基金会英诺森提研究中心。

[65]联合国儿童基金会(2007)《儿童贫困视角》,《英诺森提研究中心报告卡7》,佛罗伦萨:英诺森提研究中心。

[66]益普索国际市场研究公司/联合国儿童基金会(2011)《英国、西班牙和瑞典儿童福利:不平等和唯物主义角色的定性研究》,伦敦:联合国儿童基金会。

[67]联合国儿童基金会(2013)《发达国家儿童福利状况研究》,《英诺森提研究中心报告卡11》,佛罗伦萨:英诺森提研究中心。

[68]布拉德肖·J.,理查德森·D.(2009)《一项有关欧洲儿童福利的索引》,《孩子指标研究》,第2卷,第3期,第319~351页。

[69]请参阅:有关孩子"福利"的社会网站,www.childrenssociety.org.uk/well-being-1;莱亚德·R.,邓恩·J.(2009)《一个美好的童年:搜索竞争时代的价值》,伦敦:儿童社会出版社。

[70]孩子们的社会(2012)《一项有关美好童年的报告:对孩子幸福感的综述》,伦敦:儿童社会出版社,www.childrenssociety.org.uk/well-being.

[71]霍华德刑法改革联盟(2008)《惩罚孩子:对欧洲儿童犯罪责任和方法的一项调查》,伦敦:霍华德联盟。

[72]普林·R.(2013)《所有中等教育注定只是一场梦吗?》,伦敦:劳特利奇出版社,第69页。

[73]据纳菲尔德基金会,朗文资源中心:"中等教育证书曾在1965年被引入,为那些没有获得基本等级中学毕业证书的广大在校学生提供证书。该证书总共分为5个等级(1~5),第一级被认为是相当于一个基本等级中学毕业证书通行证。中等教育证书和基本等级中学毕业证书于1985年合并为普通中等教育证书。英国现今有2个流行的中等教育证书模式:模式1——由一个14个区域中等教育证书板块完全控制的教学大纲和考试确定,模式3——由一个或更多的学校的教师和与外部评审根据各地划分的教学大纲和考试来确定。该课程团队认为,模式3至少在一开始特别适合中学科学,因为它确保教师们更容易以一种反映教学目标达成情况的方式对学生进行测试"(www.nationalstemcentre.org.uk/elibrary/resource/2138/examining-at-cse-level)。

第 11 章　这个制度有多好？

在第 7 章，我已经对我们的教育制度提出了一些问题，通过这些问题可以判断英国教育体系的质量。利用最后 3 章的内容作为补充，现在给出我的答案。

该体制的目的有何价值？

也许是因为演变的原因，特定目标从未在我们的教育体系中表现出太多特色。相反，它们似乎一直沿着既定的方式发展。正如哲学家约翰·怀特所说："目标往往过分受限，并且很少伴随任何公平正义。"[1] 最详细的版本载于 1988 年的《国家课程》（2007 年修订版）。该修订版本强调"成功的学习者""自信的个体"和"负责任的公民"的重要性，但仍然不像北欧国家——忽视了加强民主和促进平等方面的目标。因此，我的答案就是英国教育体制的目标有限但很有价值，仍欠发展。

如何体现教育体制的结构和治理的恰当之处？

现今，英国学校教育结构非常混乱，很多教育结构已经发展了很多年。基础教育有时被划分为幼儿教育和小学教育，有时又是两者的结合。通常到了 11 岁，孩子们就进入中学。但是，在某些地区，中学的年龄跨度为 9~14 岁。

目前的中学教育在相关学校中进行，这些中等教育因地位、政权、金钱、权力的不同而出现差异，以及由学校是否是私有的、选择性的、单一性别或特定的信仰所决定。一个普通综合的教育模式的损失，以及由议会制定的各种不同类型学校的等级特性，已将现存的合理制度弄得支离破碎。

对于 16 岁的孩子来说，有许多额外的复杂选择，包括六年制学校、继续教育学院、各种六年制学院和高等教育学院的过多课程。 高校和成人教育（均在本书的范围之外）也面临着削减经费和增强对高学费的依赖性等严重问题。 尤其是成人教育，昔日的辉煌已变成一片阴影。

英格兰首先开创了中小学和学院管理者的角色，并且以我的经验来看，效果很好。[2] 但我不明白为什么部长们对此并不重视。

随着许多顾问、课程或协调机构的取消，英国对整个体系的治理已发生根本性改变。 学校议会和中央教育顾问委员会一直遭受特别的损失，正如我前面所说，中央顾问委员会出版了大量有影响力的教育刊物。 20 年来，学校委员会是卫生部成员、地方当局代表和教师工会讨论问题的一个重要平台，它负责一系列创新科学、社会科学和人文科学的项目。 但是，自 1988 年以来，随着部长（各党派）在课程和教学方面的决策权越来越大，我们已经看到了权力的不断集中。

因此，我的答案就是：这两个现存的分散化、市场化的结构和系统管理的方式目前仍不能令人满意。

资金如何充足？

英国的教育发展历程如同蹒跚学步的孩子，逐步发展成为一种国家制度，（正因如此）英国教育经费严重不足。 的确，由上一届工党政府投资更多的资源并且改善设施和资源是必要的，即使在提高教育水平上不能起到立竿见影的效果。[3] 在联合政府的管制下，教育预算被逐渐削减，但正如我指出的，学校的遭遇可能远远不如教育服务的其他部门糟糕。

最近，政府已经在向其支持的各类学校调拨额外资金，这种方式十分不公平。 曾担任校长和教育财政专家的彼得·唐斯做过一项统计，在 2011 年，远离地方政府系统的学校，为了独立成为学院，不惜花费"津贴"至 445 000 英镑，[4] 远远超过其能力范围的实际成本。 虽然首次转变获得的津贴最多，额外津贴或许可以解释许多院校普及的现象。

我已经注意到了我们对院校和自由学校的赞助商的统计能力缺乏关注。 我饶有兴趣地从财政记录中发现，一些承诺现金捐助的发起人都未能兑现自己的承诺。

委员会还担忧,现有的一些发起者未能为他们原本承诺的院校提供财政捐助。一些债务的状况也并不明确,特别是当不再要求新学院的赞助商必须做出财政贡献的时候,这就预示着他们永远不会支付财政捐助的风险(即将到来)。[5]

这在一部分政府部门看来,像是另一个不明智的财务决策。

因此,我的结论是:该系统的资金勉强够用,但目前资金分配尚不够公平。

如何创建令人满意的建筑和设备?

由于过去几十年资金不足的原因,许多教学建筑在今天已经不再适合使用。前工党政府的"为未来修建学校"项目旨在提高国家教学设施的数量。 毫无疑问,该项目劳民伤财,特别是当该项目与私人融资计划结合在一起的时候已变得毫无价值。 这有时会涉及学校的拆毁重建工作,这样可以向学校或当地政府提交长期支付的赔偿金,然而这些学校本可以以低成本对其进行重修。 另外,专门聘用一些建筑师来设计世界级的教学建筑是否有意义也值得商榷。 在彼得伯勒,诺曼·福斯特的托马斯迪肯学院因花费 6 亿英镑而闻名于世。 据《泰晤士报教育增刊》介绍,由凯达公司设计建造的荷兰公园学院花费了 8 亿英镑,依据新标准,按每所学校 1 200 名学生计算,这些花费可以修建 6 所这样的中学。[6]

尽管有很多质疑,但毫无疑问,"为未来修建学校"项目确实改善了很多学生以及教师的生活。 与其对该项目进行改革,联合政府还不如废除此项目,然后推行新的"学校大楼建设以基线为依托,规划更小更便宜的楼房"设计方针。[7]这些指导方针应当确保教学建筑小巧而节约。 应比之前的教学建筑小 15%,缩减走廊、礼堂以及餐厅的面积。 虽然在经济紧缩的时候,公共储蓄很受欢迎,然而这些计划未免有些目光短浅。 质量较差的建筑其价值量也不大。 这与许多私立学校的一流建筑相比,差距明显。

就教学设施而言,大量的金钱被用在了电脑与先进的教具方面。 但从我个人对公立学校的参观情况来看,我认为,我们的教学设备虽然达不到私立学校的水平,但相比其他大部分国家而言,我们的设施要好得多。

因此,我的结论是:大多数学校教学建筑充足、设备齐全,但从学校的未来发展建设上来讲,其数量可能不够。

自 1988 年以来，教育政策是如何有效影响教育的？

在明智的决策之中，有以下几点较为突出。

·尽管一如既往地存在异议，但是希望拥有国家课程的这一想法是正确的。然而，对于所有学校的管辖范围与责任，需要同时做出限制，独立学校也不例外。

·强调阅读的重要性（而不是方法的选择）。

·国家课程应包括公民研究方面的学习，目的就是为年轻一代将来能够参与民主做准备。

·进行校长能力的专业训练，另外，一名优秀的学校领导还需要符合一些额外的资格条件（这些资格条件是在 2011 年自愿制订的[8]）。

·过去的几年中，国家加大了教育投入，学生与大学的数量也有所增加。2010 年，高等教育基金会指出，英国穷困阶层的年轻人进入大学的概率提高了50％[9]。（遗憾的是，由于受高昂的学费与严格的普通中等教育证书高级水平考试的影响，这种比例有可能会下降。）

但是，我也需要强调下面几种我认为"不太明智"的建议。

·缩减早教计划的资金，这造成了许多中心机构的关闭，使很多孩子与工薪阶层的家长受到影响。

·增强中央政府的权力，相应地削弱地方政府的权力。

·创建多种不同类型的学校，将教育体制转向市场经济。

·转变院校的角色。　院校背后所包含的价值是值得称赞的：它为贫困的学生提供了大量的学习资源，允许自由创新，并把学生安置在有特色的教学楼里学习。　但不幸的是，通过秘密协商的方式创建学校，虽然增强了资金，却失去了信息立法的自由权，这就引起了一些人的怀疑，有人认为这样做是为了用一种新的方式来解决城市中心学校教育所遇到的挑战，抑或是为了解决私立学校不断增加所带来的挑战。　联合政府把在院校方面的任务及其附带的额外资源，由改善城内发展困难的学校转向了那些表现突出、拥有巨大优势的学校。　另外，即使当地群众普遍反对，部长们还是迫使一些学校变成了学院。

·通过排名表的使用，彻底改变采用成绩排名对学生进行评估这一误导性的教育绩效责任制。

·随着其他地区小学生数量的增多，公共资金的削减（首批 24 所自由学校耗资 1.3 亿英镑[10]），我们要在这样的大好环境下，促进自由学校的建立。

·体育运动很受欢迎，由于国民正面临着肥胖症的困扰，体育运动对于青少年来讲也很重要，此时正是廉价变卖运动场地的时候。

·允许肯特市创办附属语法学校，为其他地方当局开办类似学校提供先例。

·为了提高学生水平，尽量增加各种考试的难度，却忽略了这样一种现实状况：这会导致大量学生成绩不及格、很多学校质量不达标。[11]

·从学生和教师所有的影响结果来看，大家一致赞同"教育标准办公室的战略"，即把以前认为满意的评估改评为不满意的。

·允许没有经过培训的教师在自由学校任职。

在我看来，这些建议构想拙劣，有很大的潜在危害性。

管理者是如何发挥作用的？

由于人们在教育体制管理这方面的大量工作基本上是不被人所注意的，所以这个问题很难回答。我发现相关部门的公务人员处理的教育信息与数据是最有帮助的。但就当前的教育政策来讲，它们的作用却很小。等级依旧森严，精英主义盛行。依我看来，高级的公务人员在权利及责任方面已失去信心，如果部长们认为方案是不利的，他们就不愿和部长们争辩。部长与公务员之间的关系很是微妙，这虽然不在本书的讨论范围之列，却很值得我们去关注。

有很多关于政府部门的财务丑闻。最受关注的是个人学习账户计划，该计划设立的目的就是为了能够让学习者获得在信息技术方面的训练。该项目在2000年发起，于2001年10月被废弃，期间，在8 500家供应商中，有279家涉嫌诈骗。据报道，关于下议院专责委员会的公共账户涉嫌欺诈与滥用的资金总额达97 000万英镑。[12]

毫无疑问，在教育标准办公室工作的检查员都很努力，但是依我看来，他们这是在为有缺陷的体制工作，这样将会给教师带来有损其专业自信、破坏其良好声誉的风险。

尽管地方当局的变化依然较大，但我感觉，他们的整体能力还是相当出众的。这种观点得到了2012年一份来自教师联盟报告的支持。[13]

正如我所提到的，几年来，在我与学校及大学主管部门之间的往来期间，他们的贡献给我留下了很好的印象。

因此，我的结论是：教育的主要问题来源于政治方向的误导而非人员能力的不足。

校长是如何鼓舞同事、胜任工作的？

在全世界我所见到的校长队伍之中，英国的校长是最能鼓舞人心、最称职的。就像我之前提到的，1998 年引入的特殊训练制度已初见成效，校长们在运用自己的技能处理各种事件方面变得越来越得心应手。然而，就像我在第 6 章中说到的，由一位校长管理 2 所甚至更多所学校的势头仍不断上升，这并不是什么好现象。依我之见，如果校长专门在一家学校任职，那么他就有可能给自己的同事、学生及当地的社区带来鼓舞与激励。

教师的技能如何？

我把小学教师看成是一种资源。多年以来，我感觉我们的教师比其他国家的教师表现得都要好。也许，他们的缺点便是有些过度地顺从。我猜想这种现状的形成可能与历届部长对待他们的方式有关，而这种方式是受到了更为激进的监察机制以及挑剔性很强的媒体的协助与鼓励，这让教师养成了顺从的习惯。然而在芬兰，对待教师的方式却完全不同。他们允许无资格人员在院校或是自由学校任教，这种方式表明：部长仍然无法对受训教师的专业技能做出准确评估。

对于不同年龄段的学生教育体制该如何更好地发挥作用？

在我看来，教育体制并没有在一些学生的身上很好地发挥作用，这些学生均来自工薪家庭，其父母苦苦努力，为的就是能够找到一家负担得起的日托机构。另外，对于那些在质量一般的托儿所中的 3～5 岁的孩子，以及那些在招生不均的学校就读的小学生和中学生来讲，教育体制也并没有发挥很好的作用。

教育体制对那些 3 岁以后就能够去很好的托儿所的幸运儿起到了一定作用。教育体制对于很多小学生也能很好地发挥其作用，特别是对于那些能够在均衡招生的学校中读书的孩子来讲，他们也往往有可能在评估测试中取得好成绩。这样的学校更有能力将这种优势聚焦到小学教育更宽广的方面。

我经常参观的一所小学特别令人欣慰。学校充满着关心与友善的氛围，并很好地与教育标准相契合。鼓舞人心的学校领导以及能力出众的教师在教育方法方面认真而有条理。他们也致力于教育目标的拓展工作，运行良好，创新性艺术繁荣。去年，整所学校的学生，从托儿所到六年级，在长达一周的时间里都参与了"艺术项目"活动。唯一的不足便是，在这天堂般的地方快乐地享受完自

己的童年后，11 岁的孩子便会由于中学考试的得分情况，其类型、身份以及声誉而产生分流。

这种体制对那些有幸进入均衡招生的中学生来讲是有帮助的。 这样的学校能为学生提供质量优良而全面的教育。 从更小的角度来讲，该体制对选择文法学校的学生有利。 他们的周围都是一些有才能的或者是有优势的同龄人，这样学生就更有可能在学业和其他方面获得成功。 对于那些进入私立学校的 7% 的学生来讲也一样。 我的忧虑在于这两种学校给体制中其他学校所带来的影响。

这样的体制对于这样的 11 岁孩童没有什么好处：其父母无论是社会地位还是经济地位都处于弱势，他们为使自己的孩子在中学中能有一席之地而努力奋斗，虽然这样的中学与入学门槛较高的教会中学或是地理位置优越的学校相比相差甚远。 最后，这种体制对于那些特殊学生也没什么好处，这些学生或是过于成熟，或是过于幼稚，或是被地方当局照顾，或是有特殊需要（关于这种特殊需要在本书中没有进行详细介绍），或是在社会经济地位方面处于弱势。 在这样的教育体制中，根据学生们自己的经历，他们发现自己以前的缺点反而被放大了。

这种体制在智力方面，能够培养出素质全面、求知欲强的学生吗？

在第 8 章中，我就已经介绍了在当今体制之下评价学生的方式。 这里我会重点说一下其产生的结果。

国家范围的测试与考试

语音法

在 2012 年，我们使用了语音法检测。[14] 除了私立学校的学生外，所有的 6 岁学生都必须接受测试。

第一年中，有 58% 的受测者达到预期水平，即总分 40 分能够得到 32 分及以上的分数（表 11.1）。 这一测试中女生比男生表现好。 在种族方面，表现最好的是印第安裔与华裔学生。 有资格获取免费校餐的学生，其达到预期水平的比例比那些没有资格获取免费校餐的学生低 17%。 得分最高的 2 个组，他们平时经常说 1 门以上的语言。 学生以后表现如何，现在做出评判还为时尚早，但是对于这种检测方式，它能否帮助教师在阅读教学及阅读资源方面有效地设定目标，却是一件很有意义的事情。

表 11.1 按性别划分的语音检测情况

性别	得 32 分以上者所占比例
女生	62
男生	54
平均	58

关键阶段 1

在第一个关键阶段快要结束的时候,7 岁的学生需要接受教师的评估,考查学生在过去的表现情况,此评估主要包括 5 个方面:阅读、写作、听说、数学与科学。 根据国家课程标准的 8 个等级,如果学生在评估中能够达到二级水平,那么这些学生就会被认为取得了一定的进步。 2008 年以来,任何科目的平均分数实际上没有什么改变。

在 2012 年达到二级水平的统计情况如表 11.2 所示。

表 11.2 按性别划分,在 2012 年第一个关键阶段中,学生达到二级水平的百分比情况(括号内为 2011 年统计数字)

性别	阅读	写作	听说	数学	科学
女生	90	88	91	92	91
男生	84	78	85	89	88
平均	87(85)	83(81)	88(87)	91(90)	89(89)

在 5 门学科中,女生的表现均优于男生,特别是在写作(高 10%)与阅读方面(高 6%)。 阅读与写作方面,印第安裔学生表现最好;在数学方面,华裔学生最为优异;爱尔兰籍学生则在科学方面表现优异的比例最高。

表 11.3 显示了各科表现超过预期水平的学生所占比例分布情况。

表 11.3 按性别划分,在 2012 年第一个关键阶段中,学生表现至少有一科成绩超过预期水平比例分布情况(括号内为 2011 年统计数字)

性别	阅读	写作	听说	数学	科学
女生	31	18	26	19	20
男生	23	10	18	24	22
平均	27(26)	14(13)	22(21)	22(20)	21(20)

女生在阅读、写作及听说方面的表现优于男生,但在数学与科学方面的得分

低于男生。 各科分数相比去年均有小幅提高。

第一个关键阶段中的数据怎么样呢? 这个问题很难回答,因为国家课程的统计数据几乎没有经过独立的评估。 然而,80%甚至90%的学生达到了预期水平,这看上去是相当可观的,特别是有20%左右的学生超过了预期水平达到了更高的水平。 但是,这些数据要依赖于评估手段本身的可靠性(这方面在第7章中已经介绍过3位教授的看法)以及预期水平最初设计时的准确性。

关键阶段 2

该测试由标准测试机构提供,在第二个关键阶段快要结束之时,10~11岁的孩子必须参加数学与英语考试。 学生外在的行为表现以及重要的个别测验均由教师评价作为补充,评价内容包含英语、阅读、写作、数学与科学5个方面。 学生的预期水平是要达到四级。 2012年,达到甚至超过四级要求的学生比例可见表11.4。

表11.4 按性别划分,在2012年第二个关键阶段中,达到或是超过预期水平的学生比例分布情况(括号内为2011年统计数据)

性别	阅读	数学
女生	90	84
男生	84	84
平均	87(84)	84(80)

女生在阅读方面超过男生。 在数学方面男女生比例相同,2012年的所有分数均比上一年略高。

学生表现超过预期水平的比例可见表11.5。

表11.5 按性别划分,在2012年第二个关键阶段中,比预期水平至少高1个等级的学生比例分布情况(括号内为2011年统计数据)

性别	阅读	数学
女生	53	36
男生	43	42
平均	48(43)	39(35)

这张表格说明了在阅读方面,超过一半的女生和40%的男生比预期水平至少高一个等级;在数学方面,有42%的男生和36%的女生超额完成了任务。 所有的数值均比去年要高。

表 11.6 显示了教师评价的 5 个科目中，达到四级水平的学生分布比例情况。

11.6 按学科与性别划分,在 2012 年第二个关键阶段的教师评价中,达到或者超过四级水平的学生比例情况(括号内为 2011 年统计数据)

性别	英语	阅读	写作	数学	科学
女生	89	90	87	86	88
男生	81	83	76	85	85
平均	85（81）	86（n/a）	81（n/a）	85（82）	87（85）

注:"n/a"表明数据无参考价值。

在所有科目中，女生都要比男生表现得好；二者在数学科目上的差距最小（只有 1%），写作方面差距最大（女生高出 11%）。 由于 2011 年以后，阅读与写作的评价方式改变了，因此相关数据便失去了参考价值。 其他科目方面，学生比例相比往年略有上涨，然而这种数据对比并无说服力，因为在 2010 年，教师们的劳工行动影响了评估的过程与其效果。

标准测试局[15]出台了一项特殊措施，即将教师评价的要素与测试结合起来（见表 11.7）。[16]

表 11.7 2012 年第二个关键阶段,在英语及数学方面,达到或是超过四级水平的学生比例分布情况,其中英语采取教师评价与测试相结合的方法进行评估(括号内为 2011 年数据)

科目	百分比
英语（综合了阅读与写作）	85（n/a）
数学	84（80）
均达标	80（n/a）

注:"n/a"表明数据无参考价值。

由于英语测试的变化，其测试结果无法与前几年的数值进行对比。 在可以对比的数学学科方面，达到四级水平的学生比例相比 2011 年增长了 4%，男女生所占比例大体相同。 有趣的是教师的评估与测试显示了相似的结果，这是很令人欣慰的。

第二个关键阶段的结果怎么样呢？ 还是那句话，这个问题不好回答。 首次使用这种评估方式的时候，预期水平的级别必须以样本受测学生的数据分析情况为基础。[17]这些试测会产生各种各样的统计方法。 这些方法中有平均数法与中位数法，有标准偏差法与标准误差法。[18]通过这些由测试得来的数据去判断什么样的级别设置对于大多数年龄组的学生来讲比较合理，由此建立一种"预期水

平"。 很明显，这种预期水平必须低于平均水平，也就是说位于所有学生的中间位置或是超过一半的学生均可达到该水平。

自从 1988 年教育法颁布以来，教育体制有了明显的改善，定期评估的做法也变得更为普遍，教师们学会了如何运用评估方法（对不达标学校的严厉惩罚毫无疑问影响了这个制度），这也提高了他们的教学能力及学生的学习能力。 因此，读者可能会很奇怪，就像在第 9 章中介绍过的一样，在中学会考中，为何对分数贬值的指责如此之多。

数据看上去很不错，与前几年相比，成绩略有上升。 标准测试局会尽最大的努力确保测试标准保持不变。 但随着评估过程的变化，利用统计的论据来判定专业的设计者，即将科学与艺术整合起来，这就使得该项任务变得很艰巨。管理局强调等级标准的设定过程是受到教师协会与教师联盟代表们的监督的。[19]

关键阶段 4（普通中等教育考试）

在第 7 章中我们已经介绍过普通中等教育考试制度，在第 9 章中对该制度也进行了评论。 在表 11.8 中，我会介绍一些公立学校最近会考的结果。

表 11.8　按性别划分,2012 年在公立学校的普通中等教育考试中,获得 5 个以上 A* ～ C 的等级或是与之等同的其他等级的学生,以及获得英国文凭的学生所占比例分布情况（括号内为公立学校 2011 年的统计数字）[20]

性别	获得 5 个以上 A* ～ C 等级或是与之等同的级别	获得 5 个以上 A* ～ C 等级或是与之等同的级别（包括英语和数学）	获得英国文凭
女生	86.8（83.6）	63.8（61.5）	19.2（18.1）
男生	81.2（76.5）	54.9（54.2）	13.5（12.5）
平均	84.0（80.0）	59.3（57.8）	16.3（15.2）

女生在每个方面的表现均比男生优异，并且从数字上看，均好于 2011 年，也包括被称为"等同级别"的等级类型。 这些就是职业培训课程取得的成绩，包括那些在中等教育考试中取得 A* ～ C 级的学生，这些在第 9 章中也已经讨论过。 在上届工党政府执政期间，我向部长提出关于"等同级别"对于测试结果影响的详细清单，但是部长说这样的数据还没有进行分析。 很明显，现在我自己

就可以看出它的影响了。 在学校里，等同级别课程被认为是综合型课程，它的加入，使得学生通过的概率由 54.9% 上升到 81.2%，在学业方面，也由 38.4% 上升到了 82.6%。[21]

第四个关键阶段的结果怎么样呢？ 同样很难回答。 这些结果看上去很好，正如我提到的，现在的普通中等教育证书考试中，获得 5 门好成绩的学生数量是 1968 年普通教育证书考试的 6 倍。 1976 年的一篇研究报告介绍了等级的改变：

> 基本等级中学毕业证书考试，针对的是能力在前 20% 的学生，中等教育证书考试针对的是接下来的 40% 的学生，剩余的 40% 的 16 岁学生，国家就没有什么特别的资格证书颁发给他们了。16 岁以上的学生中，不到 20% 的人留在学校，大约 15% 的学生参加普通中等教育证书高级水平考试，不到 10% 的学生去读大学——在英国只有 46 所大学。[22]

对比之下，现在的结果看起来要好得多，但是我们仍需要通过妥善的组织与独立的研究来解决等同级别的质量问题以及分数贬值这一现象。 正如我之前所说的，如果持续增长的标准评估测试分数能够很好地与普通中等教育证书考试的通过率相适应，那么相应地提高分数是值得期待的。 就像《泰晤士报教育增刊》的一位作者所说的那样，"在体制下，教师和学校期望通过不断地提高分数来确保结果的一致性无疑是一件很疯狂的事情"。[23] 对于考试是否充分利用了资源，是否符合当下的社会生活，这样的问题我将在第 12 章进行介绍。

普通中等教育证书高级水平考试与等同级别研究

关于普通中等教育证书高级水平考试以及与其等同级别的研究已在第 7 章中说过，关于二者的评论也在第 9 章中介绍了。 现在我只是对 2012 年公立学校取得的成绩做一下简单的报告（见表格11.9）。

表 11.9　按性别划分,2012 年公立学校中达到普通中等教育证书高级水平考试或是与之等同级别的学生比例分布情况(括号内为 2011 年统计数字)

	在考试中获得 2 个与普通中等教育证书高级水平考试相等级别的学生比例	获得 2 个 A、1 个 B 或是更好级别的学生比例	获得 3 个及以上 A* 或是 A 级的学生比例	每位学生的平均得分
女生	91.6（94.2）	8.0（21.2）*	12.2（12.8）	732.6（759.4）
男生	91.8（93.9）	10.9（20.4）*	12.7（13.4）	700.9（730.7）
平均	91.7（94.1）	9.3（20.8）*	12.5（13.1）	717.7（745.9）

注：＊表示 2012 年，研究方法方面的变化意味着只有那些经过挑选的科目才被用来做统计。

参加测评的学生中,90％以上的学生获得了 2 个与普通中等教育证书高级水平考试相当的级别,这一数字与上一年的 94％相比,略有下降。

由教育部指定的选择性科目中,有 9％的学生获得了 2 个 A、1 个 B 或是更好的成绩。 2011 年,这方面的测评内容包括所有的学科,学生获得相关级别的比例超过了 20％,但只有超过 12％的受测者获得了 3 个及以上的 A* 级或是 A 级,与 2011 年相比,这一数字略低。 尽管从整个分数的布局来看,女生得分远高于男生,但在高等级的获得比例中,男生略高于女生。

普通中等教育证书高级水平考试与等同级别的结果如何呢? 数字看上去确实很不错。 在 20 世纪 70 年代,只有通过 2 个普通中等教育证书高级水平考试的那 10％的学生才有资格进入大学,现在,90％的学生都达到了这一要求。 2012 年,每位学生的平均得分比 2011 年略低,我们都知道,这是因为用于获得 AAB 级的课程减少了。 像普通中等教育证书考试这样的国家考试,其结果固然很关键,然而一个很重要的问题是:这样的考试是否符合我们的现代社会。 这不仅仅是是否需要的问题,另外它还涉及这样的考试能否在知识、能力及理解方面带来正确的方式。 我将在 13 章中重新探讨该问题。

直到几年以前,这些统计得来的数字才能够回答现在的教育体制能否培养出学业出众、素质全面的学生这一问题。 然而现在,一些国际性的测试可以让此答案更加完整。

国际性测试

由于国际性测试变得更加可靠,这就使得"不同国家的教育体制运行得如何"这一问题有可能得到回答。 之前，每个国家都认为自己的教育体制是很好的，甚至是最好的，而其他国家都没有充足的证据来针对此论断进行反驳。 随着教育测试的日益成熟以及不同国际数据集合的创建，这一形势发生了变化。现在，政治家和教育工作者们正期盼着评估计划的出台。

最出名的三种计划是：

· 国际阅读素养进展研究（PIRLS）
· 数学与科学研究趋势（TIMSS）
· 国际学生评估项目（PISA）

所有的国际评估计划都会公开接受批评，而这方面所面对的最大挑战就是需要以一种公共的方式应对 50 个来自不同国家的学生。 对于一些公共的问题，即使是在正式的公共测试环境中，来自不同文化背景的学生可能就有不同的反应。当然，题目设计者也不应该忽略这样的文化差异（这可能对各种人的身份至关重要）。 然而，在解释测试结果的时候，我们必须牢记文化差异的存在，这是至关重要的。

由于翻译方式的不同，测试问题的难度也可能发生变化，另外，一些语言比起那些语法结构最具规律性的语言来讲困难性更大，这种语言在拼写方面出错的可能性更小。

任何年龄组的样本调查（这与包含所有人的调查相反），其挑选出来的样本代表总会出现问题。 比如，这些样本小组中，学困生所占比例合适吗？[24] 很可怕的一件事就是有的国家找寻学习最好的学生作为测试代表将其安排在样本里，这些优秀的学生与其他研究对象一起被送进测试间里（这些学生在里面毫无压力）。[25]

然而，所有的国际性测试都会在方法与统计方面受到限制。 比如，测试只是针对学校所教授的有限内容进行评估。 另外，用这种方法所表现出的学生成绩用一张排行榜来鼓励学生，此排行榜也必定是一个复杂的图表。[26]

国际阅读素养进展研究

该研究是一项阅读评估计划。[27] 这种计划在 2001 年被首次使用，针对的是 35 个国家里 9～10 岁儿童在阅读成就以及阅读态度方面的对比情况。 在 2006 年，有更多的国家加入该计划。 最近的一次测试发生在 2011 年，在英国，有来自 150 所小学的 4 000 名学生参加测试，测试结果于 2012 年 12 月公布，详见表 11.10。

表 11.10　2011 年国际阅读素养进展研究情况,包括阅读平均得分状况、国内最高分与最低分之差,以及北欧国家的得分情况(括号内为 2006 年的数值)

国家	平均分	成绩差
英国	552（539）	109
丹麦	554（546）	85
芬兰	568（n/a）	83
挪威	507（498）	83
瑞典	542（549）	83
所有参赛国家平均得分	500（500）	

　　注:成绩差即指每个国家成绩最好的前 25% 名学生的平均得分与成绩最差的后 25% 名学生的平均得分之差。

　　2011 年的结果显示,英国所有参加测试的 10 岁学生当中,大多数学生的成绩明显高于平均分（500 分）,并且此成绩也远远高于 2006 年同年龄组的学生得分,但是,优等生与差生之间的成绩差过大（109 分）。芬兰的学生,其平均得分明显高于其他国家,并且其成绩差也更小一些（83 分）。芬兰和英国学生的得分情况明显高于瑞典和挪威,在所显示的国家中,只有瑞典在 2011 年的得分情况比 2006 年要低,英国的女生比男生表现好,在所有参赛国家中亦是如此。

　　该测试由阅读能力与信息获取两大要素构成,英国学生在这两方面得分均等,然而,据报道,英国学生在阅读方面的积极性远低于其他国家。在英国学生中,只有 26% 的人说喜欢阅读,有 20% 的学生不喜欢。然而,在此方面,英国学生与北欧国家学生的态度大体相似。这样的数字与葡萄牙（据报道有 46% 的学生喜欢阅读,只有 3% 的学生不喜欢）、加拿大（有 35% 的学生喜欢阅读,14% 的学生不喜欢）还有德国（34% 的学生喜欢阅读,16% 的学生不喜欢）相比,差距显著。

数学与科学研究趋势

　　该研究是针对 9~10 岁以及 13~14 岁学生在数学及科学方面得分情况的研究。该计划于 1995 年开始实施,之后每隔 4 年便举行一次。[28] 2011 年,英国与北欧国家的学生在该方面的表现情况详见表 11.11 与 11.12。[29]

表 11.11　2011 年英国及北欧国家的数学教育趋势研究得分分布状况,包括 9～10 岁、13～14 岁学生在数学方面的平均成绩以及最高得分与最低得分的成绩差(括号内为 2006 年统计数据)

国家	9～10 岁学生平均 得分情况	成绩差	13～14 岁学生平均 得分情况	成绩差
英国	542（541）	122（113）	507（513）	119（115）
丹麦	537（523）	92（93）	（n/a）	（n/a）
芬兰	545（n/a）	91（n/a）	514（n/a）	89（n/a）
挪威	495（473）	91（102）	475（469）	89（92）
瑞典	504（503）	87（89）	484（491）	92（93）
平均得分	500（500）		500（500）	

注:成绩差即指每个国家成绩最好的前 25% 名学生的平均得分与成绩最差的后 25% 名学生的平均得分之差。

表 11.12　2011 年英国及北欧国家的科学教育趋势研究得分分布状况,包括 9～10 岁、13～14 岁学生在科学方面的平均成绩以及最高得分与最低得分的成绩差(括号内为 2006 年统计数据)

国家	9～10 岁学生平均 得分情况	成绩差	13～14 岁学生平均 得分情况	成绩差
英国	529（542）	110（105）	533（542）	117（116）
丹麦	528（517）	95（102）	（na）	（na）
芬兰	570（na）	86（na）	552（na）	88（na）
挪威	494（477）	85（101）	494（487）	97（101）
瑞典	533（525）	100（97）	509（511）	108（104）

注:成绩差即指每个国家成绩最好的前 25% 名学生的平均得分与成绩最差的后 25% 名学生的平均得分之差。

表格 11.11 显示了英国学生在数学方面的得分以及总体平均得分方面都要比北欧其他国家(该年龄段的芬兰学生没有参加此项测试)要好,只有新加坡、韩国、中国香港、中国台湾、日本以及北爱尔兰(他们的得分分区计算)等国家和地区的得分情况比英国要高。 9～10 岁年龄段的学生所取得的成绩与 2006 年相比大致相同(这与 2001 年相比,提高了 10 分)。 在该方面,英国的男生得分比女

生多 3 分，唯一的不足便是高分学生与低分学生之间的成绩差相比 2006 年有所增长，其样本数量（122 分）也要明显高于北欧国家（87～92 分）。

13～14 岁年龄段的英国学生得分是 507 分（低于 2006 年的 513 分），从表面的数字上看，该年龄组学生的得分情况远不及那些小年龄组的学生醒目，但是也只有韩国、新加坡、中国台湾、日本和俄罗斯的得分比他们高。 在北欧国家中，除了芬兰（514 分）以外，其他国家的得分普遍偏低，但是从成绩差方面来看，北欧国家的学生成绩差（89～92 分）比英国（119 分，比 2006 年高出 4 分）小很多，另外，英国的女生在该方面的平均得分要比男生高 3 分。

在科学方面，英国 9～10 岁年龄段的学生表现很好，虽然与 2006 年相比要差很多（比 2006 年少 13 分）。 据统计，韩国、新加坡、芬兰、日本、俄罗斯、中国台湾、美国以及捷克等国家和地区获得了更高的分数。 北欧国家中，芬兰得分很高，瑞典略高于英国，丹麦与英国得分差不多。 挪威虽然与 2006 年相比，其得分情况有了较大提高，但是仍远远低于其他北欧国家。 英国学生的成绩差远远高于北欧国家（110 分与 85～100 分），9～10 岁的英国学生中，男女生的表现水平相当。

13～14 岁年龄段，英国学生的平均得分是 533 分，也是最高分之一，只有新加坡、中国台湾、韩国、日本以及芬兰等国家和地区的得分超过了英国。（斯洛文尼亚、俄罗斯、中国香港也取得了较高的分数，但这样的差别在统计学上毫无意义。）但是，这样的得分相比 2006 年（比 2006 年低 9 分），却要低很多（但是从统计上来看，并非很明显）。 北欧国家中除了芬兰以外，其他国家的表现不是很好，但是英国学生的成绩差（117 分）还是比芬兰（88 分）大。 另外，英国在性别方面差异很小，女生只比男生高 3 分。

虽然分数有所下降，但是该计划的研究结果依旧很好。 在数学与科学方面，英国学生几乎比其他所有欧洲国家的学生表现都要好，主要是不及太平洋周边几个国家。 另外，两个年龄段的学生表现情况也说明：英国也是性别差异表现不大的国家之一。 但是，令人担忧的是，测试结果也显示出英国学生的最高分与最低分之间的成绩差明显高于北欧国家的同龄人。 该计划在数学以及科学评测方面的质量还是很好的，然而其公平性却有待加强，但是二者是可以兼得的，芬兰便是很好的例子。 另外，英国学生中既不喜欢数学又不喜欢科学的比例远比其他国家的同龄人要高得多，然而据报道称，芬兰学生喜欢这两门学科的比例更低。

国际学生评估项目

该项目于 1997 年推出,测试每 3 年举行一次,包括阅读能力、数学能力及科学能力的考查,考查对象以 15 岁的学生为样本。 与其他测试项目不同,该项目的基本目的不是测试学校的所教科目,而是为了考查不同国家的学生是如何积极应对当今知识社会所带来的挑战的。[30] 因此,该项目不应该因某一课程的存在或缺乏而受到影响。 随着时间的变化,不同国家取得的各种成绩,其侧重点也有所不同,这种模式正在形成。[31] 在 2000 年的初次测验中,其考查点主要集中在阅读能力方面;3 年之后,测试主要集中在数学能力的考查上。 在 2006 年,考查重点聚焦在科学能力上,在 2009 年,考查重点再次回到阅读能力方面,而在 2012 年,测试重点再次偏向数学能力方面。

2000 年,英国学生参加测试的比例较低,在 2003 年,参加测试的学生数量更少,因此很难对英国学生的统计结果做出解释。[32] 从表面上看,英国学生的阅读能力得分由 2000 年的 523 分下降到了 2009 年的 494 分;数学方面,由 2000 年的 529 分下降到 2009 年的 492 分;科学方面,分数下滑不是很明显,由 2000 年的 532 分下降到 2009 年的 492 分。 当我们仔细观察这些数据的时候,有人指出分数呈现下降趋势,这也是很合理的。

该项目在 2000 年的统计结果作为一种符号,说明工党政府在改善教育体制方面取得了一定成就,广受好评。(公平地说,在保守党政府运营的教育体制之下,学生们要经受几年的测试。)

2003 年,由于一些学校拒绝参加该项测试,因此其测试结果很难判断,这对于经济合作与发展组织而言,由于英国的样本数量过小,无法确认其代表性,另外,发布的报告中也删除了这一结果。 随后的数据分析由教育部委托开展,样本数量的代表性有所改善。 结果显示,无论是阅读能力、数学能力还是科学能力,其得分情况相比 2000 年均有下降,如果是正常样本数量的话,结果估计会更差,而 2006 年的统计结果也证实了自 2000 年以来分数下降的趋势,然而关于该结果的新闻报道却是少之又少。

2009 年的统计结果可参考表 11.13。

表 11.13　2009 年英国及北欧国家的学生在国际学生评估项目中,在阅读、数学及科学方面的平均得分情况(括号内为 2006 年分数)

国家	阅读	成绩差	数学	成绩差	科学	成绩差
英国	494（495）	131（135）	492（495）	118（123）	514（515）	136（149）
丹麦	495（494）	114（120）	503（513）	119（116）	499（496）	126（130）
芬兰	536（547）	116（109）	541（548）	112（111）	554（563）	121（116）
挪威	503（484）	125（142）	498（490）	116（124）	500（487）	123（131）
瑞典	497（507）	128（130）	494（502）	128（123）	495（503）	135（130）
该计划的平均得分	493		496		501	

　　丹麦的阅读得分依旧很稳定——2000 年, 497 分; 2009 年, 495 分。 在数学得分方面, 2009 年比 2006 年少了 10 分, 但是在科学方面得分比 2000 年高出 18 分。 芬兰 2009 年的阅读得分比 2006 年少 11 分, 但相比大多数国家而言, 其分数仍旧很高; 2006 年, 芬兰在数学方面的分数达到最高值, 之后下滑, 但依旧比 2000 年高 5 分; 2006 年, 芬兰在科学方面的分数提高了 25 分, 随后的 2009 年得分为 554 分, 下降了 9 分(依旧很高)。 挪威在 2000 年的阅读得分是 505 分, 2006 年分数有所下滑, 得分情况与 2009 年水平相当; 2000 年, 挪威的数学得分为 499 分, 2006 年得分有所下降, 然而在 2009 年得到了 498 分; 在科学得分方面, 挪威由 2000 年的 500 分下滑到 2006 年的 487 分, 但是在 2009 年, 其得分再次回到 500 分。 然而, 瑞典和英国一样, 3 门学科均出现了下滑现象, 阅读由 2000 年的 516 分降到 2009 年的 497 分; 数学由 2000 年的 510 分降到 2009 年的 494 分; 科学由 2000 年的 512 分降到 2009 年的 495 分。

　　表格也同样显示了各个国家最高得分与最低得分之间的成绩差情况。 阅读方面, 英国与瑞典成绩差较大, 虽然自 2006 年以来, 英国的成绩差有所减小; 芬兰与丹麦在该方面的成绩差最小, 挪威处于中间位置, 虽然 2009 年的成绩差比 2006 年有所减小。 在数学方面, 所有国家的成绩差很相似, 尽管芬兰的成绩差最小, 瑞典的最大。 在科学方面, 瑞典和英国的成绩差最大, 然而不同的是, 2009 年与 2006 年相比, 英国的成绩差缩小了, 而瑞典的成绩差却增大了, 另外, 丹麦、芬兰和挪威的成绩差较小。

　　2000 年[33]与 2003 年的小量样本使得统计推测带有很强的不确定性, 然而, 这至少反映了在过去的几十年里, 英国学生在技能方面出现下滑趋势。 比如, 这样的观点就受到教育研究院的约翰·杰里姆议论,[34] 他对该计划的新进国家（即使大部分国家的成绩也不是很好）进行研究，进而解释分数下降的现象，为了避开普通中等教育证书考试这一时间段以及 2000 年一些学校在测验时期退出对测验结果的影响，于 2009 年提出了测验进度表。

我认为，虽然这些因素很重要，但是在解决分数下降这一方面却收效甚微。然而，国际学生评估项目所取得的结果却与数学与科学研究趋势中所显示出来的积极一面大不相同。 正如我所提到的，数学与科学研究趋势更贴近学校开设的课程，然而国际学生评估项目旨在评估年轻学生如何应对知识社会这方面的能力。 也许英国的学生已经学会如何应对这种与标准评估测试类似的测验了，然而在国际学生评估项目中需要用到不同的方法，这就是学生表现不佳的原因吗？

欧洲国家中，芬兰在国际学生评估项目中的各项结果均表现良好，另外，芬兰也只参加了 2011 年的数学与科学研究趋势项目，然而，该国学生在此项目的得分情况与国际学生评估项目中的表现一样优秀，这就说明了教育质量与教育公平是可以同步实现的。 另外，芬兰的高平均分与其低成绩差也是同步的。

丹麦和挪威的学生在这两个项目上的表现情况均不尽如人意，但是他们却在不断地提高自己的技能，无论是在义务教育阶段（已在第 6 章中介绍）还是高中教育阶段，其结果显示出两国均培养出了受过良好教育的国民。 他们的教育方法舒缓而有耐心，避免过早让学生经历不必要的失败，现在看来有了一定效果，而瑞典却表现出了一种逐渐下滑的趋势。

根据国际测试的结果，我的结论是什么呢？ 一个词：喜忧参半。 在阅读方面（国际阅读素养进展研究）的测验结果，有好有坏；在学校课程基础上进行的关于数学及科学方面的测验结果，表现良好，虽然在该方面的成绩差（数学与科学研究趋势）比较大。 2012 年，由皮尔森发布、由经济学人信息部承办的关于全球 50 个国家和地区的研究报告显示，英国位列第 6 位，排在芬兰、韩国、中国香港、日本及新加坡之后，该排名是以国际统计的数据为基础，辅以识字率、入学率及高等教育率的情况，但用含有高等教育的数据来说明教育质量情况则是不真实的。

要想弄清国际数据与标准评估测试、普通中等教育证书考试以及普通中等教育证书高级水平考试之间的关系也非易事。 但是，正如经济合作与发展组织的教育专家安德烈亚斯·史莱克尔所说：

> 这个世界变化迅速，国际上表现最好的教育体制便是一定的基准，而不是提高国家标准。[35]

在我看来，最近几届政府组织的考试中，学生们都得到了很好的训练。[36] 我已经注意到下议院专责委员会[37]对于"为考试而教"这一观点的评论，也看到了沃里克·曼塞尔所报道的冗长的测试练习[38]，我也已经看到学校是如何频繁接受检查的，也看到了教师们是如何被肆意评估的。 然而，根据施莱克尔所说的，国际学生评估项目的测试结果依旧原地踏步，因此这些方法对于良好教育体制的形成而言，似乎也并无什么帮助。[39]

联合政府的部长们掌握了国际学生评估项目的测试分数（也许过于仓促），并把它作为谴责前工党政府教育策略的依据。[40]然而，讽刺的是，部长们与其推翻工党政府制定的政策（通用测试，频繁检查以及教育市场的运用），还不如进一步去完善这些政策。

因此，再次回顾一下我的问题：英国教育制度能否培养出素质全面、求知欲强的学生？ 我的回答是：我们的体制培养出了很多善于测验、善于考试的学生，但是我不太确定我们的体制是否培养了学生求知好学，我担心我们的体制会压制而不是促进学生的这种品质。 我会在下一章中简略地提出一些意见，让我们的教育体制更加适应学生，为学生们提供更好的教育，从而开发他们的天赋与能力。

这样的教育体制培养出了开心幸福而适应能力很强的年轻人了吗？

第10章中描述的关于幸福的国际调查显示出：我们的教育制度在培养年轻人的幸福感及适应能力方面也没什么优势，当然，一些学生感觉很幸福，适应力强，但是有太多的学生看上去是那样的焦虑与忧伤，这对我们的社会而言，并不是一个好消息。

结语

英国的教育体制有很多让国家引以为傲的优点，它有很多能够转化为积极作用的特点，也就是我说的"不明确的特征"，当然，它也存在着很多的不足需要我们去解决。

依我看来，很多问题主要是由很多政客越过政治光谱直接采取行动导致的，他们已经分裂，几乎是摧毁了以前的国家制度，虽然这种体制发展得杂乱无章、管理不善，但是还是可以继续发展与不断完善的，然而结果却是不断地遭到破坏。

我们的教育体制混乱无序，在这种体制之下，学前教育入园难且收费高昂，学生发生分流,有的学生去了规模小但有巨大权势的私营机构,有的学生去了混乱无序且充满竞争的学校,这些学校资金来源不同,管辖权也不一样。学生被安排到不同的班级,外界对他们也有着不同的期望水准。他们创新与发展的范围受到很大的限制。压力是普遍存在的,对于很多人来说,童年的经历不必要地发挥着消极作用。

　　深思熟虑之后,我的结论是:有效的教育体制能够满足社会的需要,与此相比,英国的教育体制是失败的。我再重复一次,我拜访过很多国家,他们的一些课堂教学非常好,另外,英国那些鼓舞人心的校长也给我留下了很深的印象。通过将近50 年的教育观察,我确信这不是教师的问题,因为他们必须在这样的体制中工作,但我仍心怀希望:我们的教育体制是可以得到修缮的,而如何修缮则是我在第 13章中将要讨论的话题。

本章注释

[1]怀特・J.(2005)《课程目标》,伦敦:资格与课程局,http://dera.ioe.ac.uk/9704/1/11482_john_white_towards_an_aims_led_curr.pdf.

[2]参阅:迪姆・R.,布莱霍尼・K.和希思・S.(1995)《积极的公民与执政学校》,白金汉:开放大学出版社。

[3]对于额外资源影响的一种有趣讨论参见:普格・G.,摩根・J.,格雷・J.(2011)《在教育支出上升的一段时间,资源的增加是否提升学生的教育素养?》,《英国教育研究学报》,第 37 卷,第 1 期,第 163~189 页。

[4]请参阅:唐斯・P.(2011)《我不敢相信英语教育体制发生了什么》,《论坛》,53 卷,第 3 期,第357~366 页。

[5]英国财政部(2011)《财政部分:政府回应在第 2010—2011 年公共账户委员会的第 14 至第 18份报告》(3 月),伦敦:教育部,Cm 8042,www.hm-treasury.gov.uk/d/minutes_14_18_reports.

[6]沃恩・R.(2012)《因为他们是值得的》,《泰晤士报教育增刊》,11 月 2 日。

[7]请参阅:教育部,www.education.gov.uk/schools/adminandfinance/schoolscapital/buildingsandde-sign/baseline.

[8]英国广播公司新闻,2011 年 12 月 6 日,www.bbc.co.uk/news/education-16050321.

[9]英格兰高等教育拨款委员会(英国高等教育基金委员会)(2010)《年轻人参与高等教育的趋势:英格兰的核心研究结果》,斯温顿:英格兰高等教育拨款委员会。

[10]引述贝克・M.(2012)《小学学位的不足就是引发祸端的源头》,《卫报》,1 月 17 日。

[11]考试结果的取舍点由行政部门用来关闭或重组学校。详细的讨论见 9 章注释[32]。

[12]英国议会(2003)《个人学习账户》,下议院特别委员会关于公共账户的第 10 次报告,www.publications.parliament.uk/pa/cm200203/cmselect/cmpubacc/544/54403.htm.

[13]参见教师与讲师工会(ATL)(2012)《中间层——一种职业的观点》,教师与讲师工会政策文

件，www.atl.org.uk/Images/Middle%20tier%20doc.pdf.

[14]教育部(2012a)《英格兰国家课程在第一个关键阶段的自然拼读筛查与评估》，伦敦：教育部。

[15]这是教育部在2012年新建立的机构，http://www.education.gov.uk/aboutdfe/armslength-bodies/b00198511/sta.

[16]教育部(2012b)《英格兰国家课程在第二个关键阶段的评估》，伦敦：教育部。

[17]这是一种过度简化。评估与测试工作组(TGAT)的报告，由伦敦国王学院的一位评估专家为首的工作组发布，它具有开创性以及必要的复杂性。(布莱克·P. [1988]《评估与测试任务小组》，评估与测试工作组，伦敦：国王学院)我参加了第一次实施工作会，感觉这些任务非常困难。其后，对教师的评估与测试进行了多次修改。

[18]请参见进一步了解常见统计术语的定义和解释：http://psychology.about.com/od/mindex/g/mean.htm.

[19]教育部(2012b)《英格兰国家课程在第二个关键阶段的评估》，伦敦：教育部。

[20]这是我能够做的最恰当的比较，因为2011—2012年度的数据格式发生了变化。

[21]参见教育部(2012)普通中等教育证书(暂时结果)$sfr25/2012ks3$，伦敦：教育部；以及佩顿·G.(2012)《专科中学的扩张致使资格证得来全不费工夫》，《每日电讯报》，2月3日。

[22]帕特里克·H.(1996)《公共考试标准的历时比较》，英国教育研究协会(BERA)会议论文，伦敦：伦敦大学伯克贝克学院。

[23]巴顿·G.(2012)《轻率让考试制度显得更不可信》，《泰晤士报教育增刊》，9月14日。

[24]若干作家关注到这个问题，参见霍曼·B.(2009)《消失的学生：国际学生评估项目(PISA)与残疾学生》，维也纳：维也纳大学，http://www.univie.ac.at/pisaaccordingtopisa/pisazufolgepisa.pdf.

[25]布朗·M.(1998)《国际赛马的暴行》，引自R.斯李，G.韦纳以及S.汤姆林森主编《学校效能为了谁》，伦敦：法尔默出版社。

[26]这些观点来自莫蒂默·P.(2009)《分析和描绘国际学生评估项目(PISA)绩效的替代模式》，教育国际研究所委托的论文，布鲁塞尔：国际教育协会。

[27]国际阅读素养进展研究是由教育成就评估国际协会(IEA)协调的，http://timssandpirls.bc.edu/index.html.

[28]穆利斯·I.，M.明尼克，斯坦科·G.，阿罗拉·A.，申图闰欧·V.，卡斯尔·C.主编《数学与科学研究趋势(TIMSS)2011年百科全书：数学与科学的教育政策及课程(卷1～2)》，马萨诸塞州，波士顿学院：栗山出版社。

[29]穆利斯·I.V.S.，马丁·M.O.，福伊·P.，阿罗拉·A.(2012)《2011国际数学测试结果》，马萨诸塞州，波士顿：数学与科学研究趋势与国际阅读素养进展研究国际研究中心，波士顿学院林奇教育学院。

[30]国际学生评估项目(2006)《专门报告》，巴黎：经济合作与发展组织，第20页。

[31]国际学生评估项目(2006)《专门报告》，巴黎：经济合作与发展组织，第22页。

[32]参见英国统计局主席安德鲁·迪尔诺特2012年10月3日的信，http://fullfact.org/articles/

statistics_watchdog_education_international_school_league_table_28392.

［33］参见该网站上的评论：http://fullfact. org/articles/statistics _ watchdog _ education _ international_school_league_table-28392.

［34］杰瑞姆·J. (2012)《2000—2009 年英格兰直线下滑的国际学生评估项目考试成绩：我们中学生的学业成绩真的相对下降了吗?》，伦敦：伦敦大学教育学院，www.ioe. ac. uk/newsEvents/ 60021.html.

［35］施莱克尔·A. (2012)《为了跟上时代，你必须模仿并创新》，《泰晤士报教育增刊》，11 月 16 日。

［36］根据马歇尔·B. (2005)《考试，考试，考试》，引自雷格主编《致首相的信》，伦敦：新视野集团。

［37］英国下议院儿童、学校与家庭委员会(2008)《测试与评估：2007—2008 年度第 3 次报告》，伦敦：文书局。

［38］曼塞尔·W. (2007)《用数字说话的教育》，伦敦：政治日报出版社。

［39］施莱克尔·A. (2012)《为了跟上时代，你必须模仿并创新》，《泰晤士报教育增刊》，11 月 16 日。

［40］请参见该网站上的评论：http://fullfact.org/articles/statistics_watchdog_education_interna-tiona_school_league_table-28392.

第 12 章　一个更好的制度？

如果我们能够抛弃当前的制度，建立一种更好的制度来解决我提到的那些教育问题，我们希望它是什么样子的呢？

真实的还是虚拟的？

我们想要或者是需要一个关于学校和大学的实体系统呢，还是选择由先进科学技术支撑的虚拟系统呢？

关于建立虚拟系统的说法是很有说服力的。很多家庭线路已连接完毕，随着 4G 信号时代的到来，甚至网线都没有必要连接，网络上就可以获得各种信息。教学包正在研发之中，这些教学资料经常含有顶级的学术研究，他们都来自世界最有名的大学。另外，孩子们和年轻人在处理科技方面，似乎有着先天能力。对于我提到的那些问题，如果虚拟的教育系统都可以解决的话，那为什么还要花钱去创制实体的教育体制呢？

有些人指出，通过网络不仅可以获得信息，而且可以学习所有课程及评价的方法，这就给上述问题带来了挑战。这些人质疑：学校的设备没有他们自己家里的更新及时，为何人们还愿意把自己的孩子送到学校去呢？

但是关于此言论还有另外一面。考虑到孩子们待在家里接受教育的现实。孩子们不可能每天都自己在家，要是父母一方在家工作的话，那么双方都会感觉很无聊。

家庭是一个很棒的机构，即使在最好的机构里面，孩子与成人之间也会不断有摩擦出现，他们没有空间来释放自己的精力，不能和同龄人玩耍。当然，如果家中有供学生们玩耍的大花园，这样可以开发其创造力，孩子们也可以对植物进行研究，人们感觉这种情况是可以接受的，但住在城市高楼大厦中的人们，更有可能经历幽闭恐惧症的困扰。 这种局限给家庭生活带来的压力可能很快就会变得无法忍受。

爱德华·摩根·福斯特在 1909 年的短篇故事《机器停止了》(*The machine stops*) 中讲述到，人类对于机器的依赖与崇拜日益增长，这使人们变得孤立无援，直到机器出现故障。[1] 这种非常具有预见性的故事有力地说明了人类相互接触的现状。 人类交流的地方，对于孩子们来讲意味着安全，意味着该地方有值得信任的成年人管理，无论是玩耍、学习，还是交流，都是他们自身成长的一部分。

在我看来，在可预见的未来，我们可能需要建立一个以学校为基础的实体教育系统。 那么这样的教育系统会是什么样的呢？

民主的领导

国家的教育体制需要一位部长来监督，提供支持，必要的话，采取一些措施维护其质量。 为了使教育能够和其他领域的方针政策保持配合，保证充足的财政支持以及定义国家的优先权，我们需要一个中央政府部门。 问题是，是否政府部门应当做的不止这些，还值得商榷。 我们国家相对来讲小一些，全国所有的地方距离首都都不到一天的车程。 理论上来说，体系可以由中央政府来管理。 但是，土地面积虽然不大，人口却不是这样（2011 年人口达 5 610 万）。 由于这个原因，当地政府作为合适的民主中间机构，为教育供给与质量承担责任。

不幸的是，英国最近的发展趋势正在转向其对立面：增加了部长的权力，而不是削减。 1988 年以来，教育的很多新权力已被中央政府掌握。[2] 所有的学术活动必须和部长签署特殊的资助协议。 这样问题就产生了：300 多个地方政府能够充分了解自己学校的环境与历史，那么他们以前处理过的问题，中央部门又如何做出令人满意的回答呢？ 我认为我们仍然需要一个地方机构来加强对地方所有学校的监管，由选举产生，对选举者负责。

这种观点与前政府的政策顾问詹姆斯·奥索雷斯的观点完全不同，他认为地方政府的作用不合法。 他和我一致认为中央部门没有能力解决学校问题，但是如果地方政府与中央部门合作的话，学校问题就更有可能得到解决。 但是，我的解决方法是民主地选举某一部门，而他是想通过选择营利性的私营企业来解决。 最后说一句带有讽刺意味的话，奥索雷斯认为任何对他观点的批评肯定都

是意识形态导致的。[3]

依我看来，对于学校的监督权要么归属于专门的学校董事会——这种方式在美国很常见，要么归属于当地政府委员会，该组织在部长们夺取权利之前在英国已存在了近百年。 中央和地方政府历来有很好的合作关系。 前任部长乔治·汤姆林森和他的秘书在1950年的政府报告中很好地形容了这种合作：

> 这是一个关于中央部门、地方教育部门与学校教师之间不断加强合作的故事。为了建立一个独立、多元而不千篇一律的教育体制；为了拓宽教育的机会，同时为了提高教育水平；为了使教育体制能够更加密切地与日益民主化与工业化的社会相结合。[4]

虽然60多年过去了，这种言辞看上去仍让人心生佩服。 因此，我再次重申当地民主，建议由选举产生的当地代表负责监管新体制。

地方当局的议员是否也应该按照同样的方式由选举产生？ 关于教育问题，是否应该在兴趣与专业知识的基础上直接选举产生专门的董事会？ 这些有意思的问题都需要我们解决。 第一种模式可以保障教育更有可能与当地其他的服务部门结合起来。 第二种模式，即学校董事会模式，更能够把社会中的饱学之士吸引进来。 在我看来，两种模式都是可以接受的。 重要的一点是：地方应当承担起责任，任何决定都应该对当地选民负责。

设计精良的多功能建筑

我们喜欢那些看上去令人心情愉悦的建筑，而设计精良的多功能建筑就能够起到振奋人心的作用。 建筑风格是否影响建筑内部还不确定，但毫无新意的建筑里绝不会有高质量的工作，反之亦然。 但是如果我们从头开始，我们肯定希望拥有最具吸引力、设计最佳的学校。 这些都是一些私立学校所拥有的，在某种程度上，前工党，也就是现在的联合政府也为之努力过。 但不公平的是，只有那些受到政府赏识的学校才能拥有这些"世界级"的建筑。

在理想的体制下，我们希望所有的学校都拥有高质量的建筑。 我们也希望这些建筑能够被充分地利用起来，而不只是限制在在校时间。 关于校舍，有人提出了很好的建议：校舍可以和社区组织共享，为儿童提供保育、课后及周末服务，还可以开办成人课程。 那么在关于所有权以及联合使用方面，就会不可避免地产生很多问题。 但是只要心存善意，这些问题都是可以解决的。 这对社区带来的价值与好处是显而易见的。

我们也希望所有的机构都拥有最好的设施设备：图书馆（依然有用）、电脑、科学实验室、音乐室以及美术室，当然，多种多样的运动器材也要配备齐全，但是大多数公立学校的设施与很多私立学校相比，简直是天壤之别。 我们需要更大的平等。

教师激励

毫无疑问，我们的社会仍然需要高质量的专业老师和后勤人员来激励学生学习，帮助他们养成优秀品质，这也正是学生受教育期间，我们所希望的。

教师与后勤人员努力做到让学生爱上学习是至关重要的。 教师们也很清楚，要想做到这一点很具有挑战性。 当然，偶尔的一次讲座，或是皇家科学研究所的年度报告能够很容易地做到这一点，但是要想使每节课都具有挑战性与启发性，年复一年，这种要求是相当苛刻的。 无趣的和疲惫的教师很少会激发学生。因此，我们就需要有一种有效的教育体制，来寻找一种全新的方法让教职员工们保持对教学的新鲜感与热情。 从我们引用过的关于公务员的纵向研究中我们获知[5]：对于工作管理得越多，人们的感觉就会越好。 这就是我质疑"防老师"（teacher-proof）项目的原因（比如前工党政府引进的阅读课）。

教师们接下来要做的就是不能让自己成为一个学习机器——用不敏锐的洞察力，盲目顺从的意识，和越来越乏味的教学方法来制订自上而下的教学计划，这种计划遏制了积极的课改行为。 学校需要给教师们更多的权力，包括制订整个教学计划，让教师们形成一个团队，分享教学经验，并且互相监督。

我所见到的提高教学技能最有效的方法之一就是互相观察法。 两位教师轮流观察对方，一周一次，持续大约一学期以上。 观察期间，教师要将自己观察到的教学效果以及对学生的影响反馈给自己的同伴。 依此步骤，角色互调。 这种方法对于配对双方都是保密的，以便大家能够开诚布公，当然，作用是相互的。每位参与者都有机会指正别人，当然也要接受别人对自己的指正。 每组人员都会意识到一味地说好话只是浪费时间，只会加剧对于教学问题的批评，而不利于解决问题。

然而，一些教师不能够做到与时俱进，这就需要采取一些行动，确保学生不受损失。 这就是有关部门领导的任务了，也是小学关键阶段，小学领导的任务。在其他行业中，如何提建议，如何惩戒，如何训练，都是很关键的。 这项工作做好了，它能够产生奇迹；做不好，便会招致深深的不满。

如果政府能够解决其财政问题，那么建立每 7 年一次的学期休假制度将会成

为可能，这种制度是在 1973 年的《詹姆斯报告》[6] 中提出的。 这种制度的建立，可以让教师与后勤工作人员去听课，承担项目规划，或是了解自己领域的最新知识成果。 这样的休假制度特别重要，因为这样可以延长退休年龄。

一种有效的制度

一种有效的教育制度肯定是高效率的，校长与教师们必须充分利用资源，不断地寻求进步，不要浪费了学生的天赋。 当然，对于教职员工来讲，学校也应当是一个好去处。 有些人认为不利于教师的事情肯定对学生有利，也就是为了满足一方利益而牺牲另一方的利益，这种想法肯定是不对的。 正如我在第 7 章中所说的，在教职员工的士气方面，迈克尔·威尔肖对此表示了深深的担忧：不快乐的教师经常造就不快乐的学校，里面充斥着不快乐的学生。

互相尊重的关系

在好学校里，师生之间互相尊重：彼此之间都已做好倾听对方意见的准备。这也是北欧国家教育体制的一项优点，学校会支持学生集体发声。 这也是向下一代市民引入民主的一种方式。

学校往往属于保守机构：这种传统变得根深蒂固，新人往往总是想要接受已存在的规范制度。 规范有其自身的积极作用，比如加强稳定性，赋予其传统意义。 但是它也有消极作用，它会扼杀创造力。 在我看来，为了改进工作方式，大多数管理制度都需要及时更新。 改进的关键就是鼓励那些工作在一线的教职员工，负责对新教育体制进行设计与更改。 在教学方面，他们是专家，他们很容易知道怎样做会使效果更好。 另外，我们也应该倾听一下来自学生的见解，他们在学习成功或失败方面，很有发言权。 他们对于教学质量、信息技术支持，或是洗手间卫生状况的关切，都需要我们严肃对待。

经济合作与发展组织引用了一个短语来评价丹麦的教育体制："评估文化"。这可以定义为：对于社会或是组织团体，都存在一种很正常的期待，其内部成员为了对自身教学进行反思及提高成绩，都会诚实地参与调查。[7] 在此项定义中，具有批判性的重要词汇是：正常的——这肯定是日常工作的一部分；诚实的——假装变得毫无意义；反思——教育职工要对问题进行深入思考，而不是随便考虑一下就可以了；提高成绩——这就指出了这一过程的严肃性。 目标是改善教学，更好地去关心学生，以及更有效率的管理。 学校在这种积极文化的影响下，更容易成功。

包容性

　　除非我们的社会变得更具包容性,否则,内部冲突会让更多的努力付之一炬,也不能为我们国家的发展提供安全与幸福的环境。 在英国,最紧迫的问题之一就是不平均。 2012 年,经济合作与发展组织的秘书长安吉尔·葛莉亚在其演讲中提到了该问题:

> 　　所有人口当中,10％的富人阶层,其平均收入是人口占 10％的穷人阶层的 9 倍,25 年前,这个数字是 7 倍……另外,据记载,在过去的 200 多年中,前 1％的人口占据了大量的收入……在收入极不平均的国家,像意大利、英国和美国,年轻一代的收入在很大程度上更加依赖与其父辈的收入。简单一点说,从根本上讲,这就意味着在收入极度不平均的国家里,贫困陷入了恶性循环之中……这种日益扩大的不平均现象是不可避免的。关于不平等,经济合作与发展组织最近发布了具有里程碑意义的报告:"分则能成"。该报告运用有力的证据指出,我们需要把"为了更好的生活,就要有更好的政策"这一要求放在改革努力的中心,需要在未来,为人们提供平等的机会与自信。[8]

　　减少社会的独断专有,最好的方式就是建立一个更具包容性的、更有效的教育体制。 但是鉴于我们国家的历史,这注定要遭遇挑战。

　　由于起步缓慢,我们的教育体制已划分为富人阶层与穷人阶层,公立与私立,宗教与非宗教,甚至宗教也有不同的宗派。 另外还有学习容易与学习困难的划分。 据报道,南伦敦的一所中学,根据学生的能力将学生分别安排在 3 种小学里面。 在这种小学里的学生,他们穿着不同的校服,拥有着不同的午餐时间。[9]

　　在我们的教育体制中,即使是教师,也将自己划分为 6 种不同的工会。 这就减弱了其在国家谈判中的影响力,易受到政府操纵的伤害。

结语

　　当地政府与国家部门共同协作,在他们的支持下,一项 21 世纪的合理的教育体制将会产生。在这种体制之下,学校功能完善,设备精良,师资力量雄厚。教育体制的包容性越大,对社会与学生就会越好。这很理想化吗? 也许是。难道这不是我们的社会与孩子们应得的吗?

　　在第 13 章中,对于如何改善当前的教育体制,我给出了一系列建议。

本章注释

[1]福斯特·E.M.(1909)《机器停止了》,嘟嘟出版社。

[2]《观察者》(2011)《教育改革:我们需要的是透明度,而不是意识形态的热情》,12月18日。

[3]O.桑那斯·J.(2012)《竞争遇到合作:以连锁学校解决英格兰教育失败的长尾巴》,伦敦:政策交换出版社。

[4]汤姆林森·G.,莫德·J.(1951)《教育部报告》,引自《弗洛姆》的社论,第53卷,第3期,第335~336页。

[5]参见马尔默·M.,罗斯·G.,希普利·M.,汉密尔顿·P.(1978)《就业等级与英国公务员的冠心病》,《传染病学与社区健康杂志》,第32卷,第4期,第244~249页。

[6]教育与科学部(1973)《教师教育与训练》(《詹姆斯报告》),伦敦:教育与科学部。

[7]莫蒂默·P.(2009)《学会做学习的领导者:英国人眼中的陷阱》,2月24日丹麦欧登塞会议上提交的论文。

[8]古里亚·A.(2012)《不平等》,经济合作与发展组织秘书长在中国管理学会上的致辞,中国北京,3月19日。

[9]雅克·P.(2011)《综合知识之死》www.workersliberty.org/story/2011/08/02/crown-woods-death-comprehensive.

第 13 章　走向一个更好的制度

以教育制度的优势与解决其不足为基础，我提出了自己的建议。 这是一项需要我们的政府来完成的任务，但是很多人对此已经失去希望。 一位已经退休的教育专家，迈克尔·巴辛认为：

> 在过去 25 年的党派政治漩涡中，我们的教育受到冲击，甚至变形扭曲，我们必须认识到，这样根本行不通：政治已经玷污了我们的学校，耽误了我们的孩子。[1]

像巴辛一样，我也认为教育所遭受的打击比部长们个人想象的要严重。 我认为现在是该把更好的教育制度大声说出来的时候了，正如我在本书中强调的，教育制度与其所处的社会紧密相关。 就对待公民的公平性而言，社会越文明，那么就越有可能建立以积极价值观为基础的教育体制（积极价值观即在前几章中介绍过的品质特点）。 同样的，价值观支撑着一个国家的教育体制，并影响着下一代人。

本书不能立即提出解决教育体制中所有问题的妙计良策。 但我们也并非是一无所有。 首先需要改变的就是过去的诸多制度、完善的预期模式以及行为。这样做的主要目的就是为了说明对于当前不完善的教育体制，我们还是有其他选择的。

下面我就从高质量的学前保育与学前教育来开始说明我的建议。

扩大学前教育供给量

正如我提到的，教育应该从孩子一出生就开始，另外，对于年幼孩童的照顾也是十分重要的。 在不同的时代，家里的大多数学龄前儿童都是由母亲来照顾的，今天，即使是单亲母亲也希望到外面去找工作，至少有一份兼职。 即使是健全的家庭，生活开销，特别是住房成本，也需要父母双方都出去工作挣钱，这也是照顾孩子的需要。 在英国，照顾孩子是一笔很大的开销，这往往超出父母一方的实际收入。 根据《每日快报》得知：照顾孩子要花费父母 1/4 的收入。[2]

许多家庭在产假津贴的帮助下可以继续维持生活，因为父母一方要在孩子出生后的几个月内待在家里照顾孩子，在这儿之后，很多父母必须要平衡照顾孩子与工作之间的关系。 高收入家庭会通过雇佣保姆或者是以高价支付日托的形式来照顾孩子，但大多数家庭不得不通过做兼职，利用托儿所，或是依靠其父母或朋友等方式将生活继续下去。

与之相比，北欧国家（针对此情况）会为父母一方提供第一年的经费支持，父母一方可以在家照顾幼儿。 而在瑞典，父母一方可以得到一年半的政府资助，以便在家照顾幼儿。 另外，北欧政府还以合理的价格提供高质量的日托服务。 根据公共政策研究所在 2012 年的一项报告显示，丹麦家庭抚养孩子的费用不仅远远低于英国，而且那些有 3 个甚至更多孩子的家庭也能负担得起。[3]

在芬兰，对于 8 个月到 5 岁大的孩子，日托是全部免费的。

> 孩子们接受日托和学前教育，我们认为这是他们的权利，在这些机构里面，孩子们可以自由玩耍与学习，还可以交朋友。[4]

波莉·汤恩比说过，高质量的日托不仅减轻了孩子与父母的压力，并且还有很好的经济意义。 因为随着人口的老龄化，我们的国家需要更高的出生率。[5]

0～3 岁儿童护理

如果 0～3 岁儿童的护理服务工作和其他的教育服务一样受到当地政府的管理，且有专业人员管理，那么这对于孩子及其父母来说，意义非凡，并且还可以利用现有的早教课程。[6]

服务费用必须通过税收来获得，那么父母对社会的贡献可能要与其收入挂钩，且通过所得税获得。 这将会使该服务效益良好，因为它无论对于我们的社会经济还是对于家庭的健康福利来讲都是大有好处的。 公共政策研究所提出了一项与之

十分相似的计划,它总结道:

就税收为每位主妇(1 年产假之后重新回归全职工作)减少育儿费用而言,普遍的儿童保育工作可以为政府回流 20 050 英镑(4 年内)。[7]

就 3～5 岁的幼儿而言,我们也需要更加全面的托儿所。 由政府资助的纵向研究已经说明了在儿童早期进行积极培育的积极作用,特别是对于那些生活在弱势家庭的孩子来说,价值巨大。[8]

像儿童的早期抚育这项工作,需要列入当地政府的法律条款之中,用税收支付抚育费用,父母的贡献通过其收入进行评估,而贡献的积累量则通过其税收完成。

3～6 岁儿童的早期教育

剑桥大学初级研究中心的主任罗宾·亚历山大[9]认为最理想的状况就是:我建议早期供给应当从 3 岁持续到 6 岁,这应当包括一年正式教育的推迟,这也就意味着 5 岁以下的孩子不必为第一个关键阶段的正式教育而担心。 当然,5 岁的孩子仍然需要学习,但是像北欧国家的孩子,此时期他们主要通过游戏来获得体验。 如此小的年纪,他们很少因为学习方面的不成功而受到伤害。

和提高儿童的生活体验一样,政府也应该适当考虑家庭的其他需要。 由于大量的父母都是全职工作,那么就该灵活设置孩子们的上课时间以便帮助他们早点到达学校。 学校应当提供早餐,有需要的话还应提供必要的课后活动,以此来填补上课时间与家长工作时间之间的空白部分。

与此相关的供给可以为父母一方提供方便(不分性别),如果孩子生病了,父母一方可以请假一天,这与英国当地一些政府的规划是一样的。 在丹麦,这样的安排可以让父母自行判断病情的严重性,从而为后续治疗做好安排。 但是在英国,父母通过假装孩子生病来要求请假的状况并不少见,这也就使得上述意见变得没有任何必要了。

如何让孩子的假期最有意义也是一个有待解决的问题,此问题不仅仅涉及幼儿,而是包括所有孩子。 有一个解决办法就是成立一个假期活动中心,按照早教服务部门的监管标准对其进行管理,按照 0～3 岁儿童的供给标准提供资金。

停运教育市场

在前几章中我已经介绍过关于最近几届政府是如何把学校体制变为教育市场

的这一话题，由于受市场的影响，国家体系变得支离破碎，由于强调不同类型学校的等级，这给父母在如何正确选择住地、如何正确择校等方面带来了噩梦。

就像牛津大学的教育专家罗恩·格拉特所说的：

> 国际经验指出，通过强调选择与竞争的方式来提高教育水平是没有效果的，改变结构不会对学生产生好结果。完整的体系方法需要以强大而民主的多层次基础设施为基础，常见的管理与法律体制需要公共原则来维护，而不是依靠合同法。[10]

我认为对广大父母来讲，当前这种不合理的市场规范，现在是时候要更换一下了。

恢复地方当局法定责任

自从 1988 年以来，地方政府的很多教育功能已经下降到无关紧要的水平，政府赋予了自己更多新权力，并代表其他人直接对教师与赞助者行使领导权。民主的中间阶层已经丧失权力。

我一直想证明，这样的结果会带来混乱。尽管部长们缺乏专业知识，但他们却经常干涉专业领域的问题。如果校长没有经过优秀的管理机构培训，那么他们就会缺乏曾经所具备的专业指导，从而很难发现自己所处的困境。

随着 2012 年总督察报告的发布，《卫报》专栏记者西蒙·詹金斯注意到：报道对"地域性公共服务差异"这一现象给予了批评，这种差异可以从学校的等级表中显示出来。詹金斯指出：

> 现在，英国学校的责任归属问题完全处于一种混乱状态。是否有人判断出这种公共服务差异是由中央控制太少造成的呢，还是由于控制太多造成的呢？[11]

詹金斯还说到，像教育标准办公室这样的中央政府机构，"信誉集中但也身负重责，中央化成功，地方化失败"。[12]

要想摆脱这种状态与专制，最明显的方法就是需要运用一种新的权利，即由联合政府把所有学校的管理权交给一个合法的中间机构，这个机构就是当地政府。[13] 在这种方式之下，地方当局身上承担的对于特殊教育和学校秩序的责任以及在提高学校质量方面所发挥的名义上的作用将与全局的规划与管理相结合。

根据 2012 年通过的健康与社会保健法案，地方当局正在获取一项关于公共卫生的新权力。 这在"保护和提高公共卫生方面赋予了他们一系列新的责任"[14]。 这将会使得地方政府的很多功能需要重组。 保护和提高公立教育与日益增强的责任相结合,这将会使得地方当局有效的管理教育成为现实。

这样的变化需要一些规则方面的调整,但相应的,这却可以在权利与责任之间架起一座有效的桥梁。

对于地方政府来讲,振兴学院与自由学校也可以为领导者们提供专业的建议与讨论问题之地,这也正是领导者们当前所缺的东西。 大多数地方学校之间的距离——不像全国学院中那些随意拼凑的学校一样——会使得领导与教师之间的会面更具地理上的灵活性。

为了监测在其管理范围内所有学校的进展情况,地方政府需要出台一种管理学校的有效方案。 这种方案的制订可能需要一个小型的高质量团队,这种团队由在学校改进方面具有经验的前任领导组成,同时还需要大量的从权威学校中抽调出来的特定兼职人员。 在职领导与教师根据学校的要求每年确定聘用的时间。 从中精选出来的一些人组成的团队可以解决学校存在的任何困难。 如果有人认为外部小组更合适的话,那么相邻政府之间可以建立互惠协议。

然而,最为关键的是创办招生数量均衡的学校。

创办招生均衡的学校

均衡学校是指接收来自不同家庭背景的学生:优势家庭,弱势家庭;学习轻松者,学习困难者。 然后,正如我所提到的,农村学校经常可以做到均衡地招收学生,但是这种现象很少在城市发生。 导致此现象发生共有两个原因:私立学校和重点学校一样,他们愿意招收学习成绩好的和家庭背景优越的学生,另外,很多住宅区依据社会阶层划分,分化严重。

这就是为何"本土的教育政策"虽然很诱人却提不出解决方案的原因。 在这种教育上的"种族隔离"状态之下,那些所谓住在"贫困"地区的孩子与那些住在优越地区的孩子各自去属于他们自己的学校读书。(我随后将谈到私立学校和择校问题。)

在公平的教育制度下,针对不同类型的学生,每所学校都应该有大体相同的招收比例。 为了实现这种状态,为了孩子,家长们需要放弃对学校在名义上的选择。 在这儿我强调"名义"是因为在我们当前的市场体制下,我们的教育现实是:父母的选择性非常少,况且这种选择也仅仅是对一系列教育优惠的表达权。热门学校对申请者行使选择权,而不是反过来。

即使这样，"选择"的概念仍然很吸引人，很多人由于失去了表达意愿的机会，而对分配制度犹豫不定。 然而，一定的回报会使得当前这种为自己孩子寻找合适中学而焦虑的现象结束。

学生分配

和其他所有学校一样，你的孩子可以和其他学生一样自由地去上学。 这与你的居住地无关，与你的收入无关，与你孩子的状况无关。 换句话说，你的孩子去哪所学校读书这应该不是问题。 问题是如何创办这种均衡招生的学校。 无论是小学还是中学，都会从均衡招生中获利，但是，不均衡招生的中学教育成了当前最大的难题。 这就需要一种崭新的学生分配制度。

有三种方式可以确保均衡招生：
· 运用校车接送住在不同地方的学生；
· 运用分层教学的方法分配学生；
· 对某一区域的学校进行随机分配。

校车接送制度

1954 年，美国最高法院废除种族隔离制度后，用校车接送学生的制度就得到了广泛的运用。[15] 关于这种制度所带来的好处与其成本问题仍处于争论之中。[16] 但是校车制度也引起了一些问题，如一些学生不喜欢长途跋涉，但希望参加课外活动，一些家长希望参观学校等。 如果今天的英国也引进这种制度，毫无疑问，类似的问题不可避免。

分层教学

分层教学一般需要从众多层级中，以学生的学习成绩为参照，把学生分配到相应的层级中去，另外，学校需要确认每个层级的设置比例。 这在一定程度上需要对学校进行选择，但这仅限于那些有合适的层级而学生却没有招满的学校。这也是在多年以前，内伦敦教育局曾使用过的制度。 依我看来，这种制度最主要的缺点就是：这种分层建立在传统的能力评估基础之上，正如我之前所提到过的，根据学生的感知能力来给学生贴标签，不现实也无法实施。 然而讽刺的是，尽管这种方法不现实，但它对青少年学习者来讲，其影响却是巨大的。 如果被分配到低层阶段，无论是学生、家长还是教师，其期望值都会降低。

随机分配

在我看来，对所有中学进行随机分配是让学校做到均衡招生的最好方法。然而问题是，这种方法听上去让人感觉很没有人情味儿，因为挑选工作是由机器完成的，而不是人工完成。但也正是由于没有人情因素的参与而使得这种方法更加公平。

在这种制度之下，每所学校都将会是一个混合体，里面既有学习轻松者，也有学习困难者；既有经济富裕的家庭，也有贫困家庭；每所学校都将会是地方当局现有社会的一个缩影。但不利的一面是：在这种情况下，初级教育阶段的社交小组就没必要继续维持下去了。

很明显，分配制需要小心谨慎地实施。对于有兄弟姐妹的学生，特别是对双胞胎来讲，必须按特殊方式处理。这样其家人就不必因孩子们不同的上课时间或是假期安排而疲于应付了。另外，大部分教育部门——除了伦敦的自治市及一些其他地方——在地理区域上会变得更大，需要重新进行划分（确保他们能包含一系列不同的住房模式）。最理想的是，每个分区都将会代表"常规的"人口，那么就可以按照均衡的方式给学校分配学生了。

在 2007 年，布莱顿和霍夫就提议在人口众多的地方按随机的方式来决定分配，但是在法庭上，这种提议很快受到了一部分家长的反对。然而，法院没有理会家长们的反对之声，在 2008 年，这一计划得到实施。政府当局认为该计划是很成功的，因为父母获得第一选择权的比例上升了。但是，在 2010 年，由布里斯托尔大学和教育研究所的专家们进行的一项调查研究却发现：新体制未能缩小贫富学生之间的差距。[17]

研究者们指出，学生只能在新建立的服务区范围内进行随机分配，这也就意味着对于那些市中心最受欢迎学校而言，来自边远地区的贫困家庭的学生仍难有一席之地。

就随机分配这一方式本身而论，我认为对它的这种批评并不公平，对于把它作为一种衔接而不是针对所有分配，以及从服务区划建立的方式而言，其作用有限。很显然，让所有区域都有一样的权力是很困难的，另外，该制度也需要进行周期性修改。但在我看来，对于从小学到中学的过渡来讲，随机分配的原则仍然是最公平的方式。

如果这样的体制能够得以实施，那么学校就会均衡招生。然而，影响公平分配的另外一个因素在于教师。

我也建议把教师（也支持把员工）按分配的方式安排到学校。

教师分配

拥有一批流动的教师队伍，其潜在意义在于：扩大了所有学校提高教学水平的机会。在我们当前体制下，高水平的学校由于吸引了更加优秀的教师，因而其水平也变得更高，而相对较差的学校由于失去了优秀的教师而变得更差，他们害怕陷入这种不利的环境中而无法自拔。

按分配的形式把教师及相关教职员工分布到不同的学校，我想这一做法会遭到教师们的极大反对。初看之下，这一政策可能过于专制，并且与我提到的其他建议似有不和之处，但它潜在的价值却是不可估量的。

在这种制度之下，教师及后勤人员受雇于地方政府而非学校。（大部门之下，他们可以申请重新划分——就像在学生分配那一部分中介绍的一样——以此避免卷入不合理的长途奔波之中。）就像现在一样，合同继续有效。为了使教师与学校达到最佳匹配效果，如果地方当局有能力让教师在不同学校之间流动会产生什么结果呢？

这种安排已有大量的前车之鉴。在过去，地方教育部门是大部分教师的就业主要单位，而不是全部分配到学校中去，一些教师按照一定比例保留下来，把他们安排到需要的地方。这种体制更具灵活性，学校能够根据学生数量的多少分配教职员工，而不用因为学生数量的变动对教职工再次进行额外的招聘或是辞退。然而这种体制变得不受欢迎是因为大众认为：与被指派到特定学校的教职员工相比，这种类型的员工，其社会地位较低。这种双层结构体制总会引发一些异议。然而这种体制也不适合，因为所有的员工都是在同一基础上进行雇用的。

韩国，一个在国际测试中表现非常好的国家，该国的学校之间，教师们经常流动。[18] 当然，对于具有不同历史与文化的英国来讲，这只是其中一个因素。但是在韩国，教师每 5 年流动一次，这样就可以防止陈腐现象产生，让更多的学校功能得到最大限度的发挥。[19] 加拿大的亚伯达省，其创造的教育纪录令人印象深刻。[20] 为了保证每所学校都有一位能力出众的人物，确保没有学校陷入衰退的恶性循环之中，那里的教师和领导都会在体制之下采取自由流动的方式。

对教师来讲，没有选择学校的自由权看上去可能是一种不合理的要求，但也可以把这看成是一次职业发展的机会。它可以向教师提供在不同学校任职的经历，最重要的是，与我们当下的体制不同，这些学校的相同之处就是能够做到均衡招生。 如果一位教师被分配到一所差学校，而另一位教师被安排到了一所好学校，这也没有关系，因为所有的学校都会有一次平等的成功机会。

那么校长呢，他们也实行轮换制度吗？ 在我看来，这点非常关键。 与其他教职工一样，他们有受当地政府保护的劳动合同，但是他们的任命也将会和学校的需要保持一致。 对于新校长而言，这种作用是很明显的：如果开始被安排到一个占地面积相对较小或是教学设施比较完善的学校，通过调任，他可以去一个更具挑战性的学校工作。 而对于一些有经验的校长来说，这种制度也会有其优势。 它可以为老校长们提供崭新的挑战，而不是任其在一所学校里墨守成规，腐朽无奇。

在我提议的这种制度之下，地方当局在建立和维护学校质量方面扮演着极其重要的角色。 他们要确保学校能够做到均衡招生，能够招到合适的教职员工及校长。 为了能够最大限度地发挥学校功能，地方当局有责任对学校的发展情况、校长的更替转换情况以及每个教职工的情况做出严格监督。

当然，对于那些至关重要的高级管理岗位，地方当局有必要雇用一些合适的人员。 这些岗位需要人们——虽然没有庞大的官僚机构——运用相关技能与经验承担起对学校的监督任务。 这些职位应当由非常优秀的前任校长担任，这种任务可以为其提供一些合适的"校长岗位"，而这样的岗位在最近几年已经消失不见了。

均衡各学校的实力是第一步要做的。 但如果想要建成高质量的学校教育体制，依然存在着很多来自其他方面的挑战。

私立教育民主化

如果私立教育不存在的话，建立一套完备的国家体系就会容易很多。 那么，那些来自高收入家庭的孩子就会分布在公立学校之中，从而更好地促进社会融合。

但是在英国，私立学校却真实地存在着，并且历史久远，这些我在第 10 章中已经讲过了。 一些私立学校（当然不是全部）很好，他们有很优秀的教师，具有一流的教学建筑与基础设施。 如果将这些学校关闭，那么将会是一种巨大的浪费。

那么，为了国家更多的孩子，而不仅仅是那 7% 的比例，我们应该如何更加积极有效地利用这些资源呢？ 另外，同样重要的是，我们该如何弥补社会中公立学校与私立学校并存而产生的不足呢？ 特别是在面对众多职位时，如何解决

私立学校天生存在的权利感、势力感及统治感呢？

正如我之前提到的，早在 1944 年，此问题就困扰着弗莱明委员会，从那以后，很多人就开始针对私立学校的特权及其过分的影响力展开了猛烈的抨击。萨顿信托，一种教育慈善基金会，该组织致力于寻找一种方法来减少教育体制的不和谐现象。它指出，对于国家来讲，解决措施应该是：为最聪明的学生参加私立学校举办的入学考试支付费用。[21] 信托机构坚持认为，该建议首先应该在一所独立女子学校试点（自此以后，该学校变成了一所学院），这与 1980 年由保守政府引进的公助学额计划完全不同。但是对我来讲，二者都有相似之处，那就是在小学结束的时候，都将会挑选出最优秀的学生。

针对此问题，彼得·威尔彼的解决方案却与以往完全不同，他把私立学校的主要优点看成是学生们进入牛津大学和剑桥大学的一种途径。他提出：牛津大学和剑桥大学应该要求公立学校推荐他们学校中最有能力的 15 岁学生，指导他们通过普通中等教育证书高级水平考试，在这种情况下，便会打破"公立学校集体受到束缚"的现状。[22] 此种观点颇具创意，本该受到赞美，然而，这种方法虽然可以提高公立学校中学生进入牛津大学及剑桥大学的比例，我担心它必然会使学校面临一个问题，那就是从所有学生中"挑选一部分"来培养，这样做会加强精英主义，从而引发严重问题。

我的建议是：鼓励私立学校转为公立学校或学院——因为据《泰晤士报教育增刊》报道，一些私立学校（因为财政原因）已经这样做了。[23] 一个更受欢迎的意见就是，将私立学校转换成专门辅导中学生普通中等教育证书高级水平考试的机构，这将会是一个很好的方法，这样做可以充分利用私立学校的教学专长，并且优秀的教师可以利用自己的专业知识为更多年龄组的学生创造利益。

对于 16～19 岁学生数量的限制，将意味着其他年龄组的学生也可以使用学校提供的宿舍与基础设施，而不仅仅是将这些设施的使用权限制在当前的精英组里。

由于它们是私立学校，要想转换其社会角色注定不会一帆风顺，这就需要我们的不断努力。但是，在被富人阶层垄断之前，鉴于很多私立学校是致力于为穷人阶层服务这一基础（安德鲁·阿多尼斯指出：亨利六世为贫困学生专门建立了伊顿公学），这样的转变可以让私立学校重新找回其最初的使命。

在私立学校中有很多乐于贡献的好教师，尽管他们希望维护好自身的利益，但是在缺乏精英的环境下，他们也会工作得很快乐。他们能做出许多贡献，国家体系应该欢迎他们。他们原来更为丰厚的合约可能会成为谈判的症结，但如果能为他们保留一段时间，也会成为一些调和的契机。　当然，对国家来讲这是一笔不小的花费，对于当前 7% 的学生去私立学校接受教育所产生的费用必须由国家来补充。　但是，如果能从我们的社会中剔除这样的错误断层线，则会产生重大意义。

废除选拔制度

在第 3 章中，我已介绍了关于能力的问题，在第 10 章中，我也提到过大量关于通过能力来选拔学生的例子。　我的结论是，这种能力测试的使用是不可靠的，参加选拔活动的学生年龄太小，他们的大脑仍处于发育状态。　另外，整个选拔过程偏向于富人阶层，他们可以承担起一定的培训费用。

多年以来，我遇到了很多成功人士，但是他们都很快地告诉我，他们在 11 岁时，没有通过选拔考试。　他们中的很多人为自己今天所取得的成就而感到骄傲，也有一些人认为今天所取得的成绩有些侥幸的成分，因为 11 岁的选拔考试证明他们在学习方面是一个失败者。　在任何存在高风险的评测中，这是最不公平的一面：它能够决定人们一生当中看待自己的方式。

另外，对于选拔方式的相关批评，还在于它打破了在校学生的自然平衡。从一般学生当中，把那些看上去很有能力的学生选拔出来，当作特殊样本，这就使得很多学校不能够获取所需要的平衡，从而很难发挥教育的功能。

毫无疑问，废除选拔制度比较困难。　这是一个跨越党派的问题（正如我在第 10 章中讲过的）。　以前语法学校的学生都是能言善辩的政治说客。　但是把 11 岁的孩子分成优等生与差生肯定毫无意义，我在第 3 章中的例证就可以说明选拔制度是不可靠的，因为学生的能力在 11 岁后还可以发展很多年。

当然，如果成功的语法学校从体制中消失的话，那将会是一件很悲哀的事情。　没有必要必须关闭某种学校，取而代之的是，选拔性质的学校可以转变成非选拔性质的学校（有的学校已经转变为学院，尽管这些学校被允许保留选拔性质）。　在所有的学校都能够做到均衡招生的前提下，所有的学生都能够从以前在选拔性质的学校里任教的富有经验的教师那里获利，并且，这些曾经来自选拔性质的学校的教师们，也就没有必要继续在那些没有做到均衡招生的学校里任教了。

创办教会学校

正如我在第 9 章中讲到的，英国的教育体制总是依赖宗教而生，另外，由于

政府当前的政策，教堂的数量在不断增加。 在其他国家，国家与宗教之间的界限很明确。 但这好像并没有阻断人们对某种信仰的遵循。

我认为，我们应该针对所有学生创办各种类型的学校，不管是宗教学校还是其他性质的学校。 就像平时所说的，如果宗教学校比其他学校的作用更大，那么它们的这种作用就可以被更广泛地运用到其他组织中去。 尽管宗教学习可能是课程内容的一部分，但是基于宗教实践基础之上的信仰并不包括在内，希望这样做的学校可以自发地为那些家长在宗教方面有要求的孩子在该方面组织课后补习班——信仰仪式由不同信仰的人资助。 这样的安排可以防止在学校课程中所教授的科学知识与课后在自由集会时所教授的宗教信仰因观点的不同而产生误解。

那些满足现状的人由于在宗教国家可以自由改变信仰同时受到国家的资助，所以对这些变化有强烈的反抗。 他们可能受到如雅阁联盟这种机构的支持，该组织认为，在学校体制之下，根据宗教原因选拔学生将会产生更大的差别：

> 与其扩大这种差别，由国家资助的所有宗教学校不如实行门户开放政策，以促进文化融合与相互理解。[24]

公平的教育系统也会根据学生的感知能力，向对学生进行分组的做法提出质疑。

重新考虑学生分组

在第 6 章中，我介绍过学校里对学生进行分组的方法，这是英国学校所面对的最为困难的教学难题之一。 我注意到，有非常重要的证据显示出分组教学——以及其更加温和的形式——分层教学，根本行不通。 然而，英国的学校普遍采用分组教学和分层教学，并受到部长们的强烈支持。

我认为，不管是分组教学还是分层教学都应该被废除，但对于此建议，我很犹豫，因为目前对于学生分组，还没有其他令人满意的方法。 我知道芬兰的教育体制中没有按能力对学生进行分组这种情况，但他们的教育体制运行得却很成功，这种做法在英国是可行的。 但是芬兰的学校文化和社会文化与英国不同，芬兰的教师因为能够使得所有的班级一起取得（巨大的）进步而满意，相反，英国的教师则希望学生之间能够扩大差距，要想改变这种教学心理还需要一些时间。

当前在英国，我们似乎面临着一个严酷的选择：一种是按能力分组，我们知道这种方法会降低学生对自己能力的评估与期望；另外一种方法是混合能力教学，即把学习努力的学生、对学习不抱希望的学生还有那些在混乱中寻求慰藉的学生都安排在同一个班级里。 还有其他方法吗？

·我们可以按学生的努力程度对其进行分组。 但是除了学习懒散的学生以外，我们该把优等生安排在哪儿呢？

·我们可以按照学习方法的严谨性对学生进行分组。 但这会使得教师的评估过于主观，学生们从一个极端转向另一个极端，他们又能做什么呢？

·我们可以打破学生的年龄界限，按其学习进步程度进行分组。 但这会使得那些在班里特别有能力的（或受过良好辅导的）小学生受到那些年龄大、能力差而学习动机少的同学的影响。

如何对学生进行创新性分组需要我们重点研究。 芬兰的混合能力教学模式可能是我们的发展方向，但是其他方面的新方法也需要加大专业开发力度。

改善评价方法

在教育体制中，评价是最具影响力的因素之一。 1988 年以来，戈登·斯托巴特[25]等专家们已经明确表示，由于错误的原因，评价制度在其技术能力之上得到了提升与运用，就像塔玛拉·毕比在其关于对小学生教室的研究中发现：

> 孩子们开始按照标准来衡量自己，而其中，道德与美德占了大部分比例。好孩子应该努力学习，认真听课。但是，如果你同伴的标准比你低，那他们还是好孩子吗？这就给他们的友谊带来了挑战。[26]

正在长大的新一代儿童，他们用某种标准来衡量自己，这种可怕的想法让我们想起了奥尔德斯·赫胥黎的《勇敢新世界》（*Brave New World*）[27]。 当然，教师们会经常给学生打分，孩子们也很快意识到他们的一些朋友会得到很高的分数。 虽然标准评估测试的程序性与规则性使得测试的过程十分合理，然而，正如我之前讲到的，学生个人成绩的真实性依然值得怀疑。 我在第 7 章中已经说过，普通中等教育证书考试和普通中等教育证书高级水平考试都是愿意接受外界批评的。 另外，我们也必须看到由监管部门所引发的问题及《沃尔夫报告》[28]中显示的职业评估领域所遭遇的困境。

正如戈登·斯托巴特所说，我们确实需要公正而谦卑地定义"评估"一词，并且能够说明它是如何促进学习的。[29]

那我们如何做到这一点呢？ 教师评价非常重要，不能舍弃。 在评估学生成

绩方面，应当保留那些有教育价值的评价技巧。 但教师的能力必须在教学过程中体现出来。 教师应当向学生说明：等级不是永久的，它只是你现阶段发展水平的一种说明，而不代表你最终成就的大小（正如我在第 3 章中讲到的）。

我在想，标准评估测试是一种正式的测验，它作为教师评判学生的依据是否应该保留呢，答案是否定的。 如果把标准评估测试保留下来，那么就是确认该测试在评判学生发展水平方面是很可靠的。 这会促使练习的增加以及应试教育的产生，从而破坏教育系统。 然而，建立一些国家机制是很重要的，它能够让教师们在检验自己的教学成绩方面有章可循，不至于迷失方向。 为了能够在考试评测当中扮演调节者的角色，北欧国家的教师经常参观各种学校，效果看上去很不错。

令人高兴的是，部长已经撤销了用文凭考试取代普通中等教育证书考试的计划。 我只希望他有勇气把中等教育证书考试一起取消。 法律规定，所有 18 岁以下的青年都要接受教育与培训，那么这就使得两年前所坚持的重大考试改革决定变得毫无意义了。 经济合作与发展组织教育研究的高级教育专家安德烈亚斯·施莱克尔认为：

> 在 21 世纪，考试需要反映出学生的知识与技能，这些知识与技能对其未来发展很重要，而不是那些其父母在上学时都能记得的知识，也不是那些很容易就被掌握的知识。运用评价来形成学生在个人发展方面的反馈，加强教材与活动、校内与校外的联系。[30]

普通中等教育证书高级水平考试与职业考试需要在一个合理的框架内互相配合。 部长有扩大普通中等教育证书高级水平考试范围的想法，这听起来很合理，但是这种想法的出发点应当是按照迈克·汤姆林森在 2004 年的报告[31] 中所建议的那样，即将学业评估与职业评估联系起来。 在那时，他的这种建议得到了教师、家长以及评估专家们的支持。 很明显，在当下，这种想法是需要检验的，而这却为我们提供了一条很好的建议。

改革检查制度

英国不可能拥有一套成功的教育体系，除非它解决了检查制度这一难题。就像我在第 9 章中所说的，在我看来，检查制度的苛刻严格已成为其主要风格。另外，检查制度也存在另一种风险，即它是以更好的教学成绩为目的，而不是把教学当成一种自己喜爱的事业。 在阅读 2012 年督察长的报告时，我深深感觉到，检查制度对于教育标准办公室的贡献之大，却没有提及它对于学生和学校的作用。[32] 因此我怀疑，我们是否真的需要这种检查制度。 芬兰，一个在国际测试中表现很好的国家（有很小一部分学生在阅读方面有问题），如果该国没有任何的检查制度，那么为何英国需要有呢？

检查制度存在的原因我们可以列出以下几点：

·让部长与大众知晓我们国家的教育体系；

·保证国家教育质量；

·让领导与教师保持警觉，淘汰不合格人员。

让部长与大众知晓教育体系

其实，检查制度在该方面的功能已经消失，它主要属于英国皇家督学的管理范围。 但是随着大部分英国皇家督学的撤销以及固定教育标准办公室的建立[33]，就没有必要再把某些问题当成秘密了。

检查报告的发布确实让大众明白了很多关于教育的问题，但是它对大众的强烈吸引力还是源于家长在孩子择校方面所遇到的麻烦，他们不知该首选什么样的学校让孩子就读。

保证质量

保证教育质量是一个很好的想法。 然而，这却很难办到。 正如我讲到的，学校是一个很复杂的机构，它受历史、地理以及招生状况的影响，另外，还会受到学校领导及教职员工实际工作的影响。 这些都有可能会使教育标准办公室的检查报告产生误差，特别是那些观察周期短、范围较小的最新检查任务。 由于时间紧迫，地方知识缺乏，要想全面了解像学校这样的复杂机构，并对其优缺点做出诊断，这可不是一项容易的任务，更不用说做些什么来提高学校的教育质量了，这也就使得"保证质量"这一要求变得很不现实。

使领导与教师们保持警惕

大多数民众可能会把这一点看成是教育标准办公室的工作。 但是检查制度在该方面真的很有效吗？ 我认为它最多也就起到部分作用。 如果教师知道自己在接受检查，并且该检查过后可能会产生很严重的后果，那么大部分教师就会为了迎接严峻的检查而做好充分的准备。 但是在成功地应对检查之后，教师们还能继续做到不敢懈怠、积极准备吗？

一些人提议采用随机抽查的方法，以便使得教师们每天都要为不期而遇的检查做好准备。 但是我认为，把这种互不信任的氛围作为教师努力工作的动力，不会有什么效果。 这可能会迫使教师们时刻准备好教案以备意外的检查，但这绝不会使教师们主动对教育进行改革创新。 当教师们处在一种不被信任的环境之中，他们对教育只会做出最小的改变，以免招致麻烦。

在我看来，让教师们保持警惕的最好办法还在于教师自己。 如果能把教师看成是合格而训练有素的专业人员，相信他们能够更好地去完成工作，那么就会激发教师们的内部动力。 但是我们都累了，我们需要一些来自高级管理层的激励与指导。

如果高级管理部门与教学工作不匹配该怎么办呢？ 对于主管部门来讲，向该任务挑战可能就是最重要的工作了，但是如果主管部门逃避责任的话，那么全新的地方政府就该做好干预此项工作的准备了。 正如我之前所说的，地方政府是做好监控工作、为学校提供支持与挑战的最佳部门。 地方当局的教育官员应当成为学校的重要合作伙伴，利用当地的知识条件提供资源，在教育体制内，应该使校领导与教师流动起来，支持教职员工的工作。 当前，随着大量数据的获得，此任务较之以往变得更易管理，那么它给学生与教职员工所带来的不良后果，也就没有必要采取某些特殊措施或以停校相威胁了。

那么检查制度还有何作用呢？ 该制度确实有一定作用，却不是在当前的教育标准办公室模式之下的作用。 我认为我们应该成立一些知识全面、经验丰富的督学机构，他们可以对当地政府在学校管理方面做好监督与支持工作。 他们的职责就是发布关于国家教育体制的年度报告，以便供议会讨论。

在这种运作方式之下，整个教育体系，从教育部门到学生教室都将处于监控之中，必要的话，相关部门便会介入调查。 然而，这样的行动方案只有在受到支持（但并不代表没有任何批评）的环境之中才能实施。 在该教育体制下，任何一方，包括教师、校长、地方当局的官员、督学及议会，都应当承担起自己的责任。

限制家庭作业

在第 9 章中，关于家庭作业的两面性，我已经介绍过了。 让人沮丧的是，关于家庭作业的价值，英国和美国的大部分研究都没能得出一个明确的结论。 国际调查发现，家庭作业的价值好坏参半。 甚至在 1999 年，连教育标准办公室的研究报告都称："没有足够证据可以说明家庭作业能够提高教育水平。"[34]

　　这样的研究是没有什么效果的，因为不考虑家庭、学校以及其他背景因素去谈论家庭作业的价值是毫无意义的。 关于家庭作业的价值，理想情况下，除去其他因素的影响，随机对照试验可以为我们提供一个较为准确的评判，而在实际情况中，如果按随机分配的方式，给学生做出"一般家庭作业"与"无家庭作业"的安排，这无论从道德角度来讲还是从政治角度来讲，这种安排所遭遇的难题都是非常可怕的。

　　取消家庭作业可能会缓解家长与孩子之间以及教师与学生之间的紧张关系。但这需要学校重新安排课表，为学生在阅读、实践调查以及写作方面提供更多的个人学习时间。

　　也许，最好的解决方案就是劝阻小学不要给学生安排正式的家庭作业。 这样的安排，尤其对于上班的父母来讲，就可以和自己的孩子安静地度过宝贵的夜晚时光及周末了，并且，孩子们还可以通过非正式的方式继续学习，比如：阅读。 这是法国政府在 2012 年所要推进的项目之一。

　　然而，对于中学阶段，如果取消家庭作业的话，我担心会大幅缩减学生的正规学习时间。 也许这样做可以更好地利用时间，但教师必须给学生安排有价值的任务，并能够保证及时记录其学习任务的完成情况，以便为学生提供反馈（不只是学习的不足，还有提高学习质量的方法方面）。 因为作业的布置不会出现不利于学生的终身学习这种问题，除非作业没有按规律布置，因此我们要确保家庭作业应按时按量。 很多中学都是在下午 3 点左右放学，学校不仅可以为那些家里空间不足的学生提供住宿，还可以为那些父母上班到很晚的学生提供住宿。

解放校服

　　在第 9 章中我介绍过关于校服的问题，该话题比较模糊，模棱两可。 我比较了解该问题，为了生源，学校之间进行着激烈的竞争，每个学校都想用既传统又昂贵的校服成为生源大战的有力竞争者。 我也很了解父母，他们说校服可以省去择衣的麻烦。 但应该肯定的是，孩子们必须学会场合与衣服搭配的本领，并且校服常常扮演着分离学校教育目的的角色。

让校外活动惠及每个学生

　　现在，为学生提供全方位服务的拓展型学校在体育、文化及休闲活动的组织方面为其他学校提供了范例，在课前或课后的这一段闲散时间里，可以为学生提供一些适当的关心与照顾，此阶段也是上班族父母一天当中最为紧张的时

刻。[35] 关于家庭作业及安全方面，我认为良好的宿舍管理可以为家庭解决很多问题，也可以为一些社区解决很多问题，这些社区经常受到大量无家可归的学生的影响。

减轻学生压力

就像我在第 10 章中所讲的，英国的学生都承受着很大的压力。 通过教育体制本身来提高教育质量是不能缓解压在学生身上的所有压力的。 这需要改变社会的组织方式，最主要的是，减少贫困，而教育则很可能是一个不错的出发点。随着小学与中学衔接体制的建立以及标准评估测试的取消，这将会大大减轻学生的压力。

成立独立的教育委员会

法律部门当中存在一个常设的法律委员会，它主要负责法律制度的监控、完善以及修改工作。[36] 那么，在教育中是不是也需要这样一种机构呢？

常设委员会的成员要有无党派的专家组成。 当然，我们需要全面地考虑一下它的大小及构成，但该委员会设立的主要目的还是为了提高教育体系的水平。教育哲学家约翰·怀特就目标的设置问题说道："执政的临时政府不应该把自己的观点强行压在目标的设定上。"[37]

该委员会做出的任何提案都需要得到政府权力机关的支持，这是生活在一个民主国家中必须要做的，但是提案的规划需要这样一种环境：无党派的文化氛围，充足的调查研究，需要的地方，加以充分的指导。

委员会需要参与教育领域的方方面面，包括财政、管理、教学法、课程及评价等方面。 关于课程改革，专家们的建议是特别有帮助的。 就像在上一部分中提到的，新的国家课程有可能具有争议性，就是因为一旦政府部门插手定义教学框架，那么该课程在以后的发展过程中只会受到政府越来越多的控制。

但是，即便设置国家课程，那也必须在所有学校实施。 这儿有一个很好笑的小插曲：修订的国家课程只在少数学校内实施。 迈克尔·罗森打趣道：

> 这种课程只能在英国实施，并且只在那些与政府有合作的学校中实施。因此中央政府要把课程设置的权力给学校，试图转变学校的权力，不给学校强加课程。[38]

委员会也需要监督国际评价体系的变化。 英国学生有太多的测验与考试，某种意义上来说，我们急需解决教育体制中这一重要问题。 正如在第 9 章中所提到的那样，测验与考试是教育体制的一部分，但是决不允许其成为控制教育的工具。 他们应当被当作（引用维多利亚评估小册子上的一句话就是）"有用的奴仆，而不是专制的主人"。[39]测验与考试，作为学习的一种刺激方式，应当为其能够回归正确的角色而留有余地。

挑战当前的学校教育模式

改变当前的学校教育模式可能是最为棘手的任务。 对于传统模式，虽然有未来学家们（见第 6 章）的极大努力，但仍未提出可行而能负担得起的其他模式。 从经济角度来讲，个别教学是不现实的，网上教学对于学习的部分方面来讲比较适合，但是，正如我所说的那样，它仍然不能代替学校的作用。 如果我们一直受困于教育的基本结构，那我们该如何修改才能够使它成为我所描述的那种教育工具呢？

一些方面的改进会随着我提到的其他方面的变化而变化。 如果当下的情况发生在一种较为完善的体制下，那么互相包容的文化以及平等地对待所有学习者的这种做法就会起到作用。 取消排名表更有利于学校之间的合作。 如果能够在公平、平等的基础上把学生与教师分配到学校里，那么那些质量较差的学校就会消失不见；如果我们确保所有的学校都能够做到均衡招生、共享师资的话，那么所有的学校都将会成为好学校。

这些变化可能会带来显著的不同。 但是，我们需要改变所有学校对待学生的方式。 当然，年轻的学习者需要明白他们所包含的范围。 但是随着年龄的增长，学生们会从更大的独立学习中获利。 教师和管理人员需要倾听更多的来自学生的声音。 在北欧国家，学生是学生会的成员，并受到他人认真对待，即便是部长们。 从个人水平和集体水平角度出发，如果学生们是主动积极的而非被动的，生活中含有民主的成分，那么学生就会更有可能去学习。

要想使学校变得更加民主，需要我们巧妙地做出一些处理：不要引导学生做出某种选择，或是不要在某个阶段鼓励学生做决定，他们往往不知道对于自己选择的一些暗示有多么的不负责任。 而如果以这种方式对待一位 16 岁的学生，会让他们感觉自己依然处在 10 岁这一阶段。

营利学校

游说者们已经建议私营企业:允许学校获利。 但问题是，尽管有人宣称学校

获利会取得一个很好的结果，但它仍会用一种含蓄的方式来说明自己的主要目的。

之前我提到的彼得·威尔彼声称已有大量的证据表明允许获利的私有机构几乎没有达到预期效果：

> 私有自来水公司变卖了水库，却没有对管道与下水道进行维修；私有能源公司面对的是费用上涨以及令人费解的关税结构；超级市场使得农民离开商业圈，降低了英国自给自足的能力；银行打出的"支付保护计划"以及"结构性"存储计划仅仅是欺骗消费者而已。

他总结道：

> 当营利性的企业来管理学校时，我们感觉它也不会表现得多么高尚。[40]

然而，根据教育记者华威·曼塞尔所说，现在部长们正在考虑"把政策的制定权外包给某类公司、顾问和智囊团"。[41] 对于企业来讲，像大出版商培生公司——它拥有了学校测验与教学用书的供应权，其范围遍布世界各地，在国王学院，它拥有自己的智囊团——伦敦也许是其继续扩大影响力的又一机遇。然而培生公司的影响力受到了来自美国教育作家戴安·拉维奇的批评：

> 在几个实例当中，合作正扮演者一种半政府机构，但实际上，它只是一个出售产品与服务的公司。那么在何种情况下，它会因为利益问题而爆发冲突呢？[42]

我不反对商业。我认为大企业在社会中扮演着很重要的角色。我也认为教育与良好的企业之间有着共同的价值观与态度。二者都努力使自身变得合乎道德规范，都意识到团队合作的意义；二者都知道约翰·刘易斯模式，即如果能够抓住员工的心理与思想，那么就最有可能获得成功；二者都意识到，内部成员需要忠诚于整个组织机构而不只是要忠诚于机构的某一部分或是某个部门。

商业提供了大量的就业机会，是经济增长的发动机。企业产生的利润，除供自身纳税以外，还可以用来进行再投资，给投资者分发红利，它与他们从公共服务中获利大不相同。另外，政府应当抵制高压游说。

结语

我认为英国的教育体制必须包含这些变化。但是这些变化必须以公平为基础,需要证据的支持。他们应该以实现教育的最高水平为宗旨,让尽可能多的人参与进来,而不只是将其限制在精英团体内。不应该给予市场自由来为大企业获利。这些变化必须包括孩子们的全面发展,包括学业上的成功,让人们对未来社会的繁荣与幸福充满希望。我会在最后一章中探讨我们该如何推进这些思想。

本章注释

[1]巴塞·M(2012)《国家初等教育与中等教育服务计划》,www.free-school-from-government-control.com.

[2]奥·格兰迪·S.(2012)《儿童托管耗费父母1/4的收入》,《每日快报》,7月2日。

[3]库克·G.,赫纳翰·K.(2012)《难以理解:与放松监管、需求导向的儿童托管资助不同的案例》,伦敦:公共政策研究中心。

[4]希门尼斯·M.(2009)《"早期教育"的顶级模式:芬兰》,《多伦多环球邮报》,6月16日。

[5]汤因比·P.(2012)《一种发展战略必须包括每个儿童的托管》,《卫报》,2月14日。

[6]更多信息请见:www.education.gov.uk/childrenandyoungpeople/earlylearningandchildcare/delivery/education/a0068102/early-years-foundationstage-Eyfs.

[7]本·里里姆·D.(2011)《呼吁普遍性的儿童托管》,伦敦:公共政策研究中心。

[8]学前教育的有效供给方案(2002)《学前教育对儿童认知过程影响的测量》,《技术论文8a》,伦敦:伦敦大学教育学院。

[9]亚历山大·R.(2010)《儿童:他们的世界,他们的教育》,伦敦:罗德里奇公司。

[10]格莱特·R.(2012)《迈向整体系统的改进》,《论坛》,第54卷,第3期,第411~416页。

[11]基肯斯·S.(2012)《强迫所有的学校都协调一致的企图将以失败告终》,《卫报》,11月28日。

[12]基肯斯·S.(2012)《强迫所有的学校都协调一致的企图将以失败告终》,《卫报》,11月28日。

[13]米勒·F.(2012)《我们不会屈服》,《卫报》,6月19日。

[14]当地政府协会(2012)《参与行动,2012年健康与社会护理法案摘要》,伦敦:当地政府协会。

[15]克卢格·R.(1975)《简单的正义:布朗诉教育委员会以及美国黑人争取平等权利的斗争史》,纽约:哈珀与罗出版公司。

[16]参见维基百科文章《美国的反种族隔离校车》,En.wikipedia.org/wiki/desegregation_housing.

[17]艾伦·R.,博格斯·S.,麦肯纳·L.(2010)《布赖顿和霍夫中小学入学改革的早期影响》,伦敦:伦敦大学教育学院;布里斯托:市场与公共组织中心,布里斯托大学。

[18]参见经济合作与发展组织(2010)《2009年度国际学生评估项目测试结果:学生知道的和能做的事情》,巴黎:经济合作与发展组织。

[19]卓·S.(2011)《韩国的国家集权制力求以先进的信息与技术基础设施培养教师》,选自《比较与国际教育学会论文》,加拿大蒙特利尔,5月2日。

[20]电影《阿尔伯塔的教训》(2011)中的对话,埃文斯·伍尔夫传媒。

[21]萨顿基金会(2012)《独立日间学校的入学民主化》,www.suttontrust.com/public/documents/1open-access-report-march-2012-final.pdf.

[22]威尔比·P. (2012)《打破公立学校集团束缚之我见》,《卫报》,9月18日。

[23]巴克·I. (2012)《私立学校——利物浦学院和国王学校,泰恩茅斯——为了战胜衰退而放弃选拔》,《泰晤士报教育增刊》,10月12日。

[24]乔纳森·罗曼博士,引自佩顿·G. (2012)《州立学校应该取缔以宗教信仰选择学生》,《电讯报》,11月12日。

[25]斯托巴特·G. (2008)《测验时代:评估的使用与滥用》,牛津:罗德里奇公司,第186页。

[26]《泰晤士报教育增刊》,2007年2月9日,第13页。

[27]赫胥黎·A. (1932)《美丽新世界》,伦敦:查托和温达斯出版社。

[28]沃尔夫·A. (2011)《职业教育评论》,伦敦:英国教育部。

[29]斯托巴特·G. (2008)《测验时代:评估的使用与滥用》,牛津:罗德里奇公司,第186页。

[30]施莱克尔·A. (2012)《为了跟上时代,你必须模仿并创新》,《泰晤士报教育增刊》,11月16日。

[31]汤姆林森·M. (2004)《14~19岁改革工作组的最终报告》,伦敦:英国教育部。

[32]英国教育标准办公室(2012)《英国女王陛下教育督导处年度报告》,《儿童的服务与技能》,伦敦:英国文化局。

[33]英国教育标准办公室的正式身份是非内阁部门。

[34]韦斯顿·P. (1999)《家庭作业:从实践中学习》,伦敦:英国教育标准办公室。

[35]卡明斯·C.,戴森·A.,托德·L. (2011)《越过校门:全方位服务和扩大的学校能克服弱点吗?》,牛津郡,阿宾顿:罗德里奇公司。

[36]参见法律委员会网站:www.justice.gov.uk/about/law-comm.

[37]怀特·J. (2011)《中学课程的创新》,纽约:帕尔格雷夫·麦克米伦出版社,第142页。

[38]罗森·M. (2012)《来自一对好奇父母的信》,《卫报》,2月7日。

[39]莫蒂默·J.,莫蒂默·P.,奇蒂·C. (1986)《中学考试:有用的是仆人,而不是专制的主人》,伦敦:伦敦大学教育学院。

[40]威尔比·P. (2012)《营利学校与其他私营企业在道德方面是一样的》,《卫报》,7月30日。

[41]曼塞尔·W. (2012)《唯一的选择是培生公司》,《卫报》,7月17日。

[42]拉维奇·D.,引自曼塞尔·W. (2012)《唯一的选择是培生公司》,《卫报》,7月17日。

第 14 章　下一步是什么？

　　我们经常从部长那里听到这种声明：目前还没有能代替当前教育政策的方法。 第 13 章中描述的方案已被系统化阐述，它对政府的这种声明提出了挑战。 近期政府（毫无疑问是游说者们所推动）的教育改革方案与教育专家们所提倡的方案之间存在一个关键性的区别：部长们一直被市场模式所驱动，而教育专家们没有。 教育思想家们的证据表明，市场倾向于强势群体，而教育体制本身也总是倾向于同一群体，因此，他们认为市场更有可能加剧而不是解决教育问题。

　　对于优势家庭，在帮助孩子学习方面，除了物质利益以外，还能为孩子提供大量的文化体验。 另外，如有必要，他们可以花钱请人辅导。 富人与穷人获得"机遇"的机会应该是平等的，但是条件优越的家庭更善于抓住机会，他们会得到更多的赞扬。 然而结果却是：社会鸿沟日益扩大，其中教育已成为其主要的传播工具，它将富裕阶层的这种特权一代又一代地传承下去。

　　我们的政治家们提到：社会需要更大的流动，他们批评学校没有让更多的弱势青年逆势而上，但是在像"如何让社会更加公平"这种关键问题方面，他们却犹豫不决。[1] 这种阻力可能是因为，社会流动性如果正常发挥作用，则意味着贫困家庭的孩子将比家境优越的孩子表现得更优秀。 这将会使那些致力于维持现状的政治家们处于一种尴尬的境地，这种现状会使条件优越的家庭把这种持续性的特权看作是一种不可剥夺的权力。 在一些国家，如挪威、芬兰和丹麦，其社会和经济分化不是那么明显，体力劳动者经常和专业人员获得一样多的劳动收入，并享有同等的社会地位。

　　我们现在的教育体系有着不可逾越的障碍。 把普通中等教育证书考试和普

通中等教育证书高级水平考试变得越来越难通过，没有多少实际意义，因为当今世界，每个人的成就对于社会未来的福康程度都是不可或缺的。 泰坦尼克号驶向冰川的情景浮现在我的脑海里，从豪华的客舱到经济舱里简陋的吊床，住宿条件天差地别，然而人们却盲目自信、视而不见。

今天，英国的家长们能使自己的孩子在所谓的"最好的学校"之中能有一席之地而努力奋斗，但学校排名却意味着只有少数人能够达成所愿，如果家长们能够确信所有学校都是好学校，那将该是一件多么好的事情啊。 对所有的学生而言，学校不可能一直都是完美的，但如果家长们坚信他们的孩子将有成功的机会，那么任何一所学校都是可以接受的。

我希望本书在对教育的目的、教育该如何组织、我们希望拥有的理想社会方面有所帮助。 我也希望本书能够传达这样一个信息：国家的教育体系不属于任何一个部长或政治党派，它是属于我们大家的。 总的说来，如果它不再为全国儿童及社会的最大利益服务，它就应该被改变了。

一些读者可能认为我的观点过于偏激，特别是如果他们的孩子在现行制度下表现很好。 其他一些人可能会把书里的一些观点看成是一种乌托邦主义，认为它距离现实的人性太遥远了，但是人性除了自私还有亲社会的一面，苏格兰哲学家亚当·史密斯意识到了这一点：

> 我们分享同伴的感受，努力使其快乐最大化而使其痛苦最小化，那我们便可以分享他们的快乐。[2]

当然，也有一些为获取个人利益而不顾一切的人，他们没有想过他们的所作所为可能会损害其他人的利益。 但我还是经常被好多人的善举所感动，他们自愿给予慈善机构财务支持，时时刻刻优先考虑别人的需求。

也有一些读者认为这些建议过于保守，他们想要一场社会革命，并且不想等太久。

我希望本书可以鼓励人们要求一种更好的、更公平的教育制度与社会。 我已经说过很多次了，英国有优秀的教师，但问题是他们必须在落后的教育体制下工作，尽管此种体制并非一无是处，它也有好的方面。 它总是以大量的虚假声明为基础：诸如私立的总是好的，公立的总是坏的。 比如 11 岁的孩子能够做出充分判断；频繁的测试，就其本身而言，可以促进学习；不可以信任教师；人们只关心自己的孩子。 我们必须消除政策设计者们存在的这种消极态度，从而鼓励他们以一种更加积极的态度来看待大众与社会。

　　改变制度就意味着要抵抗由于意识形态和相关利益群体的游说而造成该问题的政客们。 由于历史原因而没有建立起健全的国家体制:不愿意支付公共教育;无法领会一位受过教育的平民所具有的经济优势;希望维持当前的却早已过时的社会秩序,即认为教育只适合绅士。 我们的社会已经取得很大进步,但我们的体制却依旧以赢家与输家、善人与恶人为依据。

　　金斯利·艾米说,"更多便意味着更糟糕"[3],精英们坚持认为这句话可用来批判教育机会的扩张。 这种观点认为高质量的教育应该受到限制,而此观点的主要价值观念则源于其排他性。

　　这种观点的形成是因为时代早期的教育除了少数情况以外,已被富人阶层垄断。 这种现象不仅仅出现在英国。 在世界上任何一个有数据记载的国家,富裕阶层作为一个群体,其受教育程度比那些弱势群体要好得多。 这并不是因为富裕阶层能力更强,相对来讲,是因为他们能够运用自身优势而产生了这样的效果。 我不会因为他们利用自己的优势或是希望把最好的事物留给孩子而去责怪他们,但这也正是其他孩子需要国家帮助的地方。 北欧人民可以做到,为何我们不能? 正如经济合作与发展组织的教育专家安德烈亚斯·施莱克尔先生认为:表现最好的国家中都存在着一个共同因素,那就是"相信所有的孩子都有成功的可能性"。[4]

　　解决当前教育体制的混乱状态需要花费很多年的时间,但可以通过这些来形成一个好的开始:去除"私立学校"和"自由学校"这样的标签,公平地对待所有学校,提供相同的资金基础(额外资金用于帮助有特殊需要的学生)、相同的管理办法与法规。

　　一种崭新而公平的体制更容易被理解。 它应该会是公开的,可靠的。 没有人为了能够进入教会学校而去假扮信徒;没有人为了希望能够在受欢迎的学校中有一席之地而提供虚假住址;没有人会在 11 岁的时候会由于考试失败而被取消入学资格。

　　正如我之前所提议的那样,如果学校能够均衡地接收学生,平衡地分配师资,那他们就可以在同等条件下参与学术、体育及文化的竞争。 这样的新体制有让所有学校都变优秀的可能,而不是一些学校遥遥领先,其他学校的格局却不尽如人意,那么父母在担心该申请什么样的学校,以及随后因决策失误之而产生的愧疚感便会消失。

　　我也探讨过关于我们的年轻人看上去很不开心这一问题,我们试图通过极早对孩子进行教育、迷恋测试和给学生分等级的方法来改变此现象,但却毫无用

处。 芬兰和挪威让孩子接受教育较晚，他们追寻一种压力不大的学习方法，而他们的年轻人依然比我们表现得好，我们必须向他们学习。

我们必须建立一种适合现代社会的教育制度。 这种制度能够让所有的学生都能上学，能够反映社会现状，能够按照学生自己努力学习的承诺来培养其能力。 最后，让我们抛弃那种给学生分类、贴标签的等级分化制度。

当然，这些建议只是大纲，还需要打磨充实。 就像过去的教育报告，我没有仔细核算过其提议中变动之处的成本。 我知道，在当前经济紧缩的情况下，为我设想的制度提供任何过渡性资金都是很困难的。

我希望我的建议能够加入由梅丽莎·本[5]、迈克尔·菲尔丁与彼得·莫斯[6]、约翰·怀特[7]、理查德·普林[8]、戴安娜·瑞、吉尔·克罗泽、大卫·詹姆斯[9]和斯蒂芬·鲍尔[10]等教育专家发起的教育问题论辩，也希望这些建议能够进入由丹尼·多林[11]、帕特·塞恩[12]、理查德·威尔金森和凯特·皮克特[13]等人发起的范围更广的关于社会问题的讨论行列。 这样的辩论应当对所有人开放，而不只是限于政治家和媒体之间。 考虑到我们发达的通信工具、社会网络和公众投票系统，这应该是可以做到的。

我担心联合政府可能过于信赖以市场为导向的方针政策而不愿意改变策略，不过我希望我的这种想法是错误的。 我也不确定工党反对派是否也想要改变策略，因为对于工党是否能够形成明确而统一的意见，即"重新塑造对高质量公立教育的信心，并以此为路径实现社会公平的形式"，连工党的中坚分子，如教育作家菲奥纳·米勒都持保留看法。[14]

我对工党的疑虑并没有因安德鲁·阿多尼斯在 2012 年出版的《教育，教育，教育》(*Education, Education, Education*)[15]一书而消除，作为一名唐宁街的共产党员，随后被任命为教育部长，阿多尼斯是新工党政策制定的核心。他的书强烈反对综合性学校——社会最大的毒瘤。[16]他主张从当地民主党手中夺取政权给大企业。 他的书是咄咄逼人的，抨击那些质疑新工党政策之人，泰德·雷格的滑稽幽默，虽然能够让教师们在连续的改革浪潮中保持微笑，但是很显然，这种滑稽幽默在唐人街并没有受到欢迎。 伟大的改革家迈克尔·马兰在1975 年为新教师们编写的书籍至今仍被诵读，[17]但可悲的是，他的着装风格总被无情地嘲笑。 现代中学由于缺乏一定的成绩，其综合性原则受到指责，偏爱过去的教育政策和新工党乐观的态度增强了这样一个相当令人担忧宣言——"老生常谈"。

阿多尼斯和我的契合点在于野心标准的需要方面，认识到私立学校能够做出改变，缩小优势群体与弱势群体之间差别的愿望能够实现，我很高兴看到他在关于学校是否应该以营利为目的这一问题上持否定意见（我也是反对的）。[18] 在他被选中的年度书刊中，帕斯·萨尔伯格描述了芬兰非常成功的教育制度。[19]

尽管芬兰采取的是根本上彻底不同的方法，但想要完成新制度的建立，阿多尼斯提出的方法仍是以新工党的政策为依据。 如果政治家们，甚至像阿多尼斯这样的进步人士都深陷于陈旧的政策制度之中而无法自拔，那只有当普通民众彰显自我时才会发生改变。 公民必须带头要求改变。

我亲眼见到过民主是如何发挥作用的例子，此例令我印象深刻。 2012 年的春天，我参加了一次伦敦市民组织——一个广泛涵盖信徒、工会成员和公民的组织[20]——的集会，遇见了伦敦市长职位的 4 个候选人。 此次选举与我之前参加过的其他政治选举程序不同，在这里，候选人有不准攻击其对手的方针策略，另外，喝倒彩也是不被允许的。 市民对候选人的政策展开询问，并希望在以下方面的组织活动中获得他们的支持，如保障伦敦的最低生活工资，提供安全街道服务，保护奥运遗产以及改善住房条件等方面。 这些市民知道伦敦需要什么，也知道他们可以跟寻求公职的政客们采取主动权。

那么，我们应该做些什么呢？如果你赞同我观点的主旨即便不是所有细节内容，那就请你在家中、在工作中、在社交活动中，或者在你孩子的学校里、政治会议中、公会讨论中和教会集会中大声地将它说出来。 运用社会网络形成压力，寻求领导人来推进新思想，为了使我们的孩子和社会应得的更好的制度，劝说所有党派的政客们支持该项活动。

那些寻求改变的人会遭到所有认为这种想法是危险的自由的人的强烈反对。由匿名捐赠者资助的右翼智囊团会想尽一切办法把新思想说得一文不值。 1977 年亚当·史密斯研究所的创始人麦德森·皮里，记录了说客、报纸记者和智囊团研究人员在过去的 30 年操纵历届政府政治议程的方式。[21] 他吹嘘说他的研究所是公共事业和铁路背后的私有化，是公共设施外包给私人公司。 谁又知道教育服务体制碎片的背后是谁呢？

精心策划的反对之声只能通过大众对公平教育体制的期望来解决，这种体制为全社会服务，由意志坚定的活动家来领导。

读者朋友们，为"教育的春天"创造一个机会吧，为崭新的教育制度与社会贡献自己的一份力吧，这对于你的子孙后代都是大有裨益的。

本章注释

[1] 关于这方面的分析请参见杜林·D.（2010）《不公正：社会不平等为何持续》，布里斯托：政策出版社。

[2]拉斐尔·D.,麦克菲·A.(1976)《前言》,选自拉斐尔·D.,麦克菲·A.主编《亚当·史密斯,道德情操论》,牛津:牛津大学出版社。

[3]参见利德·Z.(2000)主编《金斯利·艾米斯书信集》,伦敦:哈珀·柯林斯出版社。

[4]施莱克尔·A.(2012)《为了跟上时代,你必须模仿并创新》,《泰晤士报教育增刊》,10月16日。

[5]本·M.(2011)《学校战争:为英国教育而战》,伦敦:韦尔索出版社。

[6]菲尔丁·M.,莫斯·P.(2011)《激进的教育与公立学校》,伦敦:罗德里奇公司。

[7]怀特·J.(2011)《中学课程的创新》,纽约:帕尔格雷夫·麦克米伦出版社。

[8]布林·R.(2013)《全民中等教育只能是一个梦想吗?》,伦敦:罗德里奇公司。

[9]雷伊·D.,克罗泽·G.,詹姆斯·D.(2011)《白人中产阶级身份与城市学校教育》,贝辛斯托克:帕尔格雷夫·麦克米伦出版社。

[10]鲍尔·S.(2008)《教育争鸣》,布里斯托:政策出版社。

[11]杜林·D.(2010)《不公正:社会不平等为何持续》,布里斯托:政策出版社。

[12]塞恩·P.(2010)《不平等的英国》,伦敦:康特纽姆出版社。

[13]威尔金森·R.,皮克特·K.(2009)《精神层面:为什么更平等的社会通常总是表现更好》,伦敦:艾伦·莱恩出版社。

[14]米勒·F.(2012)《劳动需要更快地走向盘子》,《卫报》,9月11日。

[15]阿多尼斯·A.(2012)《教育,教育,教育:改革英格兰的学校》,伦敦:巴埃特柏克出版社。

[16]阿多尼斯·A.(2012)《教育,教育,教育:改革英格兰的学校》,伦敦:巴埃特柏克出版社,第xii页。

[17]马兰·M.(1975)《课堂技巧》,伦敦:海尼曼教育公司。

[18]阿多尼斯·A.(2012)《教育,教育,教育:改革英格兰的学校》,伦敦:巴埃特柏克出版社,第150页。

[19]萨尔博格·P.(2011)《芬兰课堂:世界可以从芬兰教育改革中学到什么?》,纽约、伦敦:师范学院出版社。

[20]伦敦公民,参见:www.citizensuk.org.

[21]皮里·M.(2012)《智库:亚当·史密斯研究所的故事》,伦敦:巴埃特柏克出版社。

参考文献

Abbott, J. (1994) *Learning makes sense*, Letchworth: Education 2000.

Adonis, A. (2012) *Education, education, education: Reforming England's schools*, London: Biteback Publishing.

Aldrich, R. (1998) 'Teacher training in London', in R. Floud and S. Glynn (eds). *London Higher: The establishment of higher education in London*, London: Athlone Press.

Alexander, R. (2010) *Children, their world, their education*, London: Routledge.

Allen, R. and West, A. (2011) 'Why do faith secondary schools have advantaged intakes? The relative importance of neighbourhood characteristics, social background and religious identification amongst parents', *British Educational Research Journal*, vol 37, no 4, pp 691—712.

Allen, R., Burgess, S. and McKenna, L. (2010) *The early impact of Brighton and Hove's school admission reforms*, London: Institute of Education; Bristol: Centre for Market and Public Organisation, University of Bristol.

Aristotle (c 350 BC) *Politics, Book 8, Part 2* (trans B. Jowett), The Internet Classics Archive, http://classics.mit.edu/Aristotle/politics.8.eight.html.

Association of Teachers and Lecturers (2011) *Response to the DfE Review of Teachers' Standards*, http://www.atl.org.uk/Images/ATLTeachingStandardsResponseFinal.pdf.

ATL (Association of Teachers and Lecturers) (2012) 'The middle tier—a view from the profession', ATL Policy Papers, www.atl.org.uk/Images/Middle%20 tier%20doc.pdf.

Australian Department of Education Science and Training (2005) *Teaching reading: Report and recommendations, National enquiry into the teaching of literacy*, Barton, Australia: Department of Education, Science and Training.

Baker, M. (2012) 'It's the non-core bits of the curriculum that stay with you for life', *Guardian*, 19 June.

Baker, M. (2012) 'The shortage of primary places is a car crash', *Guardian*, 17 January.

Ball, S. (2007) *Education PLC: Understanding private sector participation in public*

sector education, Abingdon: Routledge.

Ball, S. (2008) *The education debate*, Bristol: The Policy Press.

Bandura, A. (1997) *Self-efficacy: The exercise of control*, New York: Freeman.

Barber, L. (2009) 'My harsh lesson in love and life', *Observer*, 7 June.

Barker, B. (2012) 'Grammar schools: brief flowering of social mobility?', *Forum*, vol 54, no 3, pp 429—47.

Barker, E. (1953) *Father of the man*, London, Oxford: Oxford University Press.

Barker, I. (2012) 'Private schools—Liverpool College and King's School, Tynemouth—give up on selection in bid to beat recession', *Times Educational Supplement*, 12 October.

Barnes, J. (1995) 'Life and work', in *The Cambridge Companion to Aristotle*, Cambridge, UK: Cambridge University Press.

Barnes, J. (2011) *Sense of an ending*, London: Jonathan Cape.

Baron-Cohen, S. (1991) 'Do people with autism understand what causes emotion?', *Child Development*, vol 62, no 2, pp 385—95.

Bassey, M. (2012) 'Proposal for a national education service for primary and secondary education', www.free-school-from-government-control.com.

Beckett, F. (2011) 'Take-your-pick schools, with do-it-all heroes', *New Statesman*, 15 September.

Bell, D. (2003) 'Standards and inspections in independent schools', Brighton College Conference on Independent Schools, reprinted in *Guardian*, 29 April.

Ben-Galim, D. (2011) 'Making the case for universal childcare', London: Institute for Public Policy Research.

Benn, C. and Chitty, C. (1996) *Thirty years on: Is comprehensive education alive and well or struggling to survive?*, London: David Fulton Publishers.

Benn, C. and Simon, B. (1970) *Half way there: Report on the British comprehensive system*, London: McGraw Hill.

Benn, M. (2011) *School wars: The battle for Britain's education*, London: Verso.

Benn, M. and Millar, F. (2006) *A comprehensive future: Quality and equality for all our children*, London: Compass.

Bereiter, C. and Scandamalia, M. (1989) 'Intentional learning as a goal of instruction', in L. Resnick (ed) *Knowing, learning and instruction: Essays in honour of Robert Glaser*, New York: Routledge.

Berliner, W. (2005) 'War of words', *Education Guardian*, 5 April.

Berners-Lee, T. and Fischetti, M. (1999) *Weaving the web: The original design and ultimate destiny of the World Wide Web by its inventor*, Windsor: Orion Business.

Bertelsmann Stiftung (2011) 'Strong variations in social justice within the OECD', http://www.bertelsmann-stiftung.de/cps/rde/xchg/bst_engl/hs.xsl/ nachrichten_110193.htm.

Binet, A. (1903) *Experimental study of intelligence*, Paris: Schleicher.

Black, P. (1988) *Task Group on Assessment and Testing*, TGAT, London: King's College.

Black, P., Gardner, J. and Wiliam, D. (2007) *Evidence provided to the House of*

Commons Children, *Schools and Families Committee*, London: The Stationery Office.

Blatchford, P. (2003) *The class size debate: Is small better?*, Maidenhead: Open University Press.

Bloom, A. (2007) 'A curriculum out of time', *Times Educational Supplement*, 23 February.

Bloom, A. (2007) 'Me level 4, you level 2 = end of friendship', *Times Educational Supplement*, 9 February, p 13.

Boaler, J., William, D. and Brown, M. (2000) 'Experiences of ability grouping—disaffection, polarisation and the construction of failure', *British Educational Research Journal*, vol 28, no 5, pp 631—48.

Boston, J., Martin, J., Pallot, J. and Walsh, P. (1996) *Public management: The New Zealand model*, Auckland and Oxford: Oxford University Press.

Bourdieu, P. and Passeron, J. (1990) *Reproduction in education, society and culture*, London: Sage Publications.

Boyer, C. (1991) *A history of mathematics*, Oxford: Wiley.

Bradshaw, J. and Richardson, D. (2009) 'An index of child well—being in Europe', *Child Indicators Research*, vol 2, no 3, pp 319—51.

Bray, M. (2011) *Confronting the shadow education system: What government policies for what private tutoring?*, Paris: IIER/UNESCO Publishing.

Brown, M. (1998) 'The tyranny of the international horse race', in R. Slee and G. Weiner with S.Tomlinson (eds) *School effectiveness for whom*, London: Falmer Press.

Buchanan, D. and Storey, J. (2010) 'Don't stop the clock: manipulating hospital waiting lists', *Journal of Health Organization and Management*, vol 24, no 4, pp 343—60.

Buckingham, D. (2007) *Beyond technology: Children's learning in the age of digital culture*, Cambridge: Polity Press.

Buckinghamshire Report (2009), www.elevenplusexams.co.uk/forum/11plus/ viewtopic. php? t=19691.

Bunting, B. and Mooney, E. (2001) 'The effects of practice and coaching on test results for educational selection at eleven years of age', *Educational Psychology*, vol 21, no 3, pp 243—53.

Burgess, T. and Adams, E. (1980) *Outcomes of education*, London: Macmillan.

Burstall, C. (1975) 'Primary French in the balance', *Educational Research*, vol 17, no 3, pp 193—8.

Burt, C. (1933) *How the mind works*, London: Allen and Unwin.

Butler, R.A. (1943) Speech to House of Commons, 29 July, *Hansard*, vol 391, cc1, 825—928.

Buxton, L. (1981) *Do you panic about maths?* London: Heinemann.

Kang, M., Hsu, M., Krajbich, I., Loewenstein, G., McClure, S., Wang, J. and Camerer, C. (2009) 'The wick in the candle of learning: epistemic curiosity activates reward circuitry and enhances memory', *Psychological Science*, vol 20, no 8, pp 963—73.

Camus, A. (1957) Letter to his teacher on receiving the news that he had been awarded

the Nobel Prize for literature, in O. Todd (1997) *Albert Camus: A life*, New York, NY: Alfred A. Knopf, Inc.

Carlsen, W. (1991) 'Questioning in classrooms: a sociolinguistic perspective', *Review of Education Research*, vol 61, no 2, pp 157—78.

Carter, R. (2007) 'Architecture and the brain', in J. Eberhard (ed) *Architecture and the brain: A new knowledge base from neuroscience*, New York: Greenway Communications.

Center for Research on Education Outcomes (CREDO) (2009) *Multiple choice: Charter school performance in 16 states*, Stanford, CA: Stanford University, http:// credo. stanford.edu.

Central Advisory Council for Education (England) (1967) *Children and their primary schools* (The Plowden Report), London: HMSO.

Chaiklin, S. (2003) *Vygotsky's educational theory in cultural context*, Cambridge, UK: Cambridge University Press.

Chantrill, C. (2012) 'UK public spending since 1900', www.ukpublicspending. co. uk/ spending_brief.php.

Chapman, J. (2012) 'Bad teachers should be sacked in weeks', *Mail Online*, 13 January.

Cherniss, H. (1945) *The riddle of the early academy*, Cambridge, UK: Cambridge University Press.

Cho, S. (2011) 'Centralised national drive with advanced ICT infrastructure for preparation of Korean school teachers', paper given at the Comparative and International Education Society Conference, Montreal, Canada, 2 May.

Chomsky, N. (1965) *Aspects of the theory of syntax*, Cambridge, MA: MIT Press.

Chomsky, N. (1979) *Language and responsibility*, Sussex: Harvester Press.

Chowdry, H. and Sibieta, L. (2011) *Trends in education and school spending*, London: Institute for Fiscal Studies.

Chua, A. (2011) *Battle hymn of the tiger mother*, New York: Penguin Press.

Churchill, W. (1930) *A roving commission: My early life*, London: Charles Scribner.

Clark, L. (2009) 'Children should start school at six says Cambridge review of primary education', *Mail Online*, 16 October.

Clements, J. (2008) *Confucius: A biography*, Stroud, England: Sutton Publishing.

Clifton, J. (2011) 'International comparisons can be instructive if used properly—but, on this too, England is lagging behind', *Times Educational Supplement*, 15 July.

Cobain, L. (2011) *Cruel Britannia: A secret history of torture*, London: Portobello Books.

Cofer, C. and Appley, M. (1967) Motivation: Theory and research, New York, London, Sydney: John Wiley and Sons.

Coffield, F., Moseley, D., Hall, E. and Ecclestone, K. (2004) *Learning styles and pedagogy in post-16 learning: A systematic and critical review*, London: Learning and Skills Research Centre.

Collini, S. (2007) *Common reading: Critics, historians, publics*, Oxford: Oxford University Press.

Collini, S. (2010) 'Social mobility: the playing field fallacy', *Guardian*, 23 August.

Collins, N. (2012) 'Sir John Gurdon, Nobel Prize winner was "too stupid" for science at school', *Telegraph*, 8 October.

Comenius, J. (1984) *The school of infancy*, ed E. McNeill Eller, Chapel Hill, NC: Carolina Press.

Committee of Enquiry (1975) *A language for life* (The Bullock Report), London: HMSO.

Cooke, G. and Henehan, K. (2012) *Double Dutch: The case against deregulation and demand-led funding in childcare*, London: Institute for Public Policy Research.

Crawford, C., Dearden, L. and Greaves, E. (2011) 'Does when you are born matter? The impact of month of birth on children's cognitive and non-cognitive skills in England', A report to the Nuffield Foundation, London: Institute for Fiscal Studies.

Csikszentmihalyi, M. (1990) *Flow: The psychology of optimal experience*, New York: Harper and Row.

Cummings, C., Dyson, A. and Todd, L. (2011) *Beyond the school gates: Can full service and extended schools overcome disadvantage?*, Abingdon, Oxon: Routledge.

Daniels, H. (ed) (1996) *An introduction to Vygotsky*, London: Routledge.

Danish Technological Institute (2005) *Explaining student performance*, A study undertaken for the European Commission, Copenhagen: Danish Technological Institute.

Dawkins, R. (1976) *The selfish gene*, Oxford: Oxford University Press.

DCSF (Department for Children, Schools and Families) (2003) *Every child matters*, Green Paper, Cm 5860, London: DCSF.

DCSF and British Educational Communications and Technology Agency (2007) *Evaluation of the DCSF Primary Schools Whiteboard Expansion Project*, London: DCSF.

Dearing, R. (1993) *The National Curriculum and its assessment: Final Report*, London: School Curriculum and Assessment Authority.

Deem, R., Brehony, K. and Heath, S. (1995) *Active citizenship and the governing of schools*, Buckingham: Open University Press.

DES (Department for Education and Science) (1973) *Teacher education and training* (The James Report), London: DES.

DfE (Department for Education) (2010) *The Importance of Teaching: The Schools White Paper*, Cm 7980, London: The Stationery Office.

DfE (2011) *Teachers' standards*, https://www.education.gov.uk/publications/standard/SchoolsSO/Page1/DFE-00066-2011.

DfE (2012) *National Curriculum Assessments at Key Stage 2 in England*, London: DfE.

DfE (2012) *Phonics screening check and National Curriculum Assessments at Key Stage 1 in England*, London: DfE.

DfE (2012) *Schools, pupils and their characteristics*, www.education.gov.uk/research-andstatistics/datasets/a00209478/schl-pupil-charac-Jan-2012.

DfE (2012) The school census and Edubase, www.education.gov.uk/rsgateway/ school-

census.shtml.

DfE（2013）*Draft National Curriculum programmes of study*，www.education.gov.uk/schools/teachingandlearning/curriculum/nationalcurriculum2014./

DfEE（Department for Education and Employment）（1997）*Excellence in Schools*，*White Paper*，Cm 3681，London：HMSO.

DfEE（1998）*The National Literacy strategy framework for teaching*，Sudbury：DfEE Publications.

DfEE（1999）*Citizenship—The National Curriculum*，https://www.education.gov.uk/publications/eOrderingDownload/QCA-99-470.pdf

DfES（Department of Education and Science）（1977）*Curriculum 11—16*（HMI 'Red Book'），London：HMSO.

DfES（Department for Education and Skills）（2002）*Languages for life：A strategy for England*，London：DfES.

DfES（2003）*Full — service extended schools planning documents*，London：The Stationery Office.

DfES/Welsh Office（1982）*Study of HM Inspectorate in England and Wales*（Rayner Report），London：HMSO.

DfES/Welsh Office（1988）*Advancing A Levels：Report of a Committee appointed by the Secretary of State for Education and Science and the Secretary of State for Wales*（The Higginson Report），London：HMSO.

Dobson，J.（2008）'Pupil mobility，choice and the secondary school market：assumptions and realities'，*Educational Review*，vol 60，no 3，pp 299—314.

Dorling，D.（2010）*Injustice：Why social inequality persists*，Bristol：The Policy Press.

Downes，P.（2011）'I can't believe what is happening to the English education system'，*Forum*，vol 53，no 3，pp 357—66.

Dryfoos，J.（1995）'Full service schools：revolution or fad？'，*Journal of Research on Adolescence*，vol 5，no 2，pp 147—72.

Duffy，T. and Jonassen，D.（eds）（1992）*Constuctivism and the technology of instruction：A conversation*，Hillsdale，NJ：Lawrence Erlbaum Associates.

Dunford，J.（1999）*Her Majesty's Inspectorate of schools：Standard bearers or turbulent priests？*，London：Woburn Press.

Edleman，G.（1992）*Bright air，brilliant fire：On the matter of the mind*，New York，NY：Basic Books.

Effective Provision of Pre-School Education Project（2002）'Measuring the impact of pre-school on children's cognitive progress over the pre-school period'，Technical Paper 8a，London：Institute of Education.

Effective Provision of Pre-School Education（EPPE）Project，*Research Report from Key Stage 3 Phase*，https://www.education.gov.uk/publications/.

Egan，M. and Bunting，B.（1991）'The effects of coaching on 11＋ scores'，*British Journal of Educational Psychology*，vol 61，no 1，pp 85—91.

Einstein，A.（1931）*Cosmic religion：With other opinions and aphorisms*，New York：

Dover Publications.

Elliott, A. (2007) *State schools since the* 1950*s*, London: Trentham Books.

Elliott, A. (2012) 'Twenty years inspecting English schools—Ofsted 1992—2012', *Rise Review*, November.

Elton Report (1989) *Discipline in schools*, London: Her Majesty's Stationery Office European Organisation for Nuclear Research (2011) 'The Large Hadron Collider', press release, 21 September, http://press.web.cern.ch/public/en/LHC/LHC-en.html.

Eurydice (2010) *National system overviews of education systems—Spain*, Brussels: European Commission.

European test producers' group (2011) *The A—Z of testing*, www.etpg.org/G—IOF-TESTING.htm.

Evans, R. (2011) 'Learn for the right reasons', *Guardian*, 27 August.

Field, S., Kuczera, M. and Pont, B. (2007) 'No more failures: ten steps to equity in education', *Education and training policy*, Paris: OECD.

Fielding, M. and Moss, P. (2011) *Radical education and the common school*, London: Routledge.

Fitz, J., Edwards, T. and Whitty, G. (1986) 'Beneficiaries, benefits and costs: an investigation of the Assisted Places Scheme', *Research Papers in Education*, vol 1, no 3, pp 169—93.

Flavell, J.H. (1976) 'Metacognitive aspects of problem solving', in L.B. Resnick (ed) *The nature of intelligence*, Hillsdale, NJ: Erlbaum Associates.

Foreign and Commonwealth Office, 'Lost British Colonial Papers', oversesreview. blogspot.co.uk/lost-british-colonial-papers-made.html.

Forster, E.M. (1909) *The machine stops*, Gloucester: Dodo Press.

Frandsen, J., Gjesing, K. and Haue, H. (forthcoming) *More than a school：An introduction to the Danish efterskole*.

Gamoran, A. (2002) *Standards, inequality and ability grouping in schools*, CES Briefing no 25, Edinburgh: Centre for Educational Sociology, Scottish Council for Educational Research, www.leeds.ac.uk/educol/documents/163446.pdf.

Gardner, H. (1997) 'The case of Mozart', in *Extraordinary minds*, London: Weidenfeld and Nicolson.

Gardner, H. (1999) *Intelligence reframed：Multiple intelligences for the 21st century*, New York: Basic Books.

Garmezy, N. (1991) 'Resiliency and vulnerability to adverse developmental outcomes associated with poverty', *American Behavioural Scientist*, vol 34, no 4, pp 416—30.

Gilbert, F. (2012) 'This proposal is an outrage', Guardian, 28 July.

Gillard, D. (1988) 'The National Curriculum and the role of the primary teacher in curriculum development', www.educationengland.org.uk/articles/07ncteacher. html.

Gillard, D. (2011) 'Education in England: A brief history', www.educationengland. org.uk/history.

Gillham, B. (1977) 'The reluctant beneficiaries: the teacher and the public examination

system', *British Journal of Educational Studies*, vol 25, no 1, pp 50—62.

Gipps, C. (1994) *Beyond testing: Towards a theory of educational assessment*, London: Routledge.

Gladwell, M. (2008) *Outliers: The story of success*, London: Allen Lane.

Glatter, R. (2012) 'Towards whole system improvement', *Forum*, vol 54, no 3, pp 411—16.

Goleman, D. (1995) *Emotional intelligence: Why it can matter more than IQ*, New York: Bantam Books.

Goodhart, C. (1984) *Monetary theory and practice: The UK experience*, London: Macmillan.

Gopal, P. (2012) 'A version of class war', *Guardian*, 4 April.

Gopinathan, S. (1996) 'Globalisation, the state and education policy in Singapore', *Asia Pacific Journal of Education*, vol 16, no 1, pp 74—87.

Gorard, S. (2006) 'Value-added is of little value', Journal of Educational Policy, vol 21, no 2, pp 235—43.

Gottfredson, L. (1997) 'Intelligence and social policy', *Intelligence*, vol 24, no 1, pp 1—12.

Gould, S. (1996) *The mismeasure of man* (2nd edn), New York: W. W. Norton and Co.

Graham, D. and Tytler, D. (1993) *A lesson for us all: The making of the National Curriculum*, London: Routledge.

Gray, J. (2012) 'Wellbeing matters too', *Research Intelligence*, no 117, p 30.

Green, A. (1997) *Education, globalisation and the nation state*, London: Macmillan.

Greene, G. (1955) *The quiet American*, London: Heinemann.

Greene, G. (1966) *The Comedians*, London: Bodley Head.

Griffiths, J. (2003) *NFER the first fifty years* 1946—1996, Slough: NFER.

Gurría, A. (2012) *Inequality*, address to the Chinese Academy of Governance by the Secretary General of the OECD, Beijing, People's Republic of China, 19 March.

Hackett, G. (1999) 'MPs angered by support for Woodhead', *Times Educational Supplement*, 30 July.

Hargreaves, D., Beere, J., Swindells, M., Wise, D., Desforges, C., Goswami, U. and Wood, D. (2005) *About learning: Report of the Learning Working Group*, London: Demos.

Harlen, W. and Malcolm, H. (1999) 'Setting and streaming: A research review', SCRE Publication 143, Edinburgh: The Scottish Council for Research in Education.

Hattersley, R. (2005) 'Looking out for number one', *Education Guardian*, 22 February.

Haughton, H., Phillips, A. and Summerfield, G. (1994) *John Clare in context*, Cambridge UK: Cambridge University Press.

Hawking, S. and Penrose, R. (1996) *The nature of space and time*, Princeton, NJ: Princeton University Press.

HEFCE (Higher Education Funding Council for England) (2010) *Trends in young peoples' participation in higher education: Core results for England*, Swindon: HEFCE.

Henry, J. (2007) 'Professor pans "learning style" teaching method', *Telegraph*, 29 July.

Her Majesty's Inspectors (1978) *Primary education in England: A survey by HM Inspectors of Schools*, London: HMSO.

Herrnstein, R. and Murray, C. (1994) *The bell curve: Intelligence and class structure in American life*, New York: Free Press.

Higgins, C. (2011) 'Historians say Michael Gove risks turning history lessons into propaganda classes', *Guardian*, 17 August.

Hillgate Group (1994) *The reform of British education*, London: Claridge Press.

Hirst, P. (1974) *Knowledge and the curriculum*, London: Routledge and Kegan Paul.

HM Government (1944) *The Education Act* (Butler Act).

HM Government (2005) *Higher standards, better schools for all*, White Paper, Cm 6677, London: HMSO.

HM Treasury (2011) *Treasury Minutes: Government responses on the Fourteenth to the Eighteenth Reports from the Committee of Public Accounts Session* 2010—11 (*March*), London: Department for Education, Cm 8042, www.hm-treasury.gov.uk/d/ minutes_14_18_reports.

HM Treasury (2012) *Public expenditure statistical analysis* (*PESA*) *report*, London: HM Treasury.

Hormann, B. (2009) 'Disappearing students: PISA and students with disability', in S. Hopmann and G. Brinek (eds) *PISA according to PISA*, Vienna: University of Vienna, www.univie.ac.at/pisaaccordingtopisa/pisazufolgepisa.pdf.

House of Commons Children, Schools and Families Committee (2008) *Testing and Assessment: Third Report of Session* 2007—08, London: The Stationery Office.

House of Commons Education Committee (2012) Chief Regulator of Qualifications and Examinations: Eighth Report of Session 2010—12, London: The Stationery Office.

House of Commons Education Committee (2013) *From GCSEs to EBCs: The government's proposals for reform*, Eighth Report of Session 2012—13, London: The Stationery Office.

Howard League for Penal Reform (2008) *Punishing children: A survey of criminal responsibility and approaches across Europe*, London: Howard League.

Hutchings, J., Bywater, T., Daley, D., Gardner, F., Whitaker, C., Jones, K., Eames, C. and Edwards, R. (2007) 'Parenting intervention in Sure Start services for children at risk of developing conduct disorder: pragmatic randomised controlled trial', *British Medical Journal*, vol 334 (7595), pp 678—82.

Hutmacher, W., Cochrane, D. and Bottani, N. (eds) (2001) *In pursuit of equity in education*, New York: Springer.

Hutton, W. (2012) 'Born poor? Bad luck, you have won last prize in the lottery of life', *Observer*, 15 July.

Huxley, A. (1932) *Brave new world*, London: Chatto and Windus.

Institute of Education (2012) 'Curriculum adviser says Gove's proposals are "fatally flawed"', press release, 12 June.

Institute of Education (2012) 'Government's decision on unqualified teachers contradicts its own White Paper', press release, 31 July.

Ipsos MORI/UNICEF (2011) *Child well−being in UK, Spain and Sweden: The role of inequality and materialism: a qualitative study*, London: UNICEF.

Ireson, J. and Hallam, S. (2001) *Ability grouping in education*, London: Paul Chapman Publishing.

Jackson, B. and Marsden, D. (1962) *Education and the working class*, Harmondsworth: Penguin.

James, O. (2010) *How not to f*** them up*, London: Vermilion.

Jenkins, S. (2012) 'Gove's centralism is not so much socialist as Soviet', *Guardian*, 12 October.

Jenkins, S. (2012) 'This bid to force all schools into line will end in failure', Guardian, 28 November.

Jensen, A. (1969) 'How much can we boost IQ and scholastic achievement?', *Harvard Educational Press*, vol 39, no 1, pp 1—123.

Jerrim, J. (2012) 'England's plummeting PISA test scores between 2000 and 2009: is the performance of our secondary school pupils really in relative decline?', London: Institute of Education, www.ioe.ac.uk/newsEvents/60021.html.

Jim é nez, M. (2009) 'Early education's top model: Finland', *Toronto Globe and Mail*, 16 June.

Johnson-Laird, P. (1980) 'Mental models in cognitive science', *Cognitive Science*, vol 4, no 1, pp 71—115.

Johnston, R. and Watson, J. (2005) 'A seven year study of the effects of synthetic phonics teaching on reading and spelling attainment', *Insight*, no 17, Edinburgh: Scottish Government, www.scotland.gov.uk/Publications/2005/02/20682/52383.

Joint Council for Qualifications (2012) *GCSEs*, www. jcq. org. uk/examination-results/gcses.

Jones, B. (2012) 'First "free" sixth form oversubscribed', *Guardian*, 5 March.

Jones, K. (2003) *Education in Britain: 1944 to the present*, Cambridge, UK: Polity Press.

Kang, M., Hsu, M., Krajbich, I., Loewenstein, G., McClure, S., Wang, J. and Camerer, C. (2009) 'The wick in the candle of learning: epistemic curiosity activates reward circuitry and enhances memory', *Psychological Science*, vol 20, no 8, pp 963—73.

Karlsen, G. (2010) 'Friedman's ideas based on his book "Capitalism and Freedom" (1962, 2002)', paper presented at NordNet Seminar, Oslo, September.

Kluger, R. (1975) *Simple justice: The history of Brown v Board of Education and Black America's struggle for equality*, New York: Harper and Row.

Knox, R. (1950) *Enthusiasm*, Oxford: The Clarendon Press.

Kogan, M. (1971) *The politics of education*, Harmondsworth: Penguin.

Kolb, D. and Fry, R. (1975) 'Toward an applied theory of experiential learning', in C. Cooper (ed) *Theories of group process*, London: John Wiley.

Kolb, D., Boyatzís, R. and Mainemelis, K. (1999) 'Experiental learning theory: previous research and new directions', in R.J. Sternberg and L.F. Zhang (eds) *Perspectives on cognitive learning and thinking styles*, NJ: Lawrence Erlbaum. Krashen, S. (2012) 'Wide reading is key', Guardian, 31 July.

Krueger, A. (2003) 'Economic considerations and class size', *Economic Journal*, Royal Economic Society, vol 113 (485) pp 34—63.

Kwok, J. (2010) *Girl in translation*, London: Penguin.

Lacey, C. (1975) 'De-streaming in a pressurised academic environment', in S. J. Eggleston (ed) *Contemporary research in the sociology of education*, London: Methuen.

Laukkanen, R. (2006) 'Finnish strategy for high-level education for all', paper presented at Conference on Educational Systems and the Challenge of Improving Results, University of Lausanne, 15—16 September.

Laurance, J. (2006) 'Length of a woman's ring finger reveals her sporting ability', *Independent*, 28 September.

Laurillard, D. (1995) 'Multimedia and the changing experience of the learner', *British Journal of Educational Technology*, vol 26, no 3, pp 179—89.

Lawes, S. (2011) 'Schools of the future: what is education for?', Birmingham Salon—a public forum for debate, www.birminghamsalon.org/

Lawn, M. and Grek, S. (2012) *Europeanizing education: Governing a new policy space*, Oxford: Symposium Books.

Lawson, D. and Silver, H. (1973) A social history of education in England, London: Methuen.

Lawton, D. (1980) 'Common curriculum or core curriculum?', *International Journal of Research and Method in Education*, vol 3, no 1, pp 5—10.

Layard, R. (2009) 'This is the greatest good', *Guardian*, 13 September, www. guardian. co.uk.

Layard, R. (2011) *Happiness: Lessons from a new science* (revised edn), London: Penguin.

Layard, R. and Dunn, J. (2009) *A good childhood: Searching for values in a competitive age*, London: Children's Society.

Leader, Z. (ed) (2000) *The letters of Kingsley Amis*, London: Harper Collins.

Le Grand, J. (2003) *Motivation, agency and public policy: Of knights and knaves, pawns and queens*, Oxford: Oxford University Press.

Leite, W., Marilla, S. and Yuying, S. (2009) *Attempted validation of the scores of the VARK: Learning styles inventory with multitrait—multimethod confirmatory factor analysis models*, London: Sage Publications.

LGA (Local Government Association) (2012) *Get in on the Act, Briefing on the Health and Social Care Act* 2012, London: LGA.

Lightfoot, L. (2000) 'Labour praises ethos of private schools', *Telegraph*, 30 September.

Lillard, A. (2005) *Montessori: The science behind the genius*, Oxford: Oxford University Press.

Lowe, R. (1862) Statement to the House of Commons, quoted in Johnson, B. (1956) 'The development of English education 1856—1882', MEd thesis, University of Durham.

MacGregor, N. (2010) *A history of the world in* 100 *objects*, London: Allen Lane.

Machin, S. and Vignoles, A. (2006) *Education policies in the UK*, London: Centre for the Economics of Education, London School of Economics.

Mackintosh, N. (1998) *IQ and human intelligence*, Oxford: Oxford University Press.

Maclure, S. (1965) *Educational documents*, *Volume II*, Abingdon: Routledge.

Maddern, K. (2012) 'How the poorest school beat the odds', *Times Educational Supplement*, 26 October.

Maguire, E., Gadian, D., Johnsrude, I., Good, C., Ashburner, J., Frackowiak, R. and Frith, C. (2000) 'Navigation-related structural change in the hippocampi of taxi drivers', *Proceedings of the National Academy of Sciences of the United States of America*, published online before print, 14 March 2000, doi: 10.1073/pnas.070039597, http://www.pnas.org/content/97/8/4398.short.

Mansell, W. (2007) *Education by numbers*, London: Politico.

Mansell, W. (2011) 'Schools cash in on academy status', *Guardian*, 26 April.

Mansell, W. (2012) 'The only way is Pearson', *Guardian*, 17 July.

Marland, M. (1975) *The craft of the classroom*, Oxford: Heinemann Education Publishing.

Marmot, M., Rose, G., Shipley, M. and Hamilton, P. (1978) 'Employment grade and coronary heart disease in British civil servants', *Journal of Epidemiology and Community Health*, vol 32, no 4, pp 244—9.

Marshall, B. (2005) 'Testing, testing, testing', in E. Wragg (ed) *Letters to the Prime Minister*, London: New Vision Group.

Martini, R., Mortimore, P. and Byford, D. (1985) 'Some O levels are more equal than others', *Times Educational Supplement*, 28 June.

Maslow, A. (1943) 'A theory of human motivation', *Psychological Review*, vol 50, no 4, pp 370—96.

Mayer, J., Carusso, D. and Salovey, P. (2000) 'Emotional intelligence meets traditional standards for an intelligence', *Intelligence*, vol 27, no 4, pp 267—98.

McCourt, F. (2005) *Teacher man*, London: Fourth Estate.

McKinsey Education (2009) *Shaping the future: How good education systems can become great in the decade ahead*, Report on the International Education Round Table, Singapore.

McNeil, F. (1999) 'Brain research and learning: an introduction', *Research Matters*, no 10, p 2, London: Institute of Education.

Meek, M. (1982) *Learning to read*, London: Bodley Head.

Millar, F. (2012) 'Labour needs to step up to the plate, fast', *Guardian*, 11 September.

Millar, F. (2012) 'Time to debunk some myths about schools', *Guardian*, 10 April.

Millar, F. (2012) 'We aren' t going to surrender', *Guardian*, 19 June.

Moore, A. (2000) *Teaching and learning: Pedagogy, curriculum and culture*, London: Routledge Falmer.

Moos, L. (forthcoming) *Leadership in Nordic schools—is there a Nordic model?* London: Springer.

Mortimore, J. and Blackstone, T. (1982) *Disadvantage and education*, London: Heinemann Educational Books.

Mortimore, J., Mortimore, P. and Chitty, C. (1986) *Secondary school examinations: The helpful servant not the dominating master*, London: Bedford Way Papers.

Mortimore, P. (1998) *The road to improvement: Reflections on school effectiveness*, Lisse, Netherlands: Svets and Zeitlinger.

Mortimore, P. (1998) 'The vital hours: reflecting on research on schools and their effects', in A. Hargreaves, A. Lieberman, M. Fullan and D. Hopkins (eds) *International handbook of educational change*, Dordrecht, Netherlands: Kluwer Academic Publishers.

Mortimore, P. (1999) *Understanding pedagogy and its impact on learning*, London: Paul Chapman Publishing.

Mortimore, P. (2009) 'Alternative models for analysing and representing countries' performance in PISA', paper commissioned by Education International Research Institute, Brussels: Education International.

Mortimore, P. (2009) *Learning to be leaders of learning: Pitfalls seen by an English eye*, paper presented at the KL Partnerskab om Folkeskolen, Odense, Denmark, 24 February.

Mortimore, P. and Blatchford, P. (1993) 'The issue of class size', *National Commission Briefings*, London: Heinemann.

Mortimore, P., Davies, J., Varlaam, A. and West, A. with Devine, P. and Mazza, J. (1983) *Behaviour problems in schools: An evaluation of support centres*, Beckenham: Croom Helm.

Mortimore, P., Sammons, P., Stoll, L., Lewis, D. and Ecob, R. (1988) *School matters: The junior years*, London: Paul Chapman Publishing.

Mortimore, P., Mortimore, J. and Thomas, H. (1994) *Managing associate staff: Innovation in primary and secondary schools*, London: Paul Chapman Publishing.

Moseley, D., Baumfield, V., Elliott, J., Gregson, M., Higgins, S., Miller, J. and Newton, D. (2005) 'De Bono's lateral and parallel thinking tools', in D. Moseley (ed) *Frameworks for thinking*, Cambridge, UK: Cambridge University Press.

Moss, G., Jewitt, C., Levacic, R., Armstrong, V., Cardini, A., Castle, F., Allen, B., Jenkins, A. and Hancock, M. with High, S. (2007) *The interactive whiteboards, pedagogy and pupil performance evaluation: An evaluation of the Schools Whiteboard Expansion (SWE) Project*, London: London Challenge.

Mullis, I.V.S., Martin, M.O., Foy, P. and Arora, A. (2012) 2011 *International results in mathematics*, Boston, MA: Timms and PIRLS International Study Center, Lynch School of Education, Boston College.

Mullis, I., Martin, M., Minnich, C., Stanco, G., Arora, A., Centurino, V. and Castle, C. (eds) (2012) *TIMSS* 2011 *Encyclopaedia: Education policy and curriculum in*

mathematics and science（vols 1—2），Chestnut Hill，MA：Boston College.

Murdoch, S.（2007）*IQ：A smart history of a failed idea*，Hoboken，NJ：John Wiley and Sons Inc.

Murray, J.（2012）'They sat and talked to me about my child'，*Guardian*，24 July.

Nash, P.（1976）*Teacher expectations and pupil learning*，London：Routledge and Kegan Paul.

National Centre for Social Research（2011）*British Social Attitudes Survey* 28，London：National Centre for Social Research.

National Commission on Education（1993）*1.Learning to succeed. 2. Briefings. 3. Insight*，London：William Heinemann.

National Equality Panel（2010）*An anatomy of economic inequality in the UK*，London：Government Equalities Office.

National Evaluation of Sure Start Team（2008）*The impact of Sure Start on local programmes and three year-olds and their families*，www.ness.bbk.ac.uk/impact/ documents/42.pdf.

National Institute of Child Health and Human Development（2000）*Report of the National Reading Panel，Teaching Children to Read：An evidence based assessment of the scientific research literature on reading and its implications for reading instruction：Reports of the subgroups*，NIH Publication No 00-4754，Washington，DC：US Government Printing Office.

Neill, A.S.（1996）*Summerhill School：A new view of childhood*，New York：St. Martin's Griffin.

Newell, C. and Watt, H.（2011）'Exam boards："We' re cheating, we' re telling you the question cycle"'，*Telegraph*，7 December.

Nuffield Foundation（2000）*Languages：The next generation*，www.nuffieldfoundation. org/nuffield-languages-inquiry-and-nuffield-languages-programme.

Observer（2011）'Education reform：we need transparency not ideological zeal'，18 December.

OECD（2009）*Doing better for children*，Paris：OECD.

OECD（2010）*PISA 2009 Results，What students know and can do*，Vols I—V，Paris：OECD.

OECD（2012）*Education at a glance*，Paris：OECD.

OECD（2012）*Equity and quality in education：Supporting disadvantaged students and schools*，Paris：OECD.

OECD（2012）*Schooling for tomorrow：Scenarios*，Paris：OECD.

Office for National Statistics（2011）'Initial investigation into Subjective Wellbeing'，Opinions Survey，1 December.

Ofsted (2003) *The education of six year olds in England, Denmark and Finland: An international comparative study*, London: Ofsted.

Ofsted (2010) *The Annual Report of Her Majesty's Chief Inspector of Education, Children's Services and Skills* 2009/10, London: Ofsted.

Ofsted (2011) *Annual Report* 2010—11, London: Ofsted.

Ofsted (2012) *Annual report of Her Majesty's Inspector of Education, Children's Services and Skills*, London: The Stationery Office.

O'Grady, S. (2012) 'Childcare costs parents quarter of their earnings', *Daily Express*, 2 July.

Olson, D. (2007) 'Jerome Bruner', *in Continuum library of educational thought*, London: Continuum.

Orwell, G. (1948) *Nineteen eighty-four*, London: Penguin.

O'Shaughnessy, J. (2012) 'Competition meets collaboration: helping school chains address England's long tail of educational failure', London: Policy Exchange.

Paton, G. (2011) 'More children being sent to private tutors, says Sutton Trust', *Telegraph*, 5 September

Paton, G. (2012) 'Academy schools inflate results with easy qualifications', *Telegraph*, 3 February.

Paton, G. (2012) 'Selection by religion should be banned in state schools', *Telegraph*, 12 November.

Paton, G. (2013) 'Russell Group invited to "review new A-level exams"', *Telegraph*, 14 June.

Patrick, H. (1996) 'Comparing public examination standards over time', paper presented at British Educational Research Association (BERA) conference, Birkbeck College, London.

Paul, R. and Elder, L. (2006) *The art of Socratic questioning, Dillon Beach, CA: Foundation for Critical Thinking*.

Piaget, J. (1953) *The origin of intelligence in the child*, New York: Routledge and Kegan Paul.

Piaget, J. and Inhelder, B., trans H. Weaver (1969) *The psychology of the child*, New York: Basic Books.

Pirie, M. (2012) *Think tank: The story of the Adam Smith Institute*, London: Biteback Publishing.

PISA (2006) *Technical report*, Paris: OECD.

Prange, K. (2004) 'Bildung: a paradigm regained?', *European Educational Research Journal*, vol 3, no 2, pp 501—9.

Pring, R. (2013) *Must secondary education for all be but a dream*?, London: Routledge.

Programme for International Student Assessment (PISA) (2009) *What students know and can do*, vol 1, Paris: OECD.

QCA (Qualifications and Curriculum Authority) *GCSEs—the official student guide to the system*, www.qca.org.uk/GCSE/.

QCA (2007) *The National Curriculum at Key Stages 3 and 4*, London: QCA

Ramsden, S., Richardson, F., Josse, G., Thomas, M., Ellis, C., Shakeshaft, C., Seghier, M. and Price, C. (2011) 'Verbal and non-verbal intelligence changes in the teenage brain', *Nature*, published online 19 October, www.nature.com/nature/ journal/v479/n7371/full/nature10514.html.

Raphael, D. and Macfie, A. (1976) 'Introduction', in D. Raphael and A. Macfie (eds) *Adam Smith*, *The theory of moral sentiments*, Oxford: Oxford University Press.

Reay, D., Crozier, G. and James, D. (2011) *White middle-class identities and urban schooling*, Basingstoke: Palgrave Macmillan.

Rée, H. (1973) *Educator extraordinary; the life and achievements of Henry Morris*, 1889—1961, London: Longman.

Rees, M. (2011) 'Educating Einsteins', *Guardian*, 20 September.

Rhem, J. (1999) Online National Teaching and Learning Forum, no 8, p 2, www. ntlf.com/article-directory/editorsnote.aspx.

Richardson, H. (2011) 'Slow starting pupils don' t catch up, league tables how', BBC News Online, www.bbc.co.uk/news/education-16186158.

Roberts, P. (2000) *Education*, *literacy and humanization*: *Exploring the work of Paulo Freire*, Westport, CT: Bergin and Garvey.

Rogers, S. (2012) 'Data blog: how many poor children go to faith schools', 5 March, www. guardian. co. uk/news/datablog/2012/mar/05/faith-schools-admissions? INTCMP=SRCH.

Rose, J. (2006) *Independent review of the teaching of early reading*, Nottingham: DfES Publications.

Rosen, C. and Rosen, H. (1973) *The language of primary school children*, Harmondsworth: Penguin.

Rosen, M. (2012) 'Letter from a curious parent', *Guardian*, 3 July.

Rosen, M. (2012) 'Letter from a curious parent', *Guardian*, 7 February.

Rosen, M. (2012) 'Out of the toy cupboard', *New Statesman*, 5

March.

Rosenshine, B. and Meister, C. (1994) 'Reciprocal teaching: a review of the research', *Review of Education Research*, vol 64, no 4, pp 478—530.

Rosenthal, R. and Jacobson, L. (1968) *Pygmalion in the classroom: Teacher expectation and pupils' intellectual development*, New York: Holt, Rinehart & Winston.

Rutter, M. (2006) 'Implications of resilience concepts for scientific understanding', *Annals of the New York Academy of Sciences*, no 1094, pp 1—12.

Rutter, M. (2008) 'Developing concepts in developmental psychopathology', in J. Hudziak (ed) *Developmental psychopathology and wellness: Genetic and environmental influences*, Washington, DC: American Psychiatric Publishing.

Rutter, M., Maughan, B., Mortimore, P. and Ouston, J. (1979) *Fifteen thousand hours: Secondary schools and their effects on children*, London: Open Books.

Ryan, A. (1995) *John Dewey and the high tide of American liberalism*, NewYork: W.W. Norton and Company.

Sahlberg, P. (2011) *Finnish lessons: What can the world learn from educational change in Finland?*, New York: Teachers' College, Columbia University.

Sammons, P. (2007) *School effectiveness and equity-making connections: A literature review*, London: Council for British Teachers Education Trust.

Scarr, S. (1994) 'Burt, Cyril L.', in R. Sternberg (ed) Encyclopaedia of intelligence, New York: Macmillan.

Schleicher, A. (2012) 'You must emulate and innovate to keep pace', *Times Educational Supplement*, 16 November.

Scottish Council for Research in Education (1977) *Pupils in profile*, London: Hodder and Stoughton.

Seldon, A. (2011) 'Toby Young has a point', *Guardian*, 3 September.

Shaw, G. B. (1903) 'Maxims for revolutionists', New York: W. W. Norton and Company.

Shawn, A. (2002) *Arnold Schoenberg' s journey*, New York: Farrar Straus and Giroux.

Shepherd, J. (2012) 'Faith schools and free school meals: case studies', *Guardian*, 5 March.

Shepherd, J. (2012) 'GCSE and A-levels are easier, Ofqual finds', *Guardian*, 1 May.

Singapore Ministry of Education (2012) *Our education system*, Singapore: Ministry of Education.

Skinner. B.F. (1968) *Technology of teaching*, East Norwalk, CT: Appledore-Century-Crofts.

Smith, E. (2012) *Luck: What it means and why it matters*, London: Bloomsbury.

Smith, L. (ed) (1996) *Critical readings on Piaget*, London: Routledge.

Smith, M. (2001) *David A. Kolb on experiential learning*, www.infed.org/biblio/bexplrn.htm.

Smith, M. (2001) *Kurt Lewin: Groups, experiential learning and action research*, Infed, www.infed.org/thinkers/et-lewin.htm

Spark, M. (1961) *The prime of Miss Jean Brodie*, London: Macmillan.

Steer Report (2005) *Learning behaviour: The report of the Practitioners' Group on school behaviour and discipline*, London: Department for Education and Skills.

Sternberg, R. and Grigorenko, E. (eds) (1997) *Intelligence, heredity and environment*, Cambridge, UK: Cambridge University Press.

Sternberg, R. and Salter, W. (1982) *Handbook of human intelligence*, Cambridge, UK: Cambridge University Press.

Stewart, W. (2012) 'Financial malpractice rife in schools, says council', *Times Educational Supplement*, 31 August.

Stewart, W. (2013) 'It's GCSEs, but not as we know them', *Times Educational Supplement*, 14 June.

Stiglitz, J., Sen, A. and Fitoussi, J. (2009) *Report by the Commission on the Measurement of Economic Performance and Social Progress*, www.stiglitz-sen-fitoussi.fr.

Stobart, G. (2008) *Testing times: The uses and abuses of assessment*, London: Routledge.

Stronach, I. (2012) '(B)othering education: an autobiography of alternatives', *Other Education: The Journal of Educational Alternatives*, vol 1, no 1, pp 171—4.

The Sutton Trust (2012) *Democratising entry to independent day schools*, www. suttontrust. com/public/documents/1open-access-report-march-2012-final.pdf.

Swales, T. (1979) 'Record of personal achievement', Schools Council Pamphlet 16, London: Schools Council.

Swedish National Agency for Education (2007) *The Swedish education system*, Stockholm: SNAE.

Syed, M. (2010) *Bounce: How champions are made*, London: Fourth Estate.

Sylvester, R. (1996) 'Recent cognitive science developments pose major educational challenges', *Education 2000 News*, June.

Tattersall, K. (2012) 'An exam that will define failure, not success', *Guardian*, 18 September.

Thane, P. (2010) *Unequal Britain*, London: Continuum.

Thomas, G. (1998) 'A brief history of the genesis of the new schools' inspection system', *British Journal of Educational Studies*, vol 46, no 4, pp 415—27.

Times Educational Supplement (2012) 'From the Editor', 24 August.

Todes, D. (1997) 'Pavlov' s physiological factory', *Isis*, vol 88, The History of Science Society, pp 205—46.

Tomlinson, M. (2004) *Final Report of the Working Group on* 14—19 *Reform*, London: DfE.

Toynbee, P. (2012) 'A strategy for growth must include childcare for all', *Guardian*, 14 February.

Twain, M. (1898) *Mark Twain' s notebook*, New York: Harper and Brothers.

UK Parliament (2003) 'Individual Learning Accounts', *Select Committee on Public AccountsTenth Report*, www.publications.parliament.uk/pa/cm200203/cmselect/ cmpubacc/544/54403.htm.

UNICEF (2007) 'Child poverty in perspective', Innocenti Research Centre Report Card 7, Florence: Innocenti Research Centre.

UNICEF (2012) 'Measuring child poverty', *Innocenti Research Centre Report Card* 10, Florence: Unicef Innocenti Research Centre.

UNICEF (2013) 'Child well-being in rich countries', *Innocenti Research Centre Report Card* 11, Florence: Innocenti Research Centre.

UNISON (2005) *The business of education*, www. unison. org. uk/acrobat/B1956.pdf.

Vasagar, J. (2012) 'Expert adviser attacks Gove' s new curriculum', *Guardian*, 13 June.

Vasagar, J. and Booth, R. (2012) 'Teachers and pupils furious after sudden change in exam gradings', *Guardian*, 24 August.

Vaughan, R. (2012) 'Because they' re worth it', *Times Educational*

Supplement, 2 November.

Vernon, P.E. (ed) (1957) *Secondary school selection: A British Psychological Society Enquiry*, London: Methuen.

Vezzosi, A. (1997) *Leonardo da Vinci: Renaissance man*, London: Thames and Hudson.

Vulliamy, E. (2010) 'Strings attached: what the Venezuelans are doing for British kids', *Guardian*, 13 October, www.guardian.co.uk/2010/oct/0/britain-children-orchestra-sistema.

Walker, P. (2012) 'Michael Gove warned by exams watchdog to rethink EBacc', *Guardian*, 5 December.

Ward, H. (2012) 'Catch-up lessons are going down', *Times Educational Supplement*, 21 September.

Watson, J. (1913) 'Psychology as the behaviourist views it', *Psychological Review*, vol 20, pp 158—77.

Waterland, L. (1985) *Read with me: An apprenticeship approach to reading*, Stroud: Thimble Press.

Waugh, E. (1928) *Decline and fall*, London: Penguin Classics.

Webster, R., Blatchford, P. and Russell, A. (2012) *The guide on the side: Realising the value of teaching assistants*, Abingdon, Oxon: Routledge.

Wesley, J. 'The nature of enthusiasm', in T. Jackson (1872) *The Sermons of John Wesley*, Nampa, ID: Wesley Center for Applied Theology, Northwest Nazarene University.

Weston, P. (1999) *Homework: Learning from practice*, London: Ofsted.

White, J. (1998) *Do Howard Gardner's multiple intelligences add up?*, London: Institute of Education, University of London.

White, J. (2005) *Towards an aims led curriculum*, London: QCA, http://dera.ioe.ac.uk/9704/1/11482_john_white_towards_an_aims_led_curr.pdf.

White, J. (2006) *Intelligence, destiny and education: The ideological roots of intelligence testing*, London: Routledge.

White, J. (2007) *What schools are for and why*, IMPACT Paper no 14, Philosophy of Education Society of Great Britain.

White, J. (2011) *The invention of the secondary curriculum*, New York: Palgrave Macmillan.

White, J. (2012) 'Towards a new ABC of curriculum-making: a reply to John Hopkin', *Forum*, vol 54, no 2, pp 305—12.

White, J. and Barber, M. (1997) *Perspectives on school effectiveness and school improvement*, London: Institute of Education.

Wiborg, S. (2009) *Education and social integration*, Basingstoke: Palgrave Macmillan

Wilby, P. (2012) 'Aside from football, sport in Britain is still a game for the elite', *Guardian*, 1 August.

Wilby, P. (2012) 'For-profit schools would be no more virtuous than other private-sector firms', *Guardian*, 30 July.

Wilby, P. (2012) 'My idea to break the stranglehold of the public school gang', *Guardian*, 18 September.

Wilkinson, R. and Pickett, K. (2009) *The spirit level: Why more equal societies almost always do better*, London: Allen Lane.

Wilson, W.J. (1987) *The truly disadvantaged: The inner city, the underclass and public policy*, Chicago: University of Chicago Press.

Wolf, A. (2011) *Review of vocational education: The Wolf Report*, London: DfE, https:// www.education.gov.uk/publications/.

Wyse, D. and Parker, C. (2012) *The early literacy handbook*, London: Practical Preschool Books.

Wyse, D. and Styles, M. (2007) 'Synthetic phonics and the teaching of reading: the debate surrounding England's "Rose Report"', *Literacy*, vol 41, no 1, pp 35—42.

Yarker, P. (2011) Crown Woods: *Death of a comprehensive*, www.workersliberty.org/ story/2011/08/02/crown-woods-death-comprehensive.

Young, C., Wu, S. and Menon, V. (2012) 'The neurodevelopment basis of maths anxiety', *Psychological Science*, vol 23, no 5, pp 492—501.

缩略词表

CSE	中等教育证书
DCSF	儿童、学校和家庭部
DfE	教育部
DfEE	教育与就业部
DfES	教育与劳动技能部
EBacc	中学毕业会考文凭证书考试
GCE	普通教育证书
GCSE	普通中等教育证书
HMI	英国皇家督学
LMS	地方学校管理
NFER	国家教育研究基金会
OECD	经济合作与发展组织
Ofqual	资格认证和考试管理办公室
Ofsted	教育标准办公室
OU	开放大学
PFI	私人融资计划
PISA	国际学生评估项目
PIRLS	国际阅读素养进展研究
QCA	资格与课程局
SATs	标准评估测试
TGAT	评估与测试工作组
TIMSS	数学与科学研究趋势
UNICEF	联合国儿童基金会

图表列表